北大法学
教育改革丛书

# 北大法学私塾 贰

北京大学法学院 | 编

法律出版社 LAW PRESS · CHINA
北京

图书在版编目(CIP)数据

北大法学私塾. 贰 / 北京大学法学院编. -- 北京 : 法律出版社, 2024
ISBN 978-7-5197-8157-6

Ⅰ. ①北… Ⅱ. ①北… Ⅲ. ①法学-高等学校-教学参考资料 Ⅳ. ①D90

中国国家版本馆 CIP 数据核字(2023)第 138819 号

北大法学私塾·贰
BEIDA FAXUE SISHU · ER

北京大学法学院 编

责任编辑 陆帅文
装帧设计 汪奇峰 臧晓飞

出版发行 法律出版社
编辑统筹 法律教育出版分社
责任校对 王晓萍 王语童
责任印制 刘晓伟
经 销 新华书店

开本 710 毫米×1000 毫米 1/16
印张 13.75 字数 219 千
版本 2024 年 1 月第 1 版
印次 2024 年 1 月第 1 次印刷
印刷 北京金康利印刷有限公司

地址:北京市丰台区莲花池西里 7 号(100073)
网址:www.lawpress.com.cn
投稿邮箱:info@lawpress.com.cn
举报盗版邮箱:jbwq@lawpress.com.cn

销售电话:010-83938349
客服电话:010-83938350
咨询电话:010-63939796

书号:ISBN 978-7-5197-8157-6
定价:49.00 元

凡购买本社图书,如有印装错误,我社负责退换。电话:010-83938349

# 编写说明

北京大学(以下简称北大)是中国法学教育的滥觞之地,是中国法学教学改革的先行者和探路者。北大法学院始终秉持科研与教学并重的立院方针,将教学与科研视作大学教师的基本职责,两翼不可偏废。近年来,北大法学院大力推进教学供给侧改革,增加教学产品,改善教学结构,提升课程质量,创新教学活动,引领中国法学界教学改革风潮。

“北大法学私塾”是北大法学院“第二课堂”教学改革项目的重要环节,旨在将教学创新的着力点从培养方案内的课程向课外延伸,并在教育关系上从以教师为主体转向为打造教师与学生互动的新型教育共同体,弥补“第一课堂”在授课形式、传授内容、课时等方面的局限。

一百年前,李大钊曾多次参加学生的红楼读书会。20 世纪八九十年代以来,北大校园里各种读书小组成为一种风潮。虽然近年来随着网络信息技术的发展,学生获取知识和交流的渠道日益拓宽,但是师生面对面一起读书和讨论,始终有着不可取代的魅力,更是自主性学习的重要组成部分。北大法学院的教师长期不计报酬甚至自费组织课堂之外的读书会、讨论会等活动,在体系性地讲授法学知识的课堂之外,开辟出研讨、思辨、沟通、评论等不同类型的丰富多彩的教学新形式。或周末,或夜晚,学院的研讨室永远充满着学术烟火气,十余名同学在一名或数名老师的带领下,或同读书,或辩议题,或评习作,或析案例,弦歌不断,书声琅琅,师生问道,乐在其中。在这个所有人都备感忙碌和焦虑的时代,学院老师们组织的此种义务性的第二课堂活动,不仅体现了其关爱学生、乐于奉献的情怀,也凝聚着他们因材施教的教育理想、好书共赏的精神追求以及求真尚美的学术志向。

2018 年以来,学院将此类活动命名为“第二课堂”,通过项目制的方式给予些许资助。迄今有三十余位老师参与立项,项目总数已超百个。为了更全面地展示第二课堂的项目风采,与全国法学教师共同探索教学改革经验,学院在征求教师意见后,决定将部分项目的内容整理出版,并命名为“北大法学私塾”。在具体内容上，首先由参与立项的老师亲自撰文详细介绍启动项目的目的初衷、相关活动的组织程序、具体使用的教学资料；然后再由积极参与活动的一至二名同学，结合具体的研讨过程和读书内容，分享其参加活动的心得体会。

《北大法学私塾》的编纂与出版，是北大法学院几十位教师的集体作品，同时也得到了来自法律出版社、中国法律评论编辑部、北京大学宣传部、北大英华公司等社会各界人士的关心、支持和帮助。在各方协力下，学院的“第二课堂”以一种新的方式在纸上重现。在此一并致谢！

北京大学法学院

2023 年 11 月

# 目录

# 车浩老师的私塾

# “经典读书会”第二课堂活动总结

关于作者

车　浩

北京大学法学院教授，博士生导师。教育部长江学者特聘教授，第九届“全国十大杰出青年法学家”。主要研究方向为中外刑法学。著有《阶层犯罪论的构造》《刑法教义的本土形塑》等。

在北京大学法学院讲授以下课程：（1）本科生必修课：刑法总论、刑法分论；（2）研究生专业必修课：刑法总论、刑法分论；（3）案例课：刑法案例研习（国家级一流本科课程）；（4）实务课：刑事辩护实务；（5）写作课：法学研究与论文写作；（6）通识课：法律思维与法学方法。

## 总体说明

与本科生不同,研究生的教与学都带有一种研究导向的性质。相应地,研究生期间的读书也应当是一种自发的研究性阅读。但是,近年来高校中的实际情况却不甚乐观。一方面,研究生面对的各种压力与日俱增。以刑法学科为例,由于德日刑法理论的渗透和影响,博士生通常在入学之后会积极学习第二外语,争取在毕业之前有 1~2 年去德国或者日本的研修经历。此外,按照学校和学院的要求,当然最主要的是作为用人单位的高校的要求,博士生在毕业之前通常要有核心类期刊的发表,否则就业也成为问题。这些方方面面的压力造成的后果,就是内卷之下留给博士生静心读书的时间越来越少。

另一方面,随着专业内部的理论精细化程度提升,博士生的“专”的特点尤为突出,博士论文研究的问题越来越少。相应地,“博”的特点很不明显,本专业之外甚至研究范围之外的本专业的其他问题都无暇顾及,视野越来越逼仄。以刑法学科为例,由于这些年的刑法理论不再浮于表面,纵深化趋势明显,国外文献汗牛充栋地涌入,实践问题层出不穷,刑法学的专业门槛越来越高,博士论文的题目都在追求也只能追求“以小见大”,往往会聚焦在刑法学科内某一范畴之下的四五级标题的内容,精力和眼光集中在一个小问题上,反而对刑法理论的一些基础问题缺乏通盘见解和宏观思考。

上述两方面的情况决定了当前很多法学研究生即便读书也往往带有较强的功利性阅读的色彩,即阅读范围限缩在本专业特别是与自己毕业论文主题相关的书籍上面,对于没有直接相关性的其他论著,则有意或无意地保持了一种视而不见的盲目状态或者只是浏览性翻阅。整体而言,目前的研究生较为缺乏对更广泛的法学类或者社科类书籍进行研究性的深度阅读的自觉,以及从学者立场出发理解作品的主体意识,这恰恰是对于有志于未来从事学术工作的博士生而言,在厚植理论基础、拓宽学术视野、储备创新灵感等方面至关重要的东西。

基于上述考虑,我组织了部分博士生和硕士生开展课堂之外的读书会活动。选取的阅读对象分为两类:一类是得到广泛公认的外国刑法教科书,包括德国和日本的有代表性的刑法总论教科书,就某一个专题展开横向阅读,在对比中着重关注不同学者对同一个基本范畴的不同论述,由此体会差异,把握共性,加深理解,厚植基础。之所以选择教科书而不是专著或论文,就是注意基础性,把学科中比较成熟的基本概念反复揣摩,达到通透的程度。在此过程中,我特别强调学生不能止步于从读者视角学习知识,还要代入作者视角体会如何言简意赅地、全面准确地阐述基本观点和核心理由。

另一类阅读对象是法哲学、法理学和法学方法论方面的经典著作。这些著作有助于博士生突破本专业的局部视野,至少是在整个法学学科的范围之内,获得一种整体性和深度思考的习惯,将本专业的具体问题放在更宽广的视域去观察和分析,避免一叶障目的狭隘性。在此过程中,我会引导学生调动每个人在刑法学方面的知识储备,用具体的部门法理论去与法哲学或者方法论上的基础观念相互碰撞,尝试撞击出火花,而这些独特的、具有特殊性的思想火花,往往可能会成为他们日后在研究写作时的灵感来源。

除了书籍之外,读书会的阅读范围有时候也会延展到关于某个专题的论文。例如,带领学生阅读几本经典教材关于正当防卫的章节,审视和学习这些教科书在正当防卫专题的写作内容和风格。在此基础上,又组织学生延续上一期读书会的主题,阅读对象是正当防卫专题下的部分论文,涉及对正当防卫根据的探究,对防卫过当问题的探析,以及对部分正当防卫具体条件的探讨。这些论文大多将德日理论与我国语境结合,在具体问题上探讨得更为深入,有助于阅读者加深对正当防卫具体知识的理解,在论文写作范式上也各有值得借鉴之处。学生经过仔细阅读和交流,能够将其作为参照系看到自己在学术论文写作方面的不足,经由读书而研究,经由研究他人文章而改进自己的写作,从而使学术能力得到全方位的训练和提升。

## 组织程序

读书会主要面向刑法专业博士生和硕士生。考虑到博士生阶段各个导师都有自己的指导规划,所以参加者主要是我自己带的博士生,也有其他导师的学生自愿加入。时间上一般安排在每周五下午,但有时候也因为开会或者出差难以保证。一般是从下午两三点钟开始,有时候会读到晚上。时间最长的一次是读到凌晨,将近10个小时。当然中间有去食堂吃饭或者集中叫外卖餐叙的时间。这个过程完全视大家读书时的状态而定。这也是作为“第二课堂”

的读书会相对于“第一课堂”在时间以及研究状态的自由度方面的优势。

每周的读书会开始之前,参加者需要事先阅读相关文献,带着对文献的理解和疑问来参加读书会。通常会采取字句精读的方式,由一人领读,在每个或几个段落之后停下来,然后所有同学轮流发表自己对这段话的阅读理解,或者提出自己在阅读过程中遇到的疑问和障碍,相互之间进行分享、答疑和交流。最后,我在总结时会引导学生聚焦到值得反复咀嚼体味的重点字句上面来,带领大家共同思考阅读中出现的问题或者盲点,也会指出每个人在分享发言中的精彩之处,相互学习共同提高。

## 阅读篇目

1. [日]西田典之:《日本刑法总论》,王昭武、刘明祥译,法律出版社 2013 年版。
2. [日]前田雅英:《刑法总论讲义》,曾文科译,北京大学出版社 2017 年版。
3. [日]山口厚:《刑法总论》,付立庆译,中国人民大学出版社 2018 年版。
4. [德]冈特·施特拉腾韦特、[德]洛塔尔·库伦:《刑法总论 I——犯罪论》,杨萌译,法律出版社 2006 年版。
5. [德]乌尔斯·金德霍伊泽尔:《刑法总论教科书》,蔡桂生译,北京大学出版社 2015 年版。
6. [德]阿图尔·考夫曼:《法律哲学》,刘幸义等译,法律出版社 2011 年版。
7. [德]卡尔·拉伦茨:《法学方法论》,黄家镇译,商务印书馆 2020 年版。

## 学生报告

### 理解正当防卫之“正当性”的两种视角

张晓媛(北京大学法学院 2018 级刑法学专业博士研究生)

阅读篇目:西田典之《日本刑法总论》、山口厚《刑法总论》、前田雅英《刑法总论讲义》、金德霍伊泽尔《刑法总论教科书》、施特拉腾韦特/库伦《刑法总论 I——犯罪论》

作为读书会的重要一环,车浩老师带领我们以德日的经典教科书为素材,采用逐字逐句的精读方式,对比了德国、日本关于正当防卫的不同认定思路。从对“正当防卫的正当化根据”的讨论来看,这些教科书为我们展现了对该问题的不同回答:基于权利视角的回答和基于利益视角的回答。

**一、基于权利视角的切入**

从权利视角来解决正当防卫的正当化根据的尝试,有德国学者施特拉腾韦特和库伦。其认为就受侵害人一方而言,受到威胁的不仅有某种财物,还有他的自由整体,所以从维护受侵犯人的权利来看,正义无须向非正义让步,正当防卫是一种权利。[1] 金德霍伊泽尔则立基于被害人的自我答责原则,认为如果某个举止(紧急防卫行为)是被害人所管辖的风险的结果,那么这个举止就是正当的,并进一步将紧急防卫权的正当化基础明确为"保护法益免受攻击"和"维护法秩序"。[2] 从本次读书会选读的两本德国刑法教科书来看,德国学者关于正当防卫的正当化根据的论述篇幅较小,往往在违法性的基本原理部分对所有的违法阻却事由的正当化根据予以概述之后,就没有在具体讲述正当防卫的章节中进一步地详细阐述。

与之相比,日本的刑法教科书则在体系安排上有所不同。其虽然同样会和德国的刑法教科书一样,在违法性的一般原理部分整体性地概括违法阻却事由的正当化根据,但是在具体讲述正当防卫的章节中,也仍然会给予更加详细的阐明。例如,西田典之在关于正当防卫的正当化根据的争论中,大体可以被归入正当防卫权利论的阵营。其具体的论证方式如下:

首先,他在违法阻却的一般原理中指出,正当防卫的正当性基础在于"要保护性的阙如、减少原则",因为在特定情况下,行为人会因为自己违背了法律,而不能要求法律再保护自己的权益,亦即该法益欠缺、减少了要保护性。[3] 其次,在正当防卫的章节讲述中,西田典之主要介绍了三种关于正当化根据的代表性观点:(1)"作为权利行为的正当防卫",即把正当防卫理解成一种权利行为,赋予公民个人的普遍性自我防卫权,也就是"法不必向不正让步"。(2)"滞留现场的利益",是指正当防卫在保全利益之上,总是还附加保护"滞留现场的利益""去想去的地方的自由",因此认定存在"针对侵害者利益的原则上的优越性"。(3)"法确证的利益",是指正当防卫在保全自己这一利益之

[1] 参见[德]冈特·施特拉腾韦特、[德]洛塔尔·库伦:《刑法总论Ⅰ——犯罪论》,杨萌译,法律出版社2006年版,第161~162页。

[2] 参见[德]乌尔斯·金德霍伊泽尔:《刑法总论教科书》(第6版),蔡桂生译,北京大学出版社2015年版,第153、158页。

[3] 参见[日]西田典之:《日本刑法总论》(第2版),王昭武、刘明祥译,法律出版社2013年版,第113~116页。

外,还另外附加了“显示法规范的正当”这个利益。所以就整体而言,防卫者所保全利益要大于攻击者的侵害利益。[1]

对此,西田典之本人的观点可以从其对权利行为的着墨论述以及对后两种观点的批判中看出。细言之,其一方面从近代历史维度和欧美比较的维度,来论证正当防卫权是一种自然权,“法不必向不正让步”,也不用严格衡量保全法益与侵害法益之间是否均衡(实施不法攻击者必须甘受防卫反击),只要有必要就可以实施防卫行为。另一方面,西田典之又介绍了社会功利主义思想对权利立场的影响,推导出防卫的限度要求,亦即“正当防卫权的社会化”。最终,西田典之又在与紧急避险的对比中,再次表明防卫者不负有躲避义务(紧急避险中的补充性要件),强调正当防卫是一种权利行为,其正当化根据就是“权利行为的法理与要保护性阙如原理之间的相互组合”。

**二、基于利益视角的切入**

从利益视角来解决正当防卫的正当化根据的代表性学者是山口厚,其主要是从正当防卫和紧急避险的对比中展开论述,将两者都放在法益均衡理论的范畴下来讨论。

首先,在所有的违法阻却事由的一般原理层面,山口厚和西田典之虽然都是立足于结果无价值论的立场,但是在具体的正当化根据方面,二人却有所不同。西田典之认为,违法阻却的一般原理可以分为三个:(1)优越利益保护原则(第一原理)。(2)避免义务原则(第一原理的修正),亦即如果在发生冲突之前,通过采取合理行为能够避免这种冲突,而且这种要求也并无不当,那么就应该要求行为人采取避免行为,以同时保全双方的利益。(3)要保护性阙如原则(第二原理)。[2] 与之相比,山口厚则认为,违法阻却的实质原理是法益衡量,即便是属于法益欠缺的被害人同意的情形,也可以在衡量对象的法益评价中考虑,所以也就无须再将法益欠缺作为一个独立的违法阻却原理。[3]

其次,山口厚将法益衡量理论进一步运用到了正当防卫中,但需要注意的是,此处的法益衡量是经过修正的,有别于紧急避险中的法益衡量。也就是

[1] 参见[日]西田典之:《日本刑法总论》(第2版),王昭武、刘明祥译,法律出版社2013年版,第129~132页。

[2] 参见[日]西田典之:《日本刑法总论》(第2版),王昭武、刘明祥译,法律出版社2013年版,第113页。

[3] 参见[日]山口厚:《刑法总论》(第3版),付立庆译,中国人民大学出版社2018年版,第108~109页。

说，正当防卫中的法益衡量涉及了法益对比间的“质的优位性”，紧急避险中的法益衡量涉及的只是法益对比间的“量的优位性”。[1]

具体而言，正当防卫与紧急避险在法益衡量上的本质差异，取决于两者在构成要件的前提条件上有所不同，进而也就影响了被侵害人的回避义务的有无。因为紧急避险的前提条件是现实的危险，不要求是违法的，所以其成立要件就较为严格，需要具备“补充性要件”（不存在其他更为轻微的保护手段）和“法益均衡要件”（侵害法益不超过所保护的法益）。而正当防卫的前提条件是不法的侵害，要求侵害是违法的；对于不法侵害而言，被侵害人具有“去自己想去的地方的自由”“待在自己家中的自由”，这种权益本身就是正当的，在面对不法侵害的时候，也必须要承认和确保被侵害人的这种“正当权益”更为优越。否则，就会造成被侵害者必须屈服于侵害者，限制自己行动的局面。所以，针对急迫不法的侵害，被侵害者要做的不是去回避、退避，而是可以通过正当防卫行为来反抗、反击。换言之，防卫人没有回避义务，正当防卫的成立也不需要像紧急避险一样满足“补充性要件”的要求。

因此，相较于侵害人的利益而言，被侵害人的利益具有质的优位性、优越性，甚至可以认为，“滞留在现场的利益”具有和生命、身体比肩的重要价值，超过了紧急避险意义上的单纯量的优位性考察。与西田典之所主张的法益阙如原则不同，山口厚在法益衡量基础上提出的“质的优位性说”并不彻底否定侵害者的要保护性，而是承认被侵害者除了自我保全利益之外，还存在一个滞留现场的利益，属于修正的法益衡量理论。

**三、结语**

综上所述，关于正当防卫的正当化根据问题，在刑法理论上大体存在权利进路与利益进路的分歧，读书会中对德日经典的刑法教科书的对比式研读，让我们对正当防卫理论有了进一步的认识与理解。除此之外，读书会也不局限于对刑法知识的摄入，车老师还会引导我们去思考作者的行文逻辑，学习他们在论证某一问题时的切入视角，提炼背后的原理性思想，并对以往思维惯性中的偏差进行纠正。这些都极大地提升和锻炼了我们的写作能力，为将来的博士论文写作和科研工作打下了坚实的基础。

---

[1] 参见［日］山口厚：《刑法总论》（第3版），付立庆译，中国人民大学出版社2018年版，第116～117页。

# 法律商谈的语言学面向

林若阳(北京大学法学院2020级刑法学专业博士研究生)

阅读篇目:[德]阿图尔·考夫曼:《法律哲学》(第二版),刘幸义等译,法律出版社2011年版,第八章“法律与语言”。

## 一、归责沟通理论的哲学背景

20世纪70年代前后,哈贝马斯(Jürgen Habermas)、阿佩尔(Karl - Otto Apel)、阿列克西(Robert Alexy)等学者将商谈哲学与法律相联系,法律商谈哲学成为德国“法理论复兴”的重要场域。[1]商谈哲学的出发点在于,人类是通过其成员的社会协调行为而得以维持下来的,这种协调必须通过交往,而交往的目的在于达成共识;[2]交往行动对应的是交往理性;交往理性在主体间的理解与相互承认过程中表现为一种约束的力量,同时明确了一种普遍的共同生活方式。[3]作为交往行动的反思形式,论辩实践可以被描述为比较哪个论据更好的竞赛;法律判决正确性的衡量标准,说到底是判决过程对涉及公正的交往性论辩条件的满足程度。[4]因而,作为商谈内容的举止规范与裁判规范,“必须公开,且是普遍可传授”是其基本的要求。[5]

法律商谈理论与语言哲学、分析哲学有紧密的联系,三者之间处于相互混合与影响的状态。[6]在“法律与语言”一章中,考夫曼(Arthur Kaufmann)从语言哲学出发分析了法律的日常语言与专业语言两个层面,并探讨了电脑作为法官的局限性、法律语言的类推性、归责过程的沟通性等问题。可以看出,考夫曼的论述受到了同时代商谈哲学的影响;虽然作者在该章没有直接论及法

---

[1] [德]埃里克·希尔根多夫:《1965—1985年法理论的复兴》,陈辉译,中国政法大学出版社2021年版,第83~85页。

[2] [德]尤尔根·哈贝马斯:《交往行为理论》(第一卷·行为合理性与社会合理化),曹卫东译,上海人民出版社2018年版,第491页。

[3] [德]尤尔根·哈贝马斯:《现代性的哲学话语》,曹卫东译,译林出版社2011年版,第376页。

[4] [德]尤尔根·哈贝马斯:《在事实与规范之间:关于法律和民主法治国的商谈理论》,生活·读书·新知三联书店2003年版,第280~282页。

[5] [德]罗伯特·阿列克西:《法律论证理论:作为法律证立理论的理性论辩理论》,舒国滢译,商务印书馆2019年版,第250~257页。

[6] [德]埃里克·希尔根多夫:《1965—1985年法理论的复兴》,陈辉译,中国政法大学出版社2021年版,第83页。

律商谈的内容，[1]但其对语言社会功能的表述与该章第7节对归责的沟通角度的理解，均带有明显的商谈理论色彩。甚至可以说，考夫曼的归责沟通理论以语言哲学与商谈哲学为思想背景，为法律商谈理论提供了一种语言哲学角度的深刻见解。

**二、归责是行为人与法官的沟通过程**

在考夫曼看来，刑法的归责是行为人日常语言与法官专业语言之间相互对应的沟通过程。一方面，人类的语言可以区分为日常语言和专业语言两个层次，法官使用的是法律的专业语言。另一方面，在归责的过程中，法律的专业语言必须向日常语言开放，行为者的日常语言也要翻译为法律语言。[2]

一方面，日常语言与法律语言存在间隔。在维特根斯坦（Ludwig Wittgenstein）等的语言哲学中，人类的语言存在两个面向。一是专业语言，所谓“理想语言”、纯形式的人工语言，其内容是单义的、清晰的，追求逻辑的单一性与精确性，以数位语言、计算机语言为典型。二是日常语言，其特性是与语言意图及图像的面向有关，具有类推性，排除逻辑的单一性及精确性。[3]在法律归责中，法官的法律语言是专业语言，而行为人脑海中的是日常语言。不过应该注意，法律语言不是一种科学语言，它的语法及语意不是建立在一种清楚的规则上的。法律语言也不是一种专业语言，而是一种法律人之间的身份语言，其基础是专业人士之间共同同意的一种语言使用习惯，也被称为“专业的日常语言”。[4]

因而，法官对规则的理解与行为人、公众之间存在天然的间隔。人类的世界是由语言建构的，[5]行为人并不生活在法律语言所建构的世界里，而是在日常语言建构的生活世界中。考夫曼指出：“社会共同生活的规则，并不是通过法律来告诉国家的人民。人民学会这些规则，是在日常生活的沟通里，并且在相互间运用。市民对于合法与不法的想象并不是在法律语言的范畴中进行，他是通过日常语言而被给定的。”以不法意识为例，行为人的不法意识不是通过法律语言的想象产生的，而是通过对于行为的社会意义的了解。在行为人

[1] 考夫曼对法律商谈哲学的论述，出现在该书第十八章“法律哲学之现代思潮”。
[2] [德]阿图尔·考夫曼：《法律哲学》（第二版），刘幸义等译，法律出版社2011年版，第151页。
[3] [德]阿图尔·考夫曼：《法律哲学》（第二版），刘幸义等译，法律出版社2011年版，第136页。
[4] [德]阿图尔·考夫曼：《法律哲学》（第二版），刘幸义等译，法律出版社2011年版，第137页。
[5] [德]阿图尔·考夫曼：《法律哲学》（第二版），刘幸义等译，法律出版社2011年版，第133页。

的意识中,是一种对于社会损害的意识,而行动者认知他行为的社会意义内涵,总是不清楚的。[1]由此,行为人的日常语言与法官的专业语言、行为人对规则的理解与法官的理解之间并不能自然而然地相互对应。在商谈视角中,这种不能相互对应就可能违背规则“普遍可传授”的要求,而这也是考夫曼归责理论所解决的问题。

另一方面,归责是法律语言与日常语言相互对应的沟通过程。在考夫曼看来,归责是将法律语言与日常语言相互对应,以消弭行为人日常语言与法律语言之间隔阂的过程。但是,这种相互对应并不要求完全的一致性,而只要求一定程度的相似性。行为人也不需要对被判有罪达成一致意见,只要对法官的判决达到“理解”的程度就可以了。[2]

如前所述,人民是在社会生活中习得共同生活的规则,行为人对不法的想象不是通过法律语言,而是通过日常语言。因而,在法律解释的过程中,法官不仅要确定行为人在想象什么,而且要将行为人及法官的理解层面的相当性制造出来,而这种相对应性在此之前是不存在的。[3]行为人的语言必须被“理念化”,而法律的语言则必须被“一般化”,以达到二者之间的对应性与相似性。[4]行为者对行为社会意义的不确定意识,在法院的沟通过程中,将转化成对行为的法律意义精确的法官意识。违法性的意识将在程序中经由法官所制造出,并在有罪判决中将它归给行为人。[5]

因此,刑法的归责有两个层面:行为人日常语言的事物层面,以及法官专业语言世界的形而上层面。法官在形而上层面判决行为人的罪责,将行为人定义为“法律罪责”,而这种有罪判决,必须以在事物层面中确实存在罪责为前提。易言之,行为人已经理解到其行为不法,但他的理解仅依其语言使用的标准,而不是法学的标准。[6]

**三、归责沟通理论在我国司法语境中的反思**

考夫曼的上述见解是相当深刻而务实的,但其论述集中于归责沟通的基本原理,没有谈及沟通的具体标准。在司法实务中,日常语言与法律语言的相

---

〔1〕 [德]阿图尔·考夫曼:《法律哲学》(第二版),刘幸义等译,法律出版社 2011 年版,第 139 页。
〔2〕 [德]阿图尔·考夫曼:《法律哲学》(第二版),刘幸义等译,法律出版社 2011 年版,第 152 页。
〔3〕 [德]阿图尔·考夫曼:《法律哲学》(第二版),刘幸义等译,法律出版社 2011 年版,第 151 页。
〔4〕 [德]阿图尔·考夫曼:《法律哲学》(第二版),刘幸义等译,法律出版社 2011 年版,第 152 页。
〔5〕 [德]阿图尔·考夫曼:《法律哲学》(第二版),刘幸义等译,法律出版社 2011 年版,第 153 页。
〔6〕 [德]阿图尔·考夫曼:《法律哲学》(第二版),刘幸义等译,法律出版社 2011 年版,第 153 页。

似性(对应性)需要达到何种程度?在文化水平较低的地区,如果难以实现行为人和公众对刑法解释的理解,如何实现沟通目的?以上问题值得思考,以下为笔者拙见。

我国司法语境迥异于德国和日本。其一,我国人口庞大、民族众多,不同地区的法文化存在一定差异,且法治建设时间相对较短,尚未形成类似于德日社会的公共语境和规范意识。其二,我国公民平均教育水平不高,理性意识不强,公众对待案件有一定的情绪化倾向。在上述背景下,且不论商谈哲学所追求的共识目的,即便是考夫曼所主张相对较低的"理解"标准,也是较难达到的。近年来,我国网络平台经常出现对热点案件的强烈争议,部分案件中网民的情绪化表达,反映了我国归责沟通在理解上的困境。那么,在我国司法实践中,归责沟通应作何种程度的把握?

诚然,归责过程能被社会多数人理解是最理想的状态,但在现实困难的背景下,对实践中的沟通标准也可以阶段性地调整。在笔者看来,判决能得到社会中有公信力和影响力的多数人物的理解,是最低的要求。尽管我国有人数众多的文化相对较低的人口,但此类人口常依附且信任特定的地位较高的人物,即各类社会群体中有一定影响力的人,以获得物质和信息的可靠来源。例如,家庭里的家长、学校中的班主任、单位中的大小领导、公司里的大小负责人、律师、医生、非正式社会组织的领袖人物等;这类人有较高的文化和理解力,能够影响周围公民的意见,有效地传递他们对于司法判决的理解。在全民沟通不符合现实的背景下,刑法上归责和解释的说理程度,至少应该能够让上述人物理解,并能够在适当阅读之后得到多数的认同意见。由此,刑法归责能够间接地实现大众日常语言与法律语言的沟通。

我国实践已久的"人民陪审员"制度,就是归责商谈理论的实践载体。以不法意识为例,行为人只需要具有日常语言层面的不法意识,而这种日常语言中不法意识与法律语言中不法意识的对应性(相似性),其最低的标准是,行为人生活环境中有影响和公信力的人能够理解到其相似性和对应性,并可以用合适的方式"翻译"给行为人。换言之,前述"对应性",其最低标准是能让合格的人民陪审员理解,并转化为当地的日常语言。当然,这种间接式的商谈,仅仅是论辩实践困境下的一种举措,不能理解为真正意义上的商谈;司法实践的最终目的,仍是尽可能实现法官与行为人、公众的直接理解。

# 深度阅读与主体意识

汪润(北京大学法学院2021级刑法学专业博士研究生)

阅读篇目:[德]卡尔·拉伦茨:《法学方法论》,黄家镇译,商务印书馆2020年版。

车浩老师于2023年春季学期组织的读书会,选取了卡尔·拉伦茨的经典著作《法学方法论》(黄家镇译本,商务印书馆2020年版)作为精读对象,带领我们逐句阅读并详细讨论,这里就该书前三章的阅读内容和体会做一总结。

## 一、内容梳理

根据拉伦茨的行文逻辑,前三章主要对从19世纪至20世纪中叶以来的德国法学理论与方法论进行述评。首先,是萨维尼的方法论。以萨维尼为代表的历史法学派主要采取历史、体系这两种方法研究法律。前者表现为,重视罗马法的历史价值,强调法学领域的历史研究;后者体现为,将实定法划分为两个层次,即由单一规则形成的较低层次以及由法律制度形成的较高层次,各法律制度又再次结合为体系。由于历史法学派重视体系思维,因而成为概念法学形成的重要推手。

其次,19世纪概念法学的方法论。19世纪形成的概念法学认为评价、批判法的核心标准是理性,理性居于逻辑中。于是,普赫塔首先以形式逻辑演绎的方式建立起金字塔模型的概念谱系,位于金字塔塔尖的基本概念直接来自法哲学、伦理。早期耶林则采取对法律制度与法条的逻辑要素进行“提纯+重组”的方式构建体系,将法教义学比作化学。温德沙伊德承继了早期耶林的体系构建方法,并将立法者意志置于体系顶端,发展出心理学的法学理论。与之针锋相对的客观解释理论则用制定法的法律理性(制定法意思)取代立法者的理性(立法者意思)。总之,概念法学认为法律内部存在理性,而随后产生的实证主义则致力于消除法的理性。

最后,关于实证主义科学概念影响下的法理论与方法论。法律实证主义存在这样一条逻辑线:科学知识的获取途径分为逻辑与数学、可感知的事实(内部世界与外部世界)这两条,前者适用非时间性因果律,后者则适用时间因果律。研究可感知的内部世界事实所形成的学科,即为心理学法学理论;而研究可感知的外部世界事实所形成的学科,则为法社会学、法经济学。

比尔林从心理学的角度建构法学,将权利定位为以欲求为核心的请求权,将义务定位为主体知晓并确认了的请求权。比尔林与后期耶林的观点相同之处表现在,都强调目的解释结论的优先适用性。后期耶林认为,目的是所有法的创造者,社会是所有法条的目的主体,从而彻底将目光从概念法学转向了法律的社会学研究,这也成为利益法学的肇端。利益法学的代表人物赫克区分了两种概念(利益概念与秩序概念)、两套体系(法律内部体系与外部体系),对概念法学的倒置方法进行了批判,主张“先概念,后体系”。

随后登场的是自由法学,代表人物是比洛、坎特罗维奇和伊赛,这一学派认为制定法只是创造法律的材料,法律是由法官和法学家以法感为起点创造出来的。由于自由法学将对法律的理解从国家法观引向作为社会内部秩序的活法领域,从而为法社会学的形成提供了理论基础。埃利希主张从社会学“经验—分析”的角度理解法律,强调归纳、观察,并将生活秩序置于其他秩序之前。耶路撒冷主张回到传统,但这并不是向历史法学派“倒车”,原因在于,传统具有延续性,在某种意义上传统就是现实,需要用社会学的方法去考察传统。

最富有争议的是凯尔森的纯粹法学,凯尔森以实然与应然的二分为出发点,通过主张基础规范效力预设说、其他规范效力的创设—取得说,凯尔森排除了所有其他学科方法对法学的介入,这种具有“方法纯粹性”的法学被称为纯粹法学。魏因贝格继承了凯尔森的学说,并对之进行了适当改造,他将规范层面的法效力问题转移至社会学层面上,认为法律作为一种制度性事实,从其实然存在便可推导出其应当如此。

**二、重要问题**

在精读基础上,车老师带领我们提炼出了几个重要的问题。第一,何为体系?或者说体系与逻辑的关系。体系不只是意味着素材的清晰明了和易于把握,而是能够以内在理性的标准确保真理的认知精神。体系分为两种:一是圆的模型(圆心与圆其他部分的关系),二是金字塔模型(教科书各级标题之间的关系)。在圆的模型下,圆心的确定并不成为问题,任一事物皆可成为圆心,只是视角变化而已。而在金字塔模型下,金字塔塔尖的确定极为重要。体系与逻辑之间不能画等号,逻辑只不过是体系内部的一个要素。例如,在萨维尼的思想中,法的逻辑要素和有机体要素是分庭抗礼、同等重要的两种要素。当下刑法学界力倡的三阶层体系,其优势之一便是合逻辑性。

第二,如何理解拉伦茨对早期耶林“提纯组合”方法的批评?拉伦茨认为,将各个在逻辑上不相互排斥的法律概念进行任意重组,虽然能产生具有法条逻辑形态的崭新命题,但无法使得这些命题成为有效的、可资适用的法条。从言辞的逻辑一致性出发,绝不可能得到实践的正当性或命令的约束力。然而,这一批评并未切中要害。原因在于,耶林在此只是提供了一种行之有效的法教义生产方法,即通过对法条进行拆分、提纯、组合,形成新的法条(教义)。“提取单体—组合成新的复合体”这一路径,在法学方法论上是完全正当的。

第三,如何理解拉伦茨对凯尔森“应然与实然可以截然二分”观点的批判?拉伦茨认为,凯尔森通过对基础规范的认识论理论的假设,导致应然间接地产生了实然。这一看法究竟是一针见血的批评,还是对凯尔森的误会?对此,应当从凯尔森与拉伦茨二者的理论立场出发加以考虑。凯尔森是新康德主义者,他理解的应然概念与规范有关,即把应然界定为一种授权方式,而与内容无关。换言之,应然只是一种认识论上的工具,因而与实然无关。与之相对,拉伦茨是黑格尔主义者,从本体论的角度,实然与应然是可以打通的,即应然是实然的条件,因而实然与应然不可能截然二分。由此可见,拉伦茨对凯尔森的这一批评,实质上是二者对实然与应然的定义存在差异。

**三、阅读心得**

在阅读过程中,车老师反复强调让我们体味和学习拉伦茨处理文献的主体意识。《法学方法论》第一部分主要是对德国法学方法的学术史进行介绍,因而大量的篇幅是对萨维尼以来德国重要法学家的思想进行整理,对经典法学文献作综述。不同于教科书式的简单铺陈与罗列,拉伦茨在处理厚重的历史文献时,主体性非常强。例如,在对普赫塔的思想进行综述时,拉伦茨鲜明地采用了“六经注我”的方式,即沿着自己的思路解读文献,从自己的需求出发裁剪材料。既避免了冗长乏味的大段直接引用,也克服了选择性引用导致的文献失真。这种材料使用时的清晰主体意识,对于研究起步者的博士论文写作具有极大借鉴意义——避免简单堆砌材料,始终以自己的论证目的为纲,将材料有机串联起来。

通过参加读书会,最大的收获是感到提高了自己阅读经典的深挖能力。阅读经典有两个层次:较低的层次是将经典作为填补知识空白的工具,通过正序逐页阅读,获取信息。这一层次的实现难度低,往往将阅读简化为佳句名言的摘抄活动,没有将书内信息进行有效整合,一旦将书合上,读者的知识增量便会大打折扣。较高的层次则是对经典进行深挖,尤其是将经典的前后内容勾连起来,在涉及相同主题的差异比较时,对前后内容进行整合。

以阅读《法学方法论》第三章第一节为例,拉伦茨在书中介绍了比尔林的心理学法学理论,较高层次的阅读方式会去追问、反复咀嚼如下问题:比尔林是如何从心理学的角度构建法学的?比尔林和耶林的观点之间存在何种联系与区别?为什么说法律拟制是心理学方法难以克服的障碍?针对这些问题,倘若仅对该章节的个别段落语句做摘抄,显然难以作出回答。此外,另一种行之有效的阅读方式是在读完某一章节后尝试给自己出题。例如,体系和逻辑在萨维尼和普赫塔的理论中分别是何意义?法经济学和法律实证主义是何种关系?在回答这些问题后,书本中的知识就被整合内化为自己脑海中的知识。

常鹏翱老师的私塾

# 法哲学与民法基础理论读书会

关于作者

常鹏翱

北京大学法学院教授，博士生导师。郑州大学法学学士（1996年），北京大学法学硕士（2000年），中国社会科学院研究生院法学博士（2003年）；法国巴黎第二大学访问学者（2004年）、瑞士弗来堡大学访问学者（2007年）。主要研究领域为民法基础理论、财产法、民法和行政法的结合研究。

2009年1月开始在北京大学法学院任教，主讲以下课程：（1）初阶讲授类：民法总论、物权法、债权法；（2）高阶研讨类：民法专题研讨。

## 总体说明

通过与民商法学硕博士研究生的接触与交流,我发现有一个很普遍的现象,就是他们对民法经典读物很熟悉,对有关制度的认知也很深刻,但往往自我设限,主要阅读民法制度文献,较少深入学习法哲学,并由此出发与民法基础理论结合起来思考,从而在思考和观念上有一些欠缺。为了补上这个"短板",则举办了"法哲学与民法基础理论"的读书会。这是一种集体读书活动,阅读对象是从法哲学经典著作延展到民法基础理论经典著作,目的是为民法学研究提供观念以及方法论上的指引,提高参与同学的学习、理解、想象及转化能力。

由于我曾经从事过法律实务工作,日常也会接触一些实务工作,真切地知道实务与理论之间会存在隔阂,而要打破这种隔阂,就需要眼光的"往返流转",既要熟练运用规范,还要透彻掌握学理,也要明了实践运作,更要融合起来进行"同情地理解",把规范、学理和实践高度糅合起来,切实做到理论联系实践。就部门法学习和研究而言,我认为规范、学理和实践都很重要,缺一不可。但就学生时代的学习,我认为,学理是最重要的,不仅因为学生往往不能真实感知司法或行政,虽然司法案例或媒体报道会提供实务信息,但因没有亲历而难有代入感;而且学理就是基本功,基本功不扎实,其他都是花拳绣腿,所谓"练拳不练功,到老一场空";更重要的是,不少好的学理不是梦呓般的概念推演或观点堆砌,而是在深度观察实践基础上的说理,好好学习它们,本身已在理论联系实践。此外,还能掌握如何联系实践的思考方法。

基于上述认识,我将"法哲学与民法基础理论"中的"法哲学"初始限定为德国学者阿图尔·考夫曼(另译为亚图·考夫曼)的法哲学理论。何以如此,不仅其人的哲学等学问功能确实了得,更关键的是,其著述关注诸多实践,并采用多种学科知识进行深入分析,如对日常语言的探讨、对法官现实裁判过程的分析。按其所言,这些分析可谓对非理性的理性分析。虽然受自身因素限制,其分析有明显偏好,如是德国的、偏刑法的、多学科(广义的哲学)的,但其中的道理有一般性,如其无论是类推(类比)还是设证(推断)的阐述,均能从英美读物中找到对应,也均能在我国实践中找出对应,它们对于提升我们的认知是有益的。

我在研读书目中选了他的三本理论著作，分别是《法律哲学》、《类推与“事物本质”——兼论类型理论》和《法律获取的程序——一种理性分析》。同时，欲整体或者完整理解其法学理论和理论渊源，又不得不回到其老师——拉德布鲁赫那里。也即从作者的学术背景、社会背景、基本理论观点以及理论演变过程等诸多方面予以整体把握。对此，在前述著作之外，还选取了拉德布鲁赫的《法哲学》和考夫曼的《古斯塔夫·拉德布鲁赫传——法律思想家、哲学家和社会民主主义者》，以发现二人之间的师生传承及代际创新。

关于阅读顺序，以《法律获取的程序》为先。它作为考夫曼晚年的代表作，是其关于法学方法论终其一生思考的提炼和总结。该书篇幅简短，论证简约却意涵丰富，整体上也易于接受。同时，通过该书的阅读还可以让参与同学在较短的时间内了解考夫曼理论观点的全貌。《类推与“事物本质”》为次之，其中的类推理论是考夫曼法学方法论的核心所在，也是了解其理论体系的一把钥匙。该书虽然篇幅简短，但关于类推理论的全新诠释却有着认知上的冲击力。《法律哲学》为最后，该书作为考夫曼法哲学理论的集大成者，体系完备且内容艰深，也耗时最多。三者之间，前两本书篇幅较短，内容集中，好懂并易于接受，也为《法律哲学》的研读奠定了基础。同时，在这三本书的研读过程中适时穿插拉德布鲁赫《法哲学》的相关内容，并把《古斯塔夫·拉德布鲁赫传——法律思想家、哲学家和社会民主主义者》作为背景知识资料。

在前述阅读的基础上，联系民法基础理论。民法基础理论有很多，我选择了法律行为理论，因其不仅是私法自治的完美体现，还是落实私法自治的主要途径。因此，在我国《民法典》偏近大陆法系的大背景下，对于法律行为理论的理解和把握，不仅是民商法硕博研究生必备的基本功，还是深化民法思想、促进理论提升，甚至是提供学术贡献的有力工具和体系支撑。与之相关，德国学者维尔纳·弗卢梅所著《法律行为论》乃是法律行为理论领域内的经典专门著作。在该书中，弗卢梅为了系统阐述私法自治这一基本民法思想而将法律行为这一法律制度作为历史发展的产物和延续予以详细论述，并非局限于实定法的明文规定。同时，他从历史发展的脉络里认识法律行为制度的价值功能及相关的具体制度设置，从更深层次去理解和评价现行法的规定，并提出自己的独到见解。毋庸讳言，《法律行为论》集民法思想之精华，将法律行为理论予以独立研究和体系化展开，系统而完整地阐述了法律行为制度的基础理论，捍卫了意思自治在私法中不可动摇的核心地位。但由于该书内容极为丰富,又因时间限制,仅选取了重点章节予以详细研读。

对《法律行为论》的学习,重心当然在该大部头著述自身,但之前的法哲学铺垫,对于我们理解法律行为有相当大的启发,特别是对弗卢梅评价其他学者以及德国联邦法院实践的理解,有顿悟之感。

经过经典研读,参与同学不仅对法哲学有了更为深入的理解,还在通常的法学方法论之外就法律获取的程序获得了多元化的视角,尤其是考夫曼以类推理论为基础创立的等置模式,实现了认知上的解放和观念上的转变。同时,参与同学还普遍表示,通过《法律行为论》的研读,逐步淡化了以往教科书中对于法律行为的定式化认识,能够紧跟作者的论证思路和体系脉络重新感悟法律行为制度以及这一制度背后深厚的理论内涵和强大解释力,品味私法自治的独特魅力。比如,动态把握法律行为制度的基本问题,熟悉并领悟物权行为、债权行为二元结构投射下的体系效应,并能够熟练运用这一分类模式处理法律行为领域内的理论以及实践问题。

## 组织程序

"法哲学与民法基础理论"读书会面向对私法理论以及哲学基础类文献感兴趣的学生开放。学年伊始,先由我决定选读书目,确定读书活动的基本程序、基本要求以及人数规模,然后由感兴趣的博士研究生进行宣传和组织,并确定最终的参与人数。在宣传和组织过程中,组织者通过材料投送的方式,充分介绍读书会的初衷、阅读材料的内容和选取理由,以及相应的预期目标等。为了保证读书会的阅读质量,也为了保障参与者充分、深入地交流,读书会的规模控制在15人以内。其后,由组织者创建读书会微信交流群。微信群除作为读书会的信息发布渠道之外,还有助于参与人员之间的沟通和交流,使得读书会的内容更加丰富多彩。

若无特殊情况,读书会每一周开展一次。在每次读书会开始前,微信群内会确定或协调当次读书会开展的具体时间以及具体地点,每次时长一般在3小时左右。因为新冠疫情的影响,有时也会开展线上读书会,形式不一。

读书会的具体开展分为两方面,一方面是每次读书会之前的准备工作。第一,合理分工,组织参与同学选取领读任务;第二,内容准备,领读同学精读任务部分,提前做好内容提要并总结归纳可能存在疑问的知识点,以便读书会期间有针对性地展开讨论。其他参与同学也应认真阅读,做到熟记于心,梳理心得体会,或者记录下对阅读书目感兴趣以及认为有谈论价值的内容。另一方面是每次读书会的实际情况和具体环节。整体过程采取领读同学逐句精读,而后分段落讨论的形式。具体而言,领读人精读文本、概述内容、提炼问题并展示研读文本的论证过程,其他同学参与讨论,分享经验、发表观点。我在适当环节提出问题、纠正误区、答疑解惑、把握方向、推动进程。每次活动结束前,我或组织者会总结当次读书会的内容,并选取重点部分予以适当延伸,为课下阅读提供思路或者方法途径。最终,我或组织者还会简单介绍下次读书会的内容,或提供相关的背景材料,或提醒重点阅读的章节,或提前预设相应的问题,以保障下次读书会具有针对性并实现问题聚焦、有的放矢。

## ■ 阅读篇目

1. [德]阿图尔·考夫曼:《法律哲学》(第2版),刘幸义等译,法律出版社2011年版。
2. [德]亚图·考夫曼:《类推与"事物本质"——兼论类型理论》,吴从周译,台北,学林文化事业有限公司1999年版。
3. [德]阿图尔·考夫曼:《法律获取的程序:一种理性分析》,雷磊译,中国政法大学出版社2015年版。
4. [德]阿图尔·考夫曼:《古斯塔夫·拉德布鲁赫传——法律思想家、哲学家和社会民主主义者》,舒国滢译,法律出版社2004年版。
5. [德]古斯塔夫·拉德布鲁赫:《法哲学》,王朴译,法律出版社2013年版。
6. [德]维尔纳·弗卢梅:《法律行为论》,迟颖译,法律出版社2017年版。

## ■ 研习成果

### 法律科学及法律获取的程序

——考夫曼《法律获取的程序》的点滴体会

张厚东(北京大学法学院2020级民商法学博士研究生)

这本书作为考夫曼终其一生的思想结晶,他从批判涵摄模式入手,在认识论和科学理论的基础上,就法律获取的四种方法——演绎、归纳、设证、类比及其之间的关系予以体系化展开,并论及司法实践过程中法官潜在的认知判断与权力决断,描绘了一幅截然不同的法学方法论图式。

第一,由演绎—涵摄到“设证、归纳、类比和演绎”。在科学主义的大潮中,秉持理性建构的概念法学,在法律获取过程中坚守演绎之下三段论的逻辑推演。也即,在演绎(三段论)—涵摄模式中输入案件材料便能从法律规范中推演出确定性的结论。同时,为了维持宪法秩序下立法与司法的分权状态,涵摄模式力主排斥法官的主观意志,以维护立法者的意志以及其所创立的封闭体系,即严格遵循实定法的规定,法官只是毫无感情的产出机器。在法律获取的过程中,法官成为在场的失语者。但在考夫曼看来,演绎—涵摄模式仅是人为建构的神话,并不能反映真实的司法过程。一方面,它未能区分经验性知识和规范性知识在认识对象上的不同,对于真理或者科学性的认识仍未摆脱自然科学的观念束缚;另一方面,演绎—涵摄模式依靠单纯的逻辑推理,而无法处理前理解、法感等主观因素。同时,演绎—涵摄模式作为事后的正确性控制机制,无法提供新知识,只能用于证伪,却无法正面证立。

在考夫曼看来,法律获取乃是设证、归纳、类比和演绎共同作用的结果。首先,设证。基于前理解,法官先给出假定和预判,或者称为后果导向。但是,设证仅是做出假定,属于方向性的指引,并不能保证正确性。其次,归纳。通过综合性的考察查找合适的一般性规则,即通常而言的大前提。再次,类比与等置。通过个案比较以及比较中项(如目的、功能、利益)的确立,实现待决案件与制定法无疑涵盖的案件之间的等置处理,即确定小前提。最后,演绎(涵摄)。其中,前理解作为法律获取的先决条件,而关键性的一步则在于类比和等置,实现由未知到新知的转变。同时,在上述过程中,由于法官的前理解并非绝对可靠,宜对此保持足够的开放度,不断地适时修正。

第二,法律的科学性——主体间性的合意到达。在自然科学的影响下,传统意义下的法律科学以主客体二元结构为基础,通过对作为客体的法律予以整体把握以追求法学领域的确定性,希冀如同自然科学一般把因果关系内置于法学之中。在此之时,法律仍被视为人们思维和意志之外的外在既存之物,是一个客观存在的待认知对象。但是,与自然科学这类经验性知识不同,法学这一规范性科学的对象绝非客观存在的实体对象,而是关系、关联。或者说,法律是一种关系结构,人们在这种关系中相互依存并与成为法律的“客体”的事物发生关系。正因如此,规范性科学的正确性乃是植根于主体性之上的意义结合,它作为关系的总体,存在于此人与他人的关系之中。在社会科学领域,真理项下的认识路径由主客体的二元分立转变为主体间性的商谈过程。因此,规范性科学的真理性大致表现为个体(单体)思维—价值多元—普遍共识(意义共同体)这一不断趋近合意的过程。

与之相关,法学科学的真值并非对于客体的客观描述或者因果关系的逻辑延伸,而是论证理由的关联和意义共识的到达。面对司法过程中的非理性因素,正确的做法绝非否认价值多元的存在,也非抹杀法官的前理解,而是要把这些从掩饰理由中凸显出来或者把论证的过程展示出来,在论证共同体内部,在彼此相互作用中,通过沟通、对话而建立主体间性并在"理解"上逐渐接近合意。或言之,法律判决的妥适性,只有通过参与主体的论证、合意才能被发现。其实,无论是合议庭的设置还是审级制度的设计,都暗含"合意"过程。因此,法律获取的核心并非案件事实——法律规范之间的涵摄模式,毋宁是"或多或少数量众多之论据的有序合力"。不过,何为共识的达成或者说交互作用的结束仍然与决断、权力有关。

第三,类比之下的等置模式。在考夫曼看来,司法实践多是类比的过程,乃是"待决案件与制定法确凿涵盖的案件之间的等置",即个案之间在某个比较项上的同一性关系。在类比过程中,待认识对象并非在其内部或者从其自身,而是在关系中被发现、被获知。也即待认识对象与已知事物具有某种意义关联或者同处一个关系范畴。这是由已知向未知的推理过程,"借此在一切领域中碰撞未知的事物"。但因世界上并无完全相同也无完全不同的事物,类比只能是开放式的或者程度上的多或少。同样,类比的有效性关键在于比较点的选择以及待比较特征的确定。当然,在这过程中不免存在法官掺入个人偏见而体现为决断或者权力的情况,伴随不确定性。

因此,对于法律的认识不应通过概念性的是—否思维,而应通过类型学的多—少思维来理解。这反映在法律中,除少量的数量概念外,大多数的法律概念都是不清晰的,而多是类型概念。与之相关,成熟的法律学习方法也非力求概念内涵上的确定性,而在于训练类型学的思维方式。与概念不同,类型的要义乃是要素的聚集,而且各个要素之间并非非此即彼的关系,而是程度上的或多或少。因此,类型无法被定义,只能被描述,并且呈现动态开放的体系结构。

同时,在等置模式视野下,立法与法律适用并无实质上的不同,因为它们都会经过归纳等综合性的考察,前者是对类型的描述,后者则是在类型范畴中予以类比和等置,都属于法律发现的过程。同等视之,法律适用与法律续造之间也非绝对性的差异,多是程度上的区别。或者说,区别仅在于选择的比较中项。

不难发现,在考夫曼看来,法律获取的过程总是掺杂着非理性因素,比如,法官的决断,且又无法避免。对此,法律获取的科学性只能存在于对其真实结构的反思之中。或许,最好的办法乃是承认非理性因素的存在,公开展示非理性和理性交织的过程,在论证共同体中促进共识的实现。同时,并就法律获取的结果给予与人类智力水平以及宽容程度相匹配的期待。

## 相对处分禁令的法律构造

——弗卢梅《法律行为论》的一则读书笔记

张弘毅(北京大学法学院2021级民商法学博士研究生)

"相对处分禁令"[relatives Verfügungsverbot,经常也被称为"相对让与禁止"(relatives Veräußerungsverbot[1])]是一个德国法色彩浓厚的概念。这一概念对于解释我国的预告登记、行为保全(假处分)、扣押或查封等制度的法律效果有很强的借鉴意义。弗卢梅教授的名著《法律行为论》向以内容全面且深入著称,氏著在该问题上的论述颇有独到之处,但也引发了一些困惑,因此选取这一问题作一简要探讨。

先以德国教科书最常举出的一物二卖为例,简要介绍相对处分禁令的规范目的。假设甲(出让人)将某物出卖与乙(受保护之人),双方约定将来某日交付,乙为防止甲将标的物另行处分给他人,向法院申请取得了一项假处分命令(《德国民事诉讼法》第938条第2款),即法院命令甲只能将标的物让与乙、不得作有妨害此目的的其他处分,后甲违反命令将标的物出卖并交付与丙(第三人)。德国法认为,假处分命令属于《德国民法典》第136条中的官署作出的相对处分禁令,当丙不符合善意取得的要件时,乙应当能够最终取得标的物,其取得利益应当优先得到保护。

不过,究竟如何实现这一救济目标,或者说相对处分禁令的法律构造究竟

[1] 德国学界多数观点认为,《德国民法典》第135~136条规定的仍然是一种法律禁令,性质上与第134条的绝对禁令相似,并非处分权之欠缺,因此,使用"禁令"而非"禁止"更能突出这一含义。

为何,在德国仍然存在较大的争议,就此主要存在三种观点。主流观点持相对无效说(relative Unwirksamkeit):出让人与第三人间的处分行为相对于受保护之人无效,相对于受保护人之外的一切第三人则有效(因此,第三人可以将标的物处分给第四人等),这样,相对于受保护之人而言,出让人仍是所有权人,仍可以将所有权让与受保护之人(通过返还请求权让与的方式实现交付),此后第三人或第四人处的所有权即终局消灭。在该说下,由于一物之上同时存在出让人和第三人两个效力不完全的所有权,因此,该说也被称为"双重所有权""相对所有权""所有权归属的分裂""权利主体的双重性"(doppeltes Eigentum, relatives Eigentum, Spaltung der Eigentumszuständigkeit, Duplizität des Rechtssubjekts)。[1]

第二种观点为"保全权"说(Absicherungsrecht)。该说认为,出让人对第三人的处分绝对有效,第三人取得了完全所有权,但其上负有一项保全权负担,保全权兼具债权和物权性质,受保护之人得直接向第三人行使保全权。[2] 由于该说允许受保护之人直接向受让人请求,被通说批评其对第三人过于严苛,本文暂不对此展开讨论。

第三种观点是这里将着重探讨的处分权构造。该说最早由拉佩(Raape)提出,[3]弗卢梅、拉伦茨、梅迪库斯随后都表示了赞同。弗卢梅在《法律行为论》中对该说的具体论述为,"第三人不仅相对于受保护之人,而且相对于任何人,都取得了所有权"(第421页),"出让人不再是所有权人,相对于受保护之人而言,亦是如此"(第424页),"标的物已经不再是出让人的财产"(第423页脚注49);不过,"出让人就自己业已出让的物仍然保有如下范围内的权限(Zuständigkeit):为了履行让与禁令旨在保护的请求权,向受保护之人移转该物的所有权"(第423~424页),"出让人即便相对于第三人而言也仍然保留着处分所有权的权限"(第423页、第425页将此权限称为"权力"Macht),出让人保留的这一处分权构成落在物上、对所有人都有效力的负担(第421页)。由此可见,处分权构造主张,出让人对第三人的处分行为绝对有效,只是根据法

---

〔1〕 参见[德]鲍尔、[德]施蒂尔纳:《德国物权法》(上册),张双根译,北京大学出版社2004年版,第40页;[德]卡尔·拉伦茨:《德国民法通论》(下册),王晓晔等译,法律出版社2013年版,第655页;Wieling, Sachenrecht, 5. Aufl. 2007, S. 17。

〔2〕 Vgl. Beer, Die relative Unwirksamkeit, 1975, S. 164.

〔3〕 Vgl. Wieling, Sachenrecht, 2. Aufl. 2006, Bd. I, S. 47(Fn. 150).

律的特别规定,出让人享有特定范围内的法定处分权,可以在为实现受保护之人的债权所必要的范围内,处分已经属于第三人的标的物,且由于该处分权落在物上,从第三人处受让标的物的第四人也受其拘束。

处分权构造相比于相对无效构造具有优势。其一,其可以避免相对无效构造下"相对所有权""双重所有权"等对所有权绝对原则的突破。[1] 其二,更加符合比例原则。为保护特定人之利益,无需使出让人获得所有权,而只需获得处分权。[2]

不过,处分权构造的不当之处可能更多。首先,在弗卢梅的论述中,出让人行使处分权的效果为何?一般而言,在所有权人授予他人处分权的情形中,被授权人处分的效果是,所有权从授权人处直接移转至受让人处。按此推论,此处所有权也应直接从第三人处移转至受保护之人处。在该书第 423 页脚注 49 中,弗卢梅更提及,出让人"不能因履行受让与禁止保护之人的请求权——而在逻辑一秒钟内——重新获得该物的所有权",似乎也认为处分的效果是所有权的直接移转。若如此,则会产生如下问题:若第三人在标的物上设定了他物权,直接移转后,受保护之人也会受该他物权的拘束;且弗卢梅特别强调,出让人的处分权仅限于为受保护之人利益而"移转所有权",按此,处分人无权单方废止第三人设定的他物权。这一结果显然有违相对处分禁令的意旨。要真正贯彻保护特定人的目的,就要至少使他物权设定行为相对无效,但如果承认了这一点,那么处分权构造与相对无效构造的差别就极小了。事实上,弗卢梅在书中若干处也有意无意地提及相对无效:"乙向丙所进行的所有权移转相对于甲不发生效力"(第 422 页),"违反让与禁止而向受让人所进行的所有权移转不生效力"(第 423 页)。但如果承认了相对无效,那么出让人相对于受保护之人便仍然是所有权人,根本无需再构造出"法定处分权"。这不可不谓处分权构造中根本性的自相矛盾。

其次,更为重要的是,当出让人破产时,处分权构造与《德国破产法》第 80 条第 2 款矛盾。该款规定,当出让人破产时,相对处分禁令失去效力。[3] 在处

---

[1] 不过,威灵认为这一突破无伤大雅,双重所有权的概念自中世纪到 17 世纪一直为人们接受,并不会引发什么困难。Vgl. Sachenrecht, 5. Aufl. 2007, S. 17 (Fn. 59).

[2] 参见[德]卡尔·拉伦茨:《德国民法通论》(下册),王晓晔等译,法律出版社 2013 年版,第 655 ~ 656 页。

[3] 正因如此,预告登记、扣押查封的效力不仅包括相对处分禁令,还包括完全效力(Vollwirkung)或司法担保权,后者才具有破产隔离功能。

分权构造下,仅第三人享有所有权,标的物不属于出让人的破产财团,这样相对处分禁令就具有了破产隔离的效果,有违第80条第2款。当然,这一问题不是处分权构造独有的,在相对无效构造下,出让人相对于受保护之人以外的人(包括出让人的债权人)不是所有权人,这样标的物也就不属于出让人的破产财团。

最后,当第三人破产时,处分权构造还存在额外的劣势。德国通说认为,受保护之人不应承担第三人的破产风险。[1] 这在相对无效说下可以轻松实现,因为在受保护之人看来,所有权属于出让人,而非第三人,自然可以取回。而在处分权构造下,第三人享有完整的所有权,标的物属于其破产财团。

相对处分禁令的构造究竟应当是什么,这一问题没有结论。相对无效构造存在破产风险分配方面的问题,处分权构造则存在更大的问题。本文的讨论或许可以展示,"法律构造"(Konstruktion)这一方法的困难:对于某些制度和法律效果而言,由于生活需要的多样性和复杂性,很可能根本无法提出一个能够满足各种实质要求且能逻辑一以贯之的构造方案。有时,我们只能"两害相权取其轻",在诸种方案中寻找解释力最强的一种,并在剩余之处承认作为体系异质(Anomalität)的特别规定的存在。

---

〔1〕 Wieling, Sachenrecht, 2. Aufl. 2006, Bd. I, S. 48.

# 葛云松老师的私塾

## 民商法系列读书会

关于作者

## 贺　剑

北京大学法学院长聘副教授，博士生导师。北京大学法学学士、法学博士，德国曼海姆大学法学博士，曾在中国人民大学法学院从事博士后研究。主要研究民法（含婚姻法），关注与民法有关的一切法律内部跨学科研究以及传统的法经济学。

主要讲授或参与讲授的课程：民法案例研习、中国合同法（英文）、侵权法专题、民法专题研讨。

## 总体说明

北京大学法学院自 2018 年秋季设立了“第二课堂”教学项目,鼓励并资助老师们开展读书会、论文讲评会等课外教学活动。我作为其中一员,与葛云松教授、许德峰教授、纪海龙教授等民商法学科多位同事一道,数次参与申请该项目,并承担了一些事务性工作。现谨从我个人角度对该活动略作总结。

其实,在有“第二课堂”之前,各类读书会在法学院早已遍地开花。我将其理解为该项目的背景。其初衷并不在于实现读书会等课外教学活动的“从无到有”或者“从少到多”,而主要意在表达学院的关怀,并以适当形式记录这些私人化的教学场景。学院的关怀,可以温暖师生的心;而适当的记录,则有学术与公益的色彩。无论经验还是教训,这些被文字固化的“私塾”活动以及背后的思考,都有可能让参与者之外的其他法学教师、学生甚至领导受益。

我所在的民商法学科的读书会历史悠久。以个人经历来说,我自 2007 年秋季保研成功、拜入葛云松教授门下之后,就开始参与葛老师组织的民商法读书会,一周一次,每学期都有,基本上少有间断。这么算,单是葛老师组织的这个读书会,就至少已有 15 个年头了。

我个人观察,主要有两方面的因素,促成和维系了上述读书会的持续。

第一,对学问的热情。“奇文共欣赏,疑义相与析。”对于学者来说,一本好书、一篇好论文,反正都是要花时间细读,为何不与同事、学生分享,一起品读、探讨?印象中,在葛老师的读书会上,十几年间,光是拉伦茨的《法学方法论》。师生们就读了三遍。虽然每一次都没能读完全书,但却是实打实的三个学期的投入。对于大多数第一次读该书的学生来说,读《法学方法论》是步入民法学习高阶的一个里程碑、一个必要的关口;而对于多次重读的教师或学生来说,也依旧常读常新,而这或许正是经典著作的魅力。

而且,对学问的热情,不只教师才有。印象中,有一学期就是不折不扣的“苏永钦学期”,师生们在读书会上系统拜读了苏永钦老师关于民商法和司法制度的绝大多数作品。而专读苏永钦,则源自同学的倡议。当时,苏老师的有些繁体版图书尚不易得,同学们(我也是其中一员)搜罗、复制资料的热情与团队合作效率,至今想来,我还是激动不已。

第二,对学生的公心。如果是不定期举办读书会,并结合自己的研究与阅读兴趣,有对学术的热情即已足够。一举多得的美事,何乐而不为?可如果要十余年如一日地持续举办,对于主事者来说就并非易事。关于时间成本,我在别处曾经写过——“当学生时,只惊叹于师生一堂,彼此无拘无束地闲谈与论辩(某一年某位女同学辩论时的‘拍案而起’,相信已成为很多人学生时代的美好回忆);等自己成为老师,才知每周一上午的‘黄金时间’意味着什么……”

此外,读书会的书目选择,总体也是以学生为导向。除前面的“苏永钦学期”等少数例外,基本上是一学期读一本书,经典教科书、体系性专著各占一半。这意味着这种读书会与个别研究的关系较远,至多有补遗的作用;其主要功能,仍在于帮助同学夯实基础(读经典教科书),或者修炼内功(读体系性专著)。

以上都是教师角度的原因分析。这似乎预设了,一个读书会只要教师愿意组织、尽心投入,同学就会积极响应,共襄盛事。或者说,同学方面的需求客观存在,只要有教师方面的供给,“市场”就会产生,读书会就会水到渠成。

总体可能真的如此。但据我观察,就读书会的繁荣和收效而言,同学们真的有无限的潜力,而教师除了自身的热情与公心,不妨尽可能挖掘、激发同学们这方面的潜力,从而事半功倍。这里举几个近年来的例证。

一种模式是在读经典教科书时,引入高年级的学生作为“助教”。助教在很大程度上担当教师的角色,设定读书会议程、组织讨论,并且还须设计配套案例题供其他同学完成。此种读书会,近似于迷你版本的“讲授课+案例课”。但是,在激发同学潜力或主动性方面,受益者主要限于作为助教的学生。

另一种模式是全凭学生自生自发组织读书会,教师基本上不参与,或仅作为普通成员参会。教师所需做的,可能是单纯的鼓励、倡议,也可能是经费或项目申请方面的配合,或者类似的细节支持。这方面的例证,一是 2021 年以来,得益于许德峰教授的大力支持,刘凝、刘恩志、凌骏达等诸多博士研究生同学自发组织了《英国合同法》(作者是英国牛津大学的 Mindy Chen – Wishart 教授)的读书会。二是 2020 年年底以来,得益于魏振瀛教授民商法研究发展基金的资助,前后分别由张尚斌、刘庆文两位同学全程负责,迄今已举办 13 期的“未名私法青年学术沙龙”,即博士研究生论文评议会。因为纯粹以兴趣为导向,且属于自编自导自演,同学的参与度、积极性和获得感都极好;甚至就连沙龙海报(由庆文同学设计)这样的细节,也是众所公认的赏心悦目。就连我这样的“局外人”看在眼里,除了感叹分身乏术,也是好生羡慕和由衷祝福;对于参与其中的他们来讲,这定是一段美好的回忆,很可能也是未来学林的一段佳话。

## 组织程序

如前所述,整个十余年间的读书会,组织模式上也有诸多尝试。甚至在这学期(2022 年秋季学期),在葛老师的推动下,还采取了“双读书会”并行的模式:以硕士研究生同学为主体,读基础教科书;以博士研究生同学为主体,读体系性专著;频率也改为双周一次。以下仅以读拉伦茨的《法学方法论》2020 年秋季学期为例,介绍最惯常采用的组织程序(由当初参与的凌骏达同学协助草拟,由我改定)。

1. 参与方式。由参会老师在微信群中发布广告,自愿报名。

2. 参会人员。主要是民商法方向的硕士、博士研究生,同时对法学院各方向的同学开放。实际参与人员涵盖民商法学、民商事争议解决、诉讼法学、法学理论以及宪法与行政法学等,长期参会人数在 15 人左右。教师方面,有葛云松教授、许德峰教授和我参加。

3. 时间地点。读书会通常在每周五上午 9 时至 12 时,陈明楼(小型)会议室举行。

4. 事前准备。一般在读书会第一周,教师会确定本学期各周的阅读章节;对于相应章节,分别确定一名或者数名领读同学,负责对各周读书会的阅读材料进行导读。除了阅读文本,领读同学还需要对相关文本进行梳理和概括。由于读的是外文著作,有语言背景的领读同学还会通过比对原文,指出翻译中的疑义。在准备期间,领读同学通常(但非强制)会形成书面的带读笔记或者思维导图,以便会上使用。但是,领读同学的工作仅限于文本本身,原则上无须再行查阅其他参考文献,以免负担过重。

通常而言,非领读同学平均每周需要花费 3 ~ 5 小时阅读材料,领读同学平均另须花费 1 ~ 2 小时的准备时间。此外,指导老师每周指定一位同学负责当周的会议记录,帮助有需求的同学进行会后复习。

5. 活动流程。在读书会上,首先,由领读同学以逐段精读的方式,导读其负责的文本内容,并提出相关的见解或者疑问;其次,由其他同学自由讨论;最后,由指导老师解答疑惑并总结重点。但后两个步骤往往是“理想”状况,实际上更多是畅所欲言。我近来不时反思的是,学生时代参加读书会,我的话就特别多;最近这些年,我的话还是一样多……我说得多,就意味着同学说话、发言的机会就少了,以后还得适当注意。

另就研讨内容而言,本读书会虽以《法学方法论》的文本为主,但讨论范围并不以此为限。方法论的论争总是高度抽象的,与会者大可以援引自己所能联想到的所有相关素材,对文本中的观点或附议,或反驳,或比对,或补充。正因如此,同学们在读书会上不仅关注德国与中国的理论比较,视野还及于具体的、鲜活的实践案例,甚至哲学、经济学和社会学的相关理论也都是本读书会的“热门话题”。读书会结束之后,指导老师或者同学经常视情况发送补充材料到微信群中,供同学们自主学习。

## 阅读篇目

**2020~2022年,葛老师组织以及同学自发组织的读书会,总共研读了如下著作:**

1. [德]迪特尔·施瓦布:《民法导论》,郑冲译,法律出版社2006年版。
2. [德]卡尔·拉伦茨:《法学方法论》,黄家镇译,商务印书馆2020年版。
3. [德]汉斯·布洛克斯、[德]沃尔夫·迪特里希·瓦尔克:《德国民法总论》(第41版),张艳译、杨大可校、冯楚奇补译,中国人民大学出版社2019年版。
4. [德]汉斯·约瑟夫·威灵:《德国不当得利法》,薛启明译,中国法制出版社2021年版。
5. Mindy Chen-Wishart, *Contract Law*, 6th ed., Oxford, 2018.
6. Hein Kötz, *European Contract Law*, 2nd ed., translated by Gill Mertens/Tony Weir, Oxford, 2017.
7. [英]P. S. 阿蒂亚:《合同自由的兴起与衰落:一部合同思想史》,范雪飞译、林少伟校,中国法制出版社2022年版。
8. [德]海因·克茨:《德国合同法》,叶玮昱、张焕然译,中国人民大学出版社2022年版。

## 研习成果

以下是三位同学在不同学期的读书会上分别撰写的读书报告,按照由近及远的时间顺序照录如下。

# “偶然”与“应然”:比较法研究中的历史视角

——阿蒂亚《合同自由的兴起与衰落》读书札记

刘恩志(北京大学法学院2021级民商法学专业博士研究生)

## 一、法之内外:比较法研究中的两重历史视角

在读书会“常客”、拉伦茨的《法学方法论》开篇,法科学或法学被这样定义:“在某种特定的、历史地形成的法律秩序框架中并以这种法律秩序为基础来致力于解决法律问题。”[1] 诚然,历史性是法律的一项重要性质,无论探查本国还是他国法律秩序,它都指引我们以变化的眼光看待法律的生长。立足于以继受为底色的中国法语境,比较法研究中的历史视角尤值关注,并可略作两分。

第一,法内的历史视角,重在梳理比较法上规则与制度本身的演变及脉络,即狭义的法制史研究。例如,针对德国民法中的瑕疵制度,对比债法现代化前后的规范变迁;又如,追溯欧陆各国有关第三人清偿的规则在罗马法中的根源,探讨制度的分化及其背后的考量。由于处在规范框架之内,法内的历史视角,实为借规范的演变促进对当下规范的认知,几近于体系视角的“时间之维”。

第二,法外的历史视角,着力考察规则或制度形成的社会历史条件,关注同样可能被历史研究者引为素材的事实。这又包括两种情形。一是探询历史中之法的社会背景。例如,结合奴隶社会的背景分析罗马法为何无代理制度。此类研究更多作用于解答智识之惑。二是探问现实中仍在运作之法形成的历史背景。此类研究则是法律继受时不可或缺的“背景调查”。

阿蒂亚的《合同自由的兴起与衰落》集上述诸种历史视角之大成,而对抱持观察比较法心态的中国读者而言,全书的中心主题——从政治、经济、思想背景等多个维度考察现今在英国合同法中得到普遍认可的“允诺基础责任”之历史根基——所托出的、最为宝贵的,恰是上述第二种法外视角,这也是此份笔记的核心议题。

---

〔1〕 [德]卡尔·拉伦茨:《法学方法论》,黄家镇译,商务印书馆2020年版,第9页。

## 二、法外历史:功能性法律比较和移植的约束条件

立法者的制度设计、学者的理论构建或提议、法官的漏洞填补工作,都可能触及对比较法上现行有效规则的借鉴。在"功能比较"的范畴内,法外历史常常能辅助澄清"功能"发挥的约束条件,为法律移植补充正当性支持。

### (一)着眼"应然"的比较法研究:功能比较和价值论辩

现今的比较法研究,早已突破纯粹规则搬运的窠臼,更多呈现"论题式"和"功能性"的特点。确定待决问题后,为寻找规范上妥适的"应然"解答,论者往往在比较法上识别出对应法律体系中具有处理此类问题功能的制度或规则,并探讨其对中国本土规范的形成有何启示、能否借鉴或移植。[1]

不过,完备的继受过程当然不能止步于对功能类同规则的直接借鉴,而必须深入一层,在价值判断层面论证此种借鉴的正当性。多数论者由此进入价值比较的场域:比较法上的规则设置体现了何种价值判断?这项价值判断是否合于中国的社会现实和规则体系?对后一个问题证成,常要求我们动用法外的证成手段,包括但不限于哲学、社会学、经济分析等多种不同的论证工具。[2]

### (二)"应然"现状的历史条件:隐身的"偶然"契机

然而,极易被忽略的是,"纸面上的法"不等于"行动中的法",一项规则或制度在价值上的"应然"并不等于有效运转的"实然"。沟通两者的,往往是规则或制度形成之初的法外事实因素。随着时间的流转,约束因素可能已经变化,但规则或制度却以其自身的黏性留存下来。因此,需要从今日眼光回溯的,正是其历史背景。

这也意味着即便我们能够静态剖析比较法的价值断面、论证此种价值亦可融通于本土,若相关规则或制度形成的约束条件在当下中国社会并不存在(与获悉比较法的历史成因同样重要的,当然是考察中国社会可供其运行的事实土壤),法律移植未必能实现其理想功能。特别是有些制度的历史成因充满"偶然",必须警惕通过价值论证盲目将它们转化为"应然"。下文的两个例子将为之增添更为具象的说明。

---

〔1〕 参见[德]茨威格特、[德]克茨:《比较法总论》(上),潘汉典等译,中国法制出版社 2017 年版,第62~69 页。

〔2〕 参见[美]本杰明·卡多佐:《司法过程的性质》,苏力译,商务印书馆 2000 年版,第 30~88 页。

## 三、两则例证:识别历史条件之“偶然”,慎谈制度移植之“应然”

### (一)当事人推动的诉讼案件管理流程:光荣革命后英国国家机器力量的薄弱

中国民事诉讼模式革新的呼声一直不绝于耳,调动当事人的积极性是其中重要一环。其原因在于:在价值层面,由于在庭审结构上呈“职权进行主义”、在程序推进力量上呈“职权探知主义”,中国民事法官诉讼过程占据绝对主导地位,当事人在私人纠纷中的被动性频频遭到诟病;在事实层面,经济发展促进纠纷数量的提升、立案登记制改为备案制、司法系统的员额制改革等多方面因素都使案多人少的问题愈演愈烈。若能充分提升当事人在庭审过程和案件管理两个维度的主动性,前述问题似乎都能得到妥适的解决。

英美法的传统诉讼模式恰恰站在中国的反面,当事人在庭前证据交换、达成庭外和解乃至确定庭审日期等问题上的主动性是其诉讼程序的特色之一,法庭则秉持“最小干涉”原则、基本上只在案件判决的环节使力。正因如此,诉讼法学界时有倡导借鉴普通法诉讼程序的“取长补短”之论。

然而,据阿蒂亚介绍,肇始于英国法的普通法传统诉讼模式有相当偶然的历史成因。光荣革命后,英国的“国家机器”非常不健全,由于公务人员的缺乏、国库建设的滞后,政府、议会、法庭的运行都极其低效,[1]正是司法机构解决纠纷的成本和迟缓,迫使当事人积极行动,自行达成各种妥协、协议或安排。[2] 在这种特别因素的作用下,当事人主义的诉讼模式在英国法中逐渐扎根,成为普通法的传统,并传播到英联邦现在或曾经统辖的其他区域,即便这些地区的公权力量与17~18世纪的英国已大不相同。

由此观之,若能明辨英美法诉讼模式成型的历史“偶然”,就能意识到在中国的文化和制度现实中,通过改革全面走向当事人主导的诉讼模式,具有相当难度,作“应然”之论时须慎重。

### (二)动产担保合意的默示延伸:《美国统一商法典》修订时美国商业社会的现实

《民法典》第390条规定了担保物权的物上代位规则,围绕该规则是否应

---

〔1〕 参见[英]P. S. 阿蒂亚:《合同自由的兴起与衰落:一部合同思想史》(上册),范雪飞译,中国法制出版社2022年版,第17~20页。

〔2〕 参见[英]P. S. 阿蒂亚:《合同自由的兴起与衰落:一部合同思想史》(上册),范雪飞译,中国法制出版社2022年版,第97~98页。

该被扩张解释为,担保权人的担保权无差别地覆盖担保物的所有经形态变化而生的后续收益、尤其是交易所得,学界有观点主张,应当参考《美国统一商法典》(Uniform Commercial Code,UCC)的规定,基于提高担保效率的考量和对当事人合意的默示推定,认可担保权益的"自动延伸"。〔1〕 但另有论者指出,据1972年UCC相关规则审查委员会的成员介绍,在规则制定时,美国商业社会的惯行是,无论担保财产被出售的概率如何,担保协议通常都会规定收益上的担保权益。备案登记的融资声明则含有勾选"是否打算在收益上提供担保权益"的方框,若非疏忽,当事人总会勾选,以至于勾选符号后来直接被打印在这个方框上;在应收账款和存货融资中,收益也总通常都会被主张,所有潜在交易第三方都知悉此点。〔2〕 这意味着担保权自动延伸至收益,很可能只是对当时在美国被普遍承认的社会事实的反映,在中国法上作类似的解释或漏洞填补,不能不反躬自问:类似的事实土壤是否存在? 可见,法外的历史视角在此又一次促成了别样的观察。

## 不当得利法下如何返还"担保利益"?

——一份源于威灵《德国不当得利法》读书会的学习笔记

凌骏达(北京大学法学院2022级民商法学专业博士研究生)

**引入案例:**某块土地属于E所有,但被错误登记在N名下,N从银行B处获得一笔贷款并以该块土地为银行设定了一项抵押权。B善意取得了抵押权后,E可以根据不当得利法向N请求返还什么?〔3〕

在本案中,得利人N通过在E的土地上设立抵押权而获得借款,在不当得利法上成立权益侵害型不当得利,这并无疑义。此时,得利人的得利客体是一种较为抽象的"担保利益",它体现为N以较为优惠的条件从B处获取了一笔借款。问题在于,N应该如何向E返还此种得利? 尤其是当得利人为善意时(如N与E此前就该土地订立了买卖合同,在有因性下,嗣后发现合同因不可归责于N的事由不成立或无效),如何保证N在返还得利的同时不受到损害?

---

〔1〕 参见庄加园:《动产担保物权的默示延伸》,载《法学研究》2021年第2期。

〔2〕 参见纪海龙:《动产担保权益延伸的合意路径》,载《现代法学》2022年第3期。

〔3〕 参见[德]汉斯·约瑟夫·威灵:《德国不当得利法》,薛启明译,中国法制出版社2021年版,第64页。

对此,显然错误的观点是,令 N 将全部借款作为得利返还给 E。这是因为,即便提供抵押物与银行借款之间存在条件关系(如银行在无担保的情况下会拒绝借款),借款本身也绝非债务人的得利内容。毋宁说,借款人之所以可以从出借人处获取借款,根本原因还是其负有还本付息的义务,而非其(利用他人之物)向出借人提供了担保。威灵也指出,如果要求 N 向 E 还款,则 N 一方面仍须向 B 还款,另一方面还须支付更高的利息从他人处重新借款,这有违保护善意得利人的意旨。[1]

威灵提供的方案是,"如果 N 仍然支配该笔款项,则 E 可要求 N 以之清偿[对 B 的]借款并涤除抵押权"[2]。此外,威灵还介绍了一种新近的学说:"债务人的义务在于保护权利人免受债权人(银行)对担保的主张,具体而言,即取得一项保证或担保[来换取 B 同意抛弃 E 之土地上的抵押权]……"[3]乍一看,这两种方案都以涤除抵押权为己任,并不看重从债务人视角下去除得利,倒像是损害赔偿或者恢复原状意义上的救济方案,似是对不当得利法的偏误。因此,我在读书会上提出,债务人得利的内容似乎应当是担保服务,返还时对该担保服务进行估价即可,即 N 对 E 负有一笔相当于在市场上获得同等担保之服务费的不当得利返还义务。

然而,根据读书会的讨论结果,这可能是对威灵方案的误解。事实上,抵押他人之物的案型应比照出卖他人之物来理解:N 的得利首先是得到了使用他人之物的利益(抵押他人之物的地位),然后才因抵押他人之物而取得了一个更优惠的借款的交易机会(类似于出卖他人之物案型下的对待给付),只有在该交易机会无法原物返还时,才能用市场上提供同等担保的服务费来进行价额偿还。在这一思路下,令 N 设法涤除抵押权,恰恰是使其在交易观念上"吐出了"前述第一重得利(抵押他人之物的地位),既然得利本身可以除去,也就无须考虑价额偿还的问题。具体而言,在允许提前还款的情况下,N 应当提前向 B 清偿借款以涤除抵押权;在不允许提前还款的情况下(如借款合同有约定),N 应当积极与 B 协商,通过另行提供担保的方式(至于是用自己之物抵

[1] 参见[德]汉斯·约瑟夫·威灵:《德国不当得利法》,薛启明译,中国法制出版社 2021 年版,第 64 页。

[2] 参见[德]汉斯·约瑟夫·威灵:《德国不当得利法》,薛启明译,中国法制出版社 2021 年版,第 64 页。

[3] 参见[德]汉斯·约瑟夫·威灵:《德国不当得利法》,薛启明译,中国法制出版社 2021 年版,第 64 页。

押,或是寻求商业担保,则在所不问)让 B 抛弃对 E 之土地的抵押权。只有当银行不允许提前还款又不接受另外提供的担保时,才构成给付不能,从而可以考虑价额偿还。此时 E 承受着 B 实现抵押权的风险,处境极为不利,[1]一旦土地被拍卖变卖,其只能向 N 追偿。值得一提的是,得利既然是受优待的交易机会,那么该得利仍一直存在于 N 的财产中,即使 N 为善意,其也不能根据《民法典》第 986 条抗辩该得利已经丧失。[2]

总而言之,本文的主要结论有以下三点。第一,在权益侵害型不当得利的语境下,针对"以他人之物为借款设定担保"的案型,所谓的"担保利益"应理解为抵押他人之物的地位。第二,基于不当得利法应优先返还得利本身,只有原始得利不能返还时,才考虑价额偿还。因此,在返还"担保利益"时,应首先考虑让得利人涤除抵押权,具体可以采用立即返还借款或者另外提供担保的方式。第三,上述规则的正当性在于,对于不当得利债权人的保护应该优先运用财产规则而非责任规则,这既是对意思自治的尊重,也是效率的体现。如果沿着这一逻辑继续往下推演,则在出卖他人之物的案型下,也可能引入类似考虑:出卖人将原所有权人之物售于第三人,即便第三人善意取得了所有权,也不应径直认为得利人不能返还原物——其至少应尝试从第三人处回购标的物。事实上,德国法在买卖合同中出卖人给付不能的问题上,便有类似的结论。[3] 只不过在权益侵害不当得利的语境下,如果回购价格过高,可能会触发善意得利人的得利丧失抗辩问题。

最后,还须对本文的来历做一些说明。本文的"前身"是我在参加完某次威灵《德国不当得利法》读书会(2021 年秋季学期)后,就"担保利益"的返还问

---

[1] 或许是因为这个缘故,王泽鉴教授认为此时债权人有权"保留相当于该地因设定抵押权致价值减少的价金数额,并与抵押权的排除主张同时履行抗辩"。参见王泽鉴:《不当得利》(第 2 版),北京大学出版社 2015 年版,第 249 页。不过,这一方案虽可以有效保护债权人,但似乎没能除去债务人的得利。照此,如果 N 最终按期偿还了借款,银行的抵押权最终消灭,E 须退回相应的留置款项,从而 N 可以终局保有前述"担保利益"。

[2] 与此相反,威灵似乎认为仍有适用得利丧失抗辩的余地:"……善意的不当得利债务人也同样没有义务作出此种财产牺牲。在土地被善意无权利人设定负担的大多数情形中,权利人除了期待通过偿还被担保的借款而解除土地负担外,别无他法。"参见[德]汉斯·约瑟夫·威灵:《德国不当得利法》,薛启明译,中国法制出版社 2021 年版,第 64 页。

[3] "如果出卖人因为第三人提出了更高的价格而故意卖给第三人,只有在第三人明确拒绝归还该特定物导致取得该物的企图失败时,才会出现第 275 条第 1 款所言的给付不能。"[德]海因·克茨:《德国合同法》(第 2 版),叶玮昱、张焕然译,中国人民大学出版社 2022 年版,第 253 页。

题自行总结的一份学习笔记。现在来看,这份笔记只提出了一个思考框架,相关论证还较为粗糙,值得进一步细化。比如,一律令 N 立即向 B 返还借款,也可能在除去得利之余对 N 造成额外的损害,在担保仅仅延长银行授信时间的情况下(如有担保者银行同意借 2 年,无担保者借 1 年)便是如此。在这个意义上,"立即返还借款"与"另外寻求担保"之间的优先性还有探讨的余地。不过,为了原汁原味地呈现当年读书会后的思考状态,我仅仅补充了必要的说明与论证,以尽可能地保留笔记的原貌。

运笔至此,稍一回想,暗暗吃惊:我在北京大学竟已参加了 3 年的民法读书会。在这 3 年间,从拉伦茨的《法学方法论》到威灵的《德国不当得利法》,从 Mindy 的《合同法》到阿蒂亚的《合同自由的兴起与衰落》,我们观赏过波涛汹涌的教义学海洋,也瞻仰过巍然耸立的思想史高峰。阅读这些书的体验决不能说是轻松愉快的;与此相反,晦涩的文本与繁复的论证常让我不明所以、晕头转向。但是,能有这样一个志同道合的团队,愿意一同在晦涩与繁复中艰难跋涉,愿意花费大量时间在无数个类似于本文主题的细节问题上纠结与辩论,这便是读书最大的幸事。

## 投邮规则简考

刘凝(北京大学法学院 2020 级民商法学专业博士研究生)

国内既有研究在论及意思表示的生效时点时,常常会提及理论上存在发出主义(又称投邮主义、发信主义)和到达主义的分歧,并且,英美法系往往被视为前者的代表。近年来,已有一些学者意识到既有研究在表述上的不准确。例如,有学者指出"英国法区分对话方式与非对话方式"〔1〕,还有学者表示"发信主义仅适用于承诺,不适用于要约"〔2〕。不过,即便考虑新近研究所作的修正,似乎仍然无法避免以下疑问:难道英美法上真的认为以非对话方式作出的承诺一经承诺人发出承诺通知便生效?承诺通知发出时要约人尚无任何可能得知承诺人的态度,英美法为何要认可如此奇怪的规则?

在阅读了 Mindy 的合同法教科书后不难发现,英国法上确实承认所谓的投邮规则(the postal rule),但该规则的适用范围有限。关于其正当性问题,英

〔1〕 韩世远:《合同法总论》(第 4 版),法律出版社 2018 年版,第 141 页。

〔2〕 李锡鹤:《再论要约何时生效》,载《华东政法大学学报》2013 年第 2 期。

国学界也不乏反思（主流观点倾向于废除该规则）。考虑现代社会通信手段的变化以及有关该规则存在的一系列例外，投邮规则对于现代合同法而言已经不再具有重要意义。以下结合 Mindy 教科书的相关部分略作介绍。[1]

## 一、投邮规则的制度构成

所谓投邮规则，是指承诺人发出的承诺在其完成投邮时生效，该规则由 Adams v. Lindsell 案确立。[2] 在投邮规则之下，已经完成投邮的承诺即具有法律上的拘束力，合同自此成立，并拘束尚不知悉承诺存在的要约人（该书第 73 页）。甚至在承诺表示因为途中发生意外而迟延到达或丢失时，要约人仍然要受到该承诺的拘束。[3] 此外，原本在英国法之下可以撤销要约的要约人自承诺人完成投邮后将不再享有撤销权。[4]

不过，投邮规则并非适用于所有类型的承诺。总的来说，该规则的适用需受到不少限制。首先，当事人必须可能意识到承诺会以邮寄方式传递。[5] 不过，这一点并不取决于要约的作出方式，即使要约未以邮寄方式作出，亦不影响当事人可能意识到承诺会通过邮寄作出。其次，当事人需未以明示或默示方式排除投邮规则的适用。[6] 借助这一点，法院在一些案件中成功规避了投邮规则的适用。例如，在确立该规则的 Hughes 案中，法院通过解释行权约定中的“notice”认为承诺通知必须到达要约人处。最后，该规则的适用不能导致极为不合理的结果。[7]

## 二、投邮规则的正当性争议

关于投邮规则的正当性，其实学理上一直存在争议，英国学界就此提出了以下几种解释方案。不过，在 Mindy 看来，这些方案均缺乏足够的说服力（该书第 73～74 页）。

---

〔1〕 See Mindy Chen - Wishart, *Contract Law*（Seventh Edition），Oxford University Press，2022，p. 73 - 75. 后文引用该书内容的，仅标明页码。

〔2〕 （1818）1 B & Ald 681. 不同意见认为，该规则的先例地位是在 Dunlop v. Higgins（1848）1 HLC 381 案中确立。See Ewan McKendrick, *Contract Law：Text, Cases and Materials*（Ninth Edition），Oxford University Press，2020，p. 101.

〔3〕 See Household Fire Insurance v. Grant [1879] 4 Ex D 216.

〔4〕 See Byrne & Co. v. Leon Van Tien Hoven & Co. [1880] 5 CPD 344.

〔5〕 See Henthorn v. Fraser [1892] 2 Ch. 27.

〔6〕 See Holwell Securities v. Hughes [1974] 1 WLR 155.

〔7〕 See Holwell Securities v. Hughes [1974] 1 WLR 155. 但提出这一点的 Lawton L. J. 所援引的是被推翻的先例，学者对此也多有批评。See Ewan McKendrick, *Contract Law：Text, Cases and Materials*（Ninth Edition），Oxford University Press，2020，p. 106.

第一,邮局是要约人的代理人(agent),所以,承诺人通过邮政系统完成投邮的,相当于向要约人的代理人发出承诺通知,因此应对要约人产生拘束力。此种方案的不足在于,即使认为邮局是代理人,似乎也应该是承诺人的代理人(由其选定并支付邮费)而非要约人的代理人。更何况,邮局的工作内容仅仅是传递信息,并不负责接收其中的内容,很难被认为是任何一方的代理人。

第二,选择以邮件进行缔约谈判的要约人应当承担对方通过邮件作出的承诺表示迟延或丢失的风险。但此种方案显然忽略了承诺人主动选择邮寄方式的情况(如要求要约人以邮件方式下单)。并且,邮件是常见的沟通方式之一,选择使用邮件恐怕很难证成某一方当事人愿意承受特定风险。

第三,要约人是更好的风险规避者(risk - avoider)。相较于要约人,承诺人更难意识到承诺通知迟延或丢失的风险,因为其发出承诺时的主观认识是合同因而成立,自己无须再采取任何行动。相比之下,要约人在发出要约但未收到回复时,更可能积极联络对方。此种观点的问题在于错误地推定了要约人的行为方式,在未收到回复时,要约人完全可能认为对方的沉默实则是拒绝要约的表示。

第四,要约人总是可以要求承诺必须到达己处;换言之,其可以排除投邮规则的适用。问题在于,可以排除适用该规则并不能用以论证该规则的合理性。

第五,承诺人在发出承诺后无法知悉要约人是否以及何时能够收到承诺通知,除非要约人方面表示已经收到,进而要约人可以利用这一点延长收到承诺的时间,并借此寻求更好的交易机会。问题在于,这一可能的不利结果完全可以通过"进入控制领域""可合理期待收到"等规则予以规避,采纳投邮规则似乎并无必要。

第六,投邮规则在证明上较为方便,但正如 Treitel 所言,在个案中何种证明规则更有效率其实难以一概而论。[1]

总结而言,从当前的视角出发,投邮规则很难被证成。尽管该规则的适用能够带来一些"额外的好处",比如,限制要约人撤销要约的权利。但这些问题本应通过修正其他规则来处理,难以作为投邮规则的正当性基础。

---

[1] See Edwin Peel, *Treitel on the Law of Contract*(Fifteenth Edition), Sweet & Maxwell, 2022, para. 2 - 032.

不过,当我们说投邮规则在今天显得不合时宜时,此种论断恰恰抽离了该规则产生的背景。想要理解投邮规则是如何产生的,必须回到当时的社会环境,方能理解当时的法官为何确立了此种规则。就此,Simon Gardner 的研究无疑提供了诸多启发。[1] Gardner 教授认为,尽管投邮规则是一项有利于承诺人的规则,但这并非确立该规则时的本意。彼时的人们并非将投邮看得比送达(delivery)更重要,而是将投邮基本等于送达。为了说明此种社会观念的产生背景,他详细介绍了邮政改革对于当时的邮政业务的影响(从收件人支付邮费为主到预付邮费为主、"自助式"邮票的普及以及在家庭门前设置信箱),并以 Andrew Trollope 的小说作为验证材料。

**三、走向式微的投邮规则**

尽管投邮规则存在诸多不合理之处,但英国法院一直拒绝废除该规则。私以为,除英国司法界一直以来的保守倾向外,更重要的原因可能是该规则在当代已经不再具有重要影响。除前述已经提及的适用限制外,以下两点同样值得关注。

一方面,投邮规则仅适用于承诺,诸如要约、要约的撤销等表示的生效问题均不适用该规则。并且,此种区分立场早已有之,严格来说,并非法院为了限制投邮规则适用而发展出来(Simon Gardner 的研究也谈及了二者的区分问题)。

另一方面,即使在承诺内部,投邮规则也仅适用于以邮寄方式发出的承诺。所以,通过即时通信手段(instantaneous communications)发送的承诺不适用该规则,典型如以电报方式作出的承诺,就此仍然适用承诺必须到达的一般规则。[2] 此外,为了进一步规避投邮规则带来的不合理结果,英国法院还通过区分判决(distinguished judgement)限缩该规则的适用范围。以电子邮件为例,尽管其看起来和传统邮件颇为相似,但英国法院认为投邮规则此时并不适用。[3] 考虑当今社会中占据主导地位的通信手段,投邮规则自然不可避免地走向式微。

---

〔1〕 See Simon Gardner, *Trashing with Trollope: A Deconstruction of the Postal Rules in Contract*, Oxford Journal of Legal Studies, Vol. 12:2, p. 178 - 184.

〔2〕 See Brinkibon Ltd. v. Stahag Stahl und Stahlwarenhandelsgesellschaft mbH 1983 2 AC 34.

〔3〕 See Thomas v. BPE Solicitors(a firm)2010 EWHC 306. 这同样也是英国学界的主流观点。

## 四、结语

综上,不难看出,投邮规则在如今的英国法上其实并不具有重要地位,也无法代表如今的英国法对于承诺生效这一问题的理解。国内研究对于这一规则的“不了解”在很大程度上或许是我们理解英国法的态度的缩影。与其总是大而化之地基于刻板印象描述英国法,倒不如实实在在地阅读英国法院和学者的著述。[1]

〔1〕 例如,有研究认为英国法并未对债务不履行进行类型细分,而是以违约作为债务不履行的统一事实构成。参见王吉中:《迟延损害催告要件的制度意义与规范选择》,载《南大法学》2022 年第 5 期。这完全是误解,就此不妨参考 Mindy 教科书 *Contract Law* 第 500 ~ 503 页。

# 曹志勋老师的私塾

# 民商事争议解决评议会

关于作者

曹志勋

北京大学法学院长聘副教授，博士生导师。在北京大学法学院获得法学学士、法学硕士和法学博士学位，在上海交通大学凯原法学院从事博士后研究工作。主要研究领域为民事诉讼法学、证据法、强制执行法学、纠纷解决、民法与民事诉讼法交叉研究，以及比较法学和司法制度。

2016年开始在北京大学法学院任教，主要讲授以下课程：（1）初阶讲授类：民事诉讼法、中国民商事诉讼与仲裁（英文）；（2）高阶研讨类：民事执行法理论与实务专题、民事诉讼法专题、民事诉讼法学专题、民事诉讼案例研习；（3）通识综合类：民事司法与纠纷解决。

## 总体说明

民商事争议解决评议会虽然被冠名以我的“私塾”,实际上我只是配合专业整体设想的“挂名”。北京大学法学院自2014年起,开设法律硕士(法学)项目(以下简称法本法硕项目)。开始时每年招收40名学生,均为应届推免生,学生录取后再根据学生志愿分方向培养,最初只开设金融法、商法、财税法、电子商务法、国际商法5个方向。2017年,民法和民事诉讼法的部分教师向学院提出申请,建议在法本法硕中联合开设“民商事争议解决”方向,重点培养兼具民商事实体法和民事诉讼法知识,有志于从事民商事诉讼和仲裁业务的研究生。获得批准后,本方向从2017年起正式开始招生,至今已逾6年。

民商事争议解决是较新的法本法硕研究生招生方向,该方向以实体法与程序法相结合为显著特征。简单地说,我们希望这个项目的同学通过学习,在毕业时的实体法水平能够和民商法学硕士研究生(以下简称学硕)相当,诉讼法水平能够和民诉法学硕士研究生相当。为此主要采取的制度如下。第一,设立双导师制。为每个同学配备两名导师,其中一位是民法老师,另一位是民事诉讼法老师。这样,同学们在实体法和诉讼法两方面遇到相关问题时,都可以及时咨询联系自己的导师,同时,也可以参加不同学科不同老师组织的读书会等课外活动。第二,培养计划中基本纳入了民商法学硕和民诉法学硕的课程,允许并鼓励学生同时选修实体法和程序法的课程。第三,设立专门针对本方向同学开展的争议解决评议会。在北京大学法学院的经费支持下,参考学习北京大学金融法研究中心等学科机构的经验,定期组织评议会,对争议解决领域的最新立法动向、学科研究前沿、重大典型案例、同学论文等进行梳理和评议。第四,设立“安心实习”计划。在自愿选择的前提下,由教师直接推荐同学进入红圈所或精品所的争议解决团队暑期实习,确保同学获得争议解决的实习岗位,在校期间则可以安心学习。

具体围绕作为培养计划重要一环的评议会,为充分发挥学科交叉的优势,全面展现该方向的综合性的特征,本方向导师组希望能够在传统的培养方案的基础上进一步丰富内容,我们希望结合法本法硕培养的特点和比较优势,使同学们能够在有限的学习时间中获得更充分和全面的锻炼与发展。部分借鉴和效法其他方向法律硕士培养的良好经验，我们组织同学们在学期内通过“主报告人报告＋自由发言提问＋老师补充评议”的评议会模式，增强对本方向热门实践问题的理论分析和说理能力，并且，在准备讨论和讨论的过程中，也能增强新设专业在校生的凝聚力和学习热情。同时，我们也安排了本专业前沿信息的收集、整理与讨论环节，通过整理人对业界和学界最新动态的总结归纳，一方面，丰富大家的信息面、促进本方向同学的知识更新；另一方面，在形成惯例之后，也能为后续同学的论文选题提供更广泛的选择基础。

在不同的年份，限于各种客观条件，我们举办的活动的频次有一定的差别，前几年一般能达到一学期4～5次，2021年共举办5次线下活动。2021年春季学期共举办3次民商事纠纷解决互评报告会。报告会主要分为三部分：论文报告，主要分为主讲人报告、同学互评和老师点评三个环节；民商事争议解决相关资讯分享，该部分涉及最高人民法院近期案例梳理、法学期刊文章梳理和新增法律法规及行业动态；对2020年最高人民法院裁判文书进行裁判要旨归纳。2021年秋季学期的主题分别是《仲裁法》修改与新一批指导案例中的热点问题。由于在秋季学期中，硕士研究生一年级新同学入学和二年级同学开始实习将导致参会主体变化，我们的评议会也会周期性地重复初识—熟悉—深化的过程。由于这项活动的主要目的在于实践导向的研究型学习，我们对于评议会的主题延续性没有太高期待，而是将主题选择和程序设计的自主权尽可能交给本专业的每一级同学，以符合不同年级集体自身的特点及研究兴趣。

评议会的主要特点是，由同学自行选择并讨论选题，老师们围绕同学们感兴趣的主题提供选题调整、写作技巧、发散思维、深入方向、演讲建议等方面的建议，并且通过老师之间、老师与同学之间的平等探讨，提供一种通常研究生课堂无法完成的“大家谈”式的学习方法。选题有时是实务热点，有时是理论争鸣，有时是其他课程中提及、同学们希望进一步跨学科研究的主题。而组织同学进一步修改相关研究报告、用于硕士毕业论文选题或者发表论文，也是评议会试图达成的“进阶成就”。

在实务梳理与研读方面，我们在2021年春季学期尝试组织同学大规模研读最高人民法院民事领域的裁判文书。同学们在刘哲玮老师的协助下，获得了最高人民法院民事庭在2020年裁判的所有文书，并且进一步筛选出除知识产权案件外的1000余件案件，在此基础上分组对这数目庞大的案件合集进行排序和整理。经过同学们的协商，考虑案件数量巨大、文书篇幅较长，以及课余时间多寡不一,大家一致决定以裁判要旨归纳的形式来共同研读和学习这些裁判文书。有了基本的操作指南之后,同学们分别领取自己的工作清单,后续的活动得以有效开展。

在有组织研究方面,我们希望与本学期同学们的课程内容以及本方向在法学界的最新动态相适应。比如,2021 年秋季学期的活动聚焦于《仲裁法》修改与新一批指导案例涉及的相关问题,由报告同学自由选择自己感兴趣的、具体的报告主题。在本学期第一次评议会中,陈嘉敏同学对此次《仲裁法》修改引入的临时仲裁制度作了介绍,并提出了自己的疑问与担忧;张奎涛同学指出我国法律制度中对仲裁裁决中案外人救济途径缺失的问题,对此进一步作了比较法上的梳理,并结合中国国情提出了自己的制度构建方案。在本学期第二次评议会中,赵铮言、张航、戴幸怡三位同学分别对当时新发布的第 168 号、170 号、171 号指导案例作了详细介绍,并从实体与程序两方面对裁判要旨分别进行了分析与评议,具体问题涉及不动产抵押合同的债法效力、减损规则的适用、诉讼标的的识别、再审的审理范围、建设工程价款优先受偿权的性质与实现程序等。

## 组织程序

评议会采取自愿报名与抽签相结合的方式确定负责报告的同学,由报告同学自由选定报告主题。随后,由负责组织的同学与同学、老师协调可行的参会时间,并在确定活动地点后进行场地的预约。报告同学需提前将主题向参会老师报告,并在评议会前三天将报告内容以电子版形式分享给参会老师和同学。在评议会当天,报告同学为参会老师和同学准备对应的纸质材料。在评议会进行过程中或者之后,由负责同学组织各位同学申报便餐或饮品。参与的同学一般为在校的本方向硕士研究生同学,但在不同学期的活动开展中,我们也定向邀请了与本方向交叉的法学硕士方向的研究生同学和对本方向感兴趣的本科生同学参加讨论。

应当说,评议会的组织形式没有一定之规,更多的是学生自我组织和管理的结果。这可能也是研究生探索性自主学习的直接体现。比如,在秋季学期第一次评议会中,可能由于同学之间还未完全熟悉、同学对评议会的模式较为陌生、比较法的知识过于晦涩、缺少案例支撑讨论等因素,讨论氛围并非十分理想,主要由老师引领话题并展开具体内容,但讨论的问题仍具有一定的价值,对知识的积累与更新有一定帮助。而且在老师指出报告同学在研究方法、学术规范上存在的问题后,参会同学亦能从中吸取经验教训,应用于之后的学习与研究。于是,同学们自主改进评议会的组织形式。鉴于第一次评议会讨论氛围不够,负责组织的同学收集并结合了参会老师与同学的建议,在之后的报告中,提议由报告同学选取较新的、具有讨论价值的案例,提取具体问题后与大家分享观点,就仍不明晰之处也可开放讨论。在第二次评议会对三个指导案例的报告中,同学们的参与热情明显高涨了许多,讨论十分热烈,活动方式逐渐由“老师主导”向“同学主导—老师评议”方式转变,每位同学在讨论中都提出了自己的疑问或发表了自己的观点。除讨论内容变化之外,这可能还与同学们在第二课堂与平时上课的过程中相互逐渐熟悉,与老师逐渐熟悉等原因相关。同学们普遍反映,在第二次评议会上,除了知识和研究方法的收获外,自己也有很强的参与感,同时,在和不同专业领域、不同观点的老师相互交流的过程中,更切实体会到了本方向程序法与实体法交叉的特点,对本方向也产生了更强的归属感。

具体而言,我们以 2021 年 10 月 30 日(周六)下午 2 点举办的评议会为例,说明活动的具体组织流程。本次评议会在陈明楼 502 会议室举行,会议主题为对新出台的《仲裁法(征求意见稿)》的解读,由张奎涛和陈嘉敏同学报告,纪海龙、刘哲玮、贺剑和曹志勋老师点评。张奎涛同学选取的主题为“仲裁裁决中案外人权利救济的制度构建”。他首先以案例列举的形式指出了实践中仲裁制度对案外人救济不足的问题,并归纳了案外人权利受损的具体情形,随后介绍了比较法上对仲裁案外人救济的相关制度,最后尝试提出我国构建仲裁案外人救济的制度路径。曹志勋老师认为,目前,我国制度中并没有具体的制度路径能够在仲裁中适用案外人执行异议,仲裁裁决与法院判决具有同样效果,但缺少对案外人的相同救济,确实存在问题。刘哲玮老师指出,报告同学选取的案件对其观点的支撑性不佳,要注意区分实践中法官对制度的错误理解与制度本身的问题。贺剑老师指出,此报告存在选取文献权威性不够、引注规范性欠缺等问题,希望在日后的研究中更加注意。陈嘉敏同学选取的主题为临时仲裁制度的引入。她先对临时仲裁制度的概论和《仲裁法(征求意见稿)》中关于临时仲裁的相关规定做了介绍,随后对该项制度的引入提出了评议意见及进一步的问题,包括未来我国临时仲裁的适用范围、对临时仲裁中仲裁员的监督等。贺剑老师指出,仲裁机构对仲裁员的除名公示具有一定的监督作用,临时仲裁的仲裁员不依附于机构,监督不够。纪海龙老师指出,一方面,我国的临时仲裁制度确实与我国其他的多元纠纷解决机制相关;另一方面,也可能与中国人选择法院解决纠纷的习惯相关。刘哲玮老师指出,临时仲裁制度的引入具有一定的危险性,可能是利益群体难以被仲裁机构吸收,但又想控制争议解决的结果。曹志勋老师指出,可以通过制度设计使临时仲裁仅起到宣示作用,这一方面避免了监督难题,另一方面又能证明中国和国际接轨,配合多元解纷机制的建立。

从整体来看,围绕本专业第二课堂有别于传统读书会的实际情况,在组织活动开展层面可供选择的形式至少包括以下三种(见表1)。

**表1 "民商事纠纷解决评议会"第二课堂活动**

<table>
<tr><th>主题</th><th colspan="2">内容</th></tr>
<tr><td rowspan="5">主题一:<br>个人学术论文报告</td><td colspan="2">由同学自主提出个人感兴趣的学术研究问题并提供论文初稿,老师和其他同学们对论文提出改进建议,以帮助同学完善论文、形成一定的学术研究成果</td></tr>
<tr><td rowspan="4">报告题目</td><td>(报告人、报告题目)</td></tr>
<tr><td>(报告人、报告题目)</td></tr>
<tr><td>(报告人、报告题目)</td></tr>
<tr><td>(报告人、报告题目)</td></tr>
<tr><td rowspan="5">主题二:<br>主题研究报告</td><td colspan="2">由老师们提供研究主题,同学们自由认领,在研究过程中,老师会提供指导和反馈,定期向评议会提交成果,在评议会上进行讨论,形成一定的学术研究成果</td></tr>
<tr><td rowspan="4">研究主题</td><td>(报告人、报告题目)</td></tr>
<tr><td>(报告人、报告题目)</td></tr>
<tr><td>(报告人、报告题目)</td></tr>
<tr><td>(报告人、报告题目)</td></tr>
<tr><td rowspan="5">主题三:<br>信息搜集与整理</td><td colspan="2">由同学们自主选择,以问题为导向对近几年的指导案例和最高院公报案例进行整理并报告,或整理最新立法动向、进行新法解读等</td></tr>
<tr><td rowspan="2">案例报告</td><td>(报告人、报告题目)</td></tr>
<tr><td>(报告人、报告题目)</td></tr>
<tr><td rowspan="2">立法动向</td><td>(报告人、报告题目)</td></tr>
<tr><td>(报告人、报告题目)</td></tr>
</table>

## 研讨案例

关于第二课堂活动中研究的案例，我们以2021年最后一次评议会为例作说明。该次评议会于2021年12月4日下午2时在陈明楼202会议室举行，会议主题为对第168号、170号、171号指导案例的解读，分别由赵铮言、张航和戴幸怡同学进行报告，刘哲玮、贺剑和曹志勋老师点评。

赵铮言同学结合部分学者的立论，对第168号指导案例中最高人民法院采用"违约责任+减损规则"的路径，处理抵押无法登记致使抵押合同履行不能问题的实践提出质疑，认为通过解释认定抵押合同在登记义务项外独立地赋予债权人一项变价清偿请求权更为合理。贺剑老师指出，这种解释存在与登记义务间的不协调，在约定了登记义务的情形下解释路径极其曲折，难以普遍地推断其存在。这一解释的目的主要在于尊重合同中债务人负责保证抵押物可登记的义务、避免适用减损规则，但在指导案例中债权人为银行，考虑对银行业的特别规制要求，不适用减损规则而让银行承担责任在实践中是不被接受的；相比解释路径，更合适的研究对象是违约责任的具体形态、内容和程度。

张航同学的报告聚焦于自己对第170号指导案例裁判的疑问，其核心问题在于法院能否在再审中向当事人释明变更诉讼请求为确认合同无效并直接改判。在讨论中，有同学提出可以将《全国法院民商事审判工作会议纪要》第36条作为法院直接释明并改判的依据，曹志勋老师指出该条在本案中的适用存在两个问题：首先，该条第2款只规定了二审而未涉及再审，能否直接应用到再审有待讨论；其次，该条第1款列举的三种情形是否包括对合同效力无争议的情况，也需要进行再解释。而对于报告同学提出的基于保障当事人审级利益而否定法院直接释明并改判的做法，刘哲玮老师从更为实质的角度指出，该案到再审时已经过多次实体审理，此时再纠结形式上的审级利益并无实义。随后，三位老师带领同学们就与本案相关的部分请求及余部能否另诉的问题展开了热烈讨论。

戴幸怡同学的报告基于对第171号指导案例的分析，围绕建设工程价款优先受偿权的性质、产生、消灭、实现程序四个方面展开，尝试探究第171号指导案例的存疑之处，以及该案例在《民法典》及相关司法解释语境下的理论或实务价值。经过老师和同学们的深入探讨，初步得出结论：最高人民法院《关于审理建设工程施工合同纠纷案件适用法律问题的解释(一)》第41条规定的承包人就优先受偿权的18个月权利行使期限的性质是诉讼时效而非除斥期间。但关于在涉案工程经其他债权人申请进入执行程序的情况下，建设工程价款优先受偿权的权利人应当通过何种途径向执行法院主张权利的问题，在讨论中存在争议，有待进一步研究。

## 研习成果

### 法不完备时要件事实的确定路径

张弛(2019级民商事争议解决方向法律硕士研究生，
北京大学法学院2021级诉讼法学专业博士研究生)

#### 一、从现实中寻找理论问题

在互联网经济的新主体、新业态的催化下，新型权益侵害涌现、新型利益诉求井喷，司法者不可避免地被置于法律空白、模糊面前，要件事实的不确定状态在个人信息侵权案件中体现得淋漓尽致。一旦要件事实无法确定，则实体法的构成要件和程序法的主张证明责任分配均无法确定，必然导致规则适用疑难和事实认定疑难。[1]

尽管个人信息保护领域的立法已经逐渐完善，但不得不正视的问题是，法律滞后于社会现实是常态，法不完备更是在新时代无法避免的现象。因此，对法不完备时的要件事实确定路径进行拆分、纾解、统合，具有重要的理论与现实意义。以个人信息侵权案件为例，不同时期，法院对于类案的审理裁判思路在不同时期发生了巨大转变。

第一种裁判思路认为，将存在"信息泄露行为"解释为"信息泄露的唯一可能性"、完全排除"信息泄露的其他可能性"，并把该要件事实分配给原告来主张证明，属于"顺推式"的法条主义推理；而后一种裁判思路则考虑原告在信息获取上的弱势地位，为了实现举证公平，将要件事实确定为由原告主张证明"信息泄露的高度可能性"，并在实现了事实推定后，要求被告通过证明信息泄

---

[1] 参见胡学军：《证明责任泛化理论批判——以"物"之争议的举证证明为中心》，载《河北法学》2021年第3期。

露系出于其他主体来排除其"信息泄露的高度可能性",是一种"逆推式"的后果主义推理。[1] 两种裁判思维的明显差异在于其出发点不同,法条主义的审判方法是以案件事实和法律规定为出发点,以获得最终结论为落脚点;而后果主义考量则是以法官"作出预设结论为出发点,以庭审阶段排除例外事实为重心环节,接着寻找法律规范验证预设结论的正确性、合理性,最后作出裁判"[2],即它"所运用的是社会学解释方法,即以预测所产生的社会后果之是否有利,作为判断解释意见是否正确的根据"[3]。

**二、从理论视角解决现实需要**

麦考密克在《法律推理与法律理论》中为解决法律疑难问题提供了智识见解。如果说三段论式推理是对判决的具体结论进行推理的"一阶证立"(first - order justification),那么在疑难案件中,选择不同的裁判规则可能会对演绎推理造成截然不同的影响,因此,有必要在对立和各种可能性中作出选择,"二阶证立"(second - order justification)就是对选择依据的理由进行论证,也就是在法律制度容许的范围内进行合乎情理的选择。[4]

麦考密克为"二阶证立"提供了两种思维方式,即后果主义论辩和协调主义论辩。后果主义关注不同判决内容所引起的不同法律效果和社会效果,评价其可行性或者可接受程度,即司法裁决的价值取向;协调主义所关注的是判决内容与法律体系的各个方面都自洽和谐,并通过演绎推理使后果主义论辩的结果经得起法律逻辑的检验,即司法裁决的正当性。无独有偶,在德国,"结果导向的法律适用"是基于德国法学对传统法律教义学解释规则的质疑而产生的,后果主义的审判过程就是一个"价值"透过结果取向"进入"并决定"规范"解释的过程。[5] 在日本,星野英一教授对于"多个解释存在场合应就利益如何保护""利益多人程度后退",将适用法规的社会问题类型化后,对实现价值的可欲性判断展开讨论。[6]

---

[1] 参见王彬:《司法裁决中的"顺推法"与"逆推法"》,载《法制与社会发展》2014年第1期。

[2] 参见郝廷婷:《民事审判思维方法实证研究——"三段论"逻辑在中国基层法院的续造与验算》,载《法律适用》2012年第1期。

[3] 梁慧星:《关于消法四十九条的解释适用》,载《人民法院报》2001年3月29日,第3版。

[4] [英]尼尔·麦考密克:《法律推理与法律理论》,姜峰译,法律出版社2018年版,第2页。

[5] 参见刘飞:《宪法解释的规则综合模式与结果取向——以德国联邦宪法法院为中心的宪法解释方法考察》,载《中国法学》2011年第2期。

[6] 参见[日]星野英一:《现代民法基本问题》,段匡、杨永庄译,上海三联书店2012年版,第33页。

后果主义重视一个确定的判决必然对今后相关主体行为的内在动机和外在表象产生影响,兼顾“回顾性要求”与“前瞻性要求”。[1] 回顾性要求体现在法律适用过程中,遵循实体法检索构成要件,以保证法律的安定性、可预测性。而前瞻性要求则体现在事实认定过程中,考虑法律与社会现实之间最大限度的亲和力。[2] 相对于对墨守成规、遵循先例的考量,它更多地关注对后果预测、评价影响的考量;相对于“向后看”的个案既有损失填平,它更多地关注“向前看”的公权力对产权界定的制度倾向;[3] 相对于实体法法律解释的论证,它更多地关注从程序法上探寻类案中稳定与变动、保守与创新、原则与例外之间恰当的均衡点,以防止现在提供的判决理由在未来变成非正义的理由。

通过考察英美法系的实践证明,后果主义论证已经广为适用,但同时引发了“法外因素增多、法律地位矮化、规范作用减弱”的问题。[4] 如果对于如何运用后果论证修正不加以限定,使得法外因素僭越了法律的本位,则可能走上“价值司法”的歧途,甚至沦为极端的法律现实主义或庸俗的实用主义,法治社会的权力格局、法律的权威尊严都将受到被法官的自由裁量解构的危险严重威胁。因此,后果主义推理并非放之四海而皆准的,应对其适用场域进行限定。为此,二阶证立中的适用需要遵守“协调主义”的限定。在二阶证立的协调性论证中有不同的层次要求。后果主义论证需要经受协调性论证的三层检验才能成立,第一个层次是司法裁决规则不得与既有法律规则相冲突,第二个层次则上升为法律部门内部的协调性,第三个层次最终要求实现整个法律体系的协调性。

只有当后果主义与协调主义达成适当的反思性平衡时,我们才会认可判决是公正而合理的。从这种意义上,一个在底层逻辑中运用后果主义论证——选择那些对社会来说在整体上是有益的、可欲的后果作为裁判结果的备选方案,最终再逆向回溯性地寻找能够正当化前述裁判结果的法律渊源——的判决,在呈现方式上仍然会将自己塞进协调主义的解释和推理中以获取形式上的合法性。正因如此,在对大前提进行选择的二阶证立推理模式中,与要件事实的确定过程、裁判文书的释法说理均存在相当程度的耦合,麦

---

[1] 参见桑本谦:《法律解释的困境》,载《法学研究》2004 年第 5 期。

[2] 参见[英]尼尔·麦考密克:《法律推理与法律理论》,姜峰译,法律出版社 2018 年版,第 2 页。

[3] See R. Coase, *The Problem of Social Cost*, 3 Journal of Law and Economics 1(1960).

[4] 参见陈金钊:《法律人思维中的规范隐退》,载《中国法学》2012 年第 1 期。

考密克所构建的外部推理和内部推理相互交织的二阶证立模式能在相当程度上切入当今我国审判方式转向的理论与实践中，在面对法、理、情的不同处理方案进行选择之际，为认真考虑对选择所依据的理由进行论证的“二阶证立”提供中国方案。

**三、通过“二阶证立”确定要件事实**

在审理技术上，如果将后果主义与协调主义的二阶证立融入要件事实的确定过程中。要件事实理论认为，对于要件事实的确定需要“两步走”：第一阶段，对实体法进行解释，首先应当遵循的便是实体法的制度目的，以此来确定核心内容，即将何种内容的具体事实作为证明责任对象事实，并以“主文＋但书”的方式将原则与例外呈现出来。第二阶段，应当将初步框定的要件事实与加入举证困难因素的最终标准加以对照，并进一步思考，在充分运用“举证困难减轻对策”的情况下，该规范结构可否保持不变：若是，则应该维持此前确定的民法规范结构，并据此确定证明责任对象事实；若否，则应当从如何在诉讼中最大限度地实现该实体法制度目的的角度出发，对此前确定的民法规范结构进行适当调整，并根据调整后的规范结构确定证明责任对象事实。

综上所述，要件事实理论对规范说中原本完全不考虑的当事人举证难易、对权利救济的社会保护予以关照，与后果主义论证不约而同地将举证困难因素纳入考量。而为了抑制司法裁量权的过度泛滥，要件事实理论以实体法的制度目的作为边界，与协调性论证的“照章办事”“部门协调”“体系协调”三层检验异曲同工。

若将上述理论适用于本文实证分析中的个人信息侵权案件中，在《个人信息保护法》框架下的要件事实确定过程中，则可在个案中形成以下审理思路：

第一，判断是否存在对要件事实的确定进行二阶证立的可行性与必要性。《个人信息保护法》第 69 条第 1 款作为请求权基础存在概念上的漏洞，即未能意识到“过错”作为评价性要件，其证明方式不同于事实性要件。法律要件内涵不明确导致司法实践中难以适用，在互联网平台作为侵权主体时存在的结构性、类型化的举证困难问题难以突破，这些问题都需要通过对要件事实的分析予以澄清。由于互联网平台个人信息侵权问题存在特殊之处，与其通过特别规定修修补补，妨害原本的规制体系和框架，不如在现行法的框架内，一方面遵循程序法的基本原则——约束性辩论原则，扛起主张责任的大旗；另一方面在证明责任分配方法上遵循实体法的制度目的，采用要件事实理论对实定法进行解释与重构。

第二,基于实体法解释与制度目的对要件事实进行初步确定。需要从概念上澄清,法律的构成要件可以分为事实性要件和评价性要件两种不同类型。过错,作为一种典型的评价性要件,在社会一般观念中并不具有相同或者类似的印象,由于当事人在诉讼中的攻击防御无法聚焦于这种“仁者见仁、智者见智”的经验归纳与价值判断,因此应当将过错要件的具体事实拆分为“以促成该评价成立为方向”的评价根据事实和“妨碍该评价成立”的评价妨碍事实。

对于《个人信息保护法》第 69 条第 1 款,当事人在诉讼中围绕过错展开的攻击防御,在被侵权人完成了侵害行为、损害结果以及因果关系的证明活动后,法院即应当推定行为人存在过错,由此达到了减轻被侵权人证明负担的制度目的。从要件事实理论来看,实际上是将侵害行为、损害结果以及因果关系通过法律规定为过错的评价根据事实,法院可由此推定被告存在过错。可以结合要件事实理论“请求原因—抗辩—再抗辩”的攻击防御方法作如下解释:首先,原告对被告提出侵权损害赔偿的请求原因,并对侵害行为、损害结果、因果关系三个要件进行主张和证明;其次,前述三项要件事实实际上构成了过错的评价根据事实,若能达到证明标准,则法官可推定被告具有过错;再次,由被告提出其对损害结果的发生不存在过错的抗辩,并对过错的评价妨碍事实(如行为不存在违法性、已尽到合理义务等)提出足以推翻过错推定的本证;最后,被告对于过错的评价妨碍事实进行的证明达到高度可能性的,认定其没有过错,不承担侵权责任,否则应当承担侵权责任。

在此过程中,在对实体法进行解释的时候,应当秉持协调主义,保持民法规范部门之间的稳定关系、整个法律体系内部逻辑顺序的统一性,判断何种民法规范结构是正确的,并将该判断结论以一定的条文结构形式表现出来。还可依据“保护个人信息权益,规范个人信息处理活动,促进个人信息合理利用”的立法目的,为法院在处理个人信息权益纠纷案件时,提供法律解释和漏洞填补的导向。由此构成了以侵害行为、损害结果、因果关系,和由三者共同构成的过错的评价根据事实作为原告的“请求原因”,以过错的评价妨碍事实为被告“抗辩”的要件事实结构。

第三,基于举证公平性的考量对要件事实进行再度调整。在此过程中,应当将后果主义的“回顾性要求”和“前瞻性要求”——举证困难的因素纳入考量。裁判思路可以从以下几个方面展开:可以从个人信息作为特殊权益客体的角度,对于原告来说,侵害行为存在类型化、结构性的举证困难;从互联网平台作为特殊主体的角度,分析其负有对用户的信义义务、守门人义务和场所控制者的安全保障义务;也可从法经济学的角度,将侵权的损失通过"汉德公式"进行量化计算,如果行为人付出的预防成本比预期事故发生的损害要低,则法院就应认定行为人应当承担采取预防措施的责任。将过错要件的评价根据要件框定为"侵害行为、损害结果、因果关系"由原告主张和证明,将过错的评价妨碍事实由被告主张和证明可以经得起举证公平因素的检验。

第四,基于实体法的制度目的对要件事实进行最终校验。当事人和法院在上述要件事实的确定规则之下进行诉讼活动,法院据此确定裁判结构的基本框架——除非要件事实能够得到证明,否则不会发生相应的法律效果,并通过对产生各种法律效果的要件事实进行排列组合判断最终的裁判结果。综合考量两个阶段的要件事实分配,最终可得出符合后果主义与协调主义的答案。

**四、小结**

上述观点是我在硕士研究生阶段参加民商事争议解决方向"民商事争议解决评议会"时就所读的与要件事实、法律推理有关文献的思考,同时结合时下较为热门的个人信息保护领域的重点问题,从小的切入点着手,试图进一步探索我国在社会转型期遇到的法不完备时要件事实的确定问题。在评议会上,刘哲玮老师、贺剑老师、曹志勋老师分别对我的报告提出了极其具有建设性的意见和建议,非常感谢老师们在学术培养上为我们提供的宝贵机会,为我指明了进一步深入思考的方向。

## 先诉抗辩权的诉讼实施

朱禹臣(北京大学法学院2021级诉讼法学专业博士研究生,
2019级民商事争议解决方向法律硕士研究生)

**一、先诉抗辩权的规范史**

先诉抗辩权的立法在实体和程序上并非一成不变,最新规则都进行了微调。早在原《民法通则》和《经济合同法》时期,我国就确立了保证制度,但未明确赋予一般保证人以先诉抗辩权(Einrede der Vorausklage)。直到1994年4月最高人民法院发布《关于审理经济合同纠纷案件有关保证的若干问题的规定》(已失效),其第7条规定,在普通保证中,"债权人应当首先请求被保证人清偿债务。强制执行被保证人的财产仍不足清偿其债务的,由保证人承担赔偿责任”,体现了某种承担责任的先后顺序。1995 年原《担保法》(已失效)将保证分为一般保证与连带保证两种,并在第 17 条第 2 款中规定先诉抗辩权,“一般保证的保证人在主合同纠纷未经审判或者仲裁,并就债务人财产依法强制执行仍不能履行前,对债权人可以拒绝承担保证责任”。

为保障先诉抗辩权的顺利实施,2000 年最高人民法院《关于适用〈中华人民共和国担保法〉若干问题的解释》(已失效,以下简称《担保法解释》)第 125 条率先就债权人向债务人和保证人一并提起诉讼的情形作了规定,并要求“在判决书中明确在对债务人财产依法强制执行后仍不能履行债务时,由保证人承担保证责任”。[1] 随后,为配合实体法的规定,2015 年最高人民法院《关于适用〈中华人民共和国民事诉讼法〉的解释》(已被修改,以下简称《民诉解释》)第 66 条承接 1992 年最高人民法院《关于适用〈中华人民共和国民事诉讼法〉若干问题的意见》第 53 条,规定“因保证合同纠纷提起的诉讼,债权人向保证人和被保证人一并主张权利的,人民法院应当将保证人和被保证人列为共同被告。保证合同约定为一般保证,债权人仅起诉保证人的,人民法院应当通知被保证人作为共同被告参加诉讼;债权人仅起诉被保证人的,可以只列被保证人为被告”。就多数当事人类型进一步细化,并且“应当通知”的规定也被认为来自先诉抗辩权。

虽然我国以现行的包括担保法在内的民事法律为基础编纂《民法典》,[2] 但对先诉抗辩权进行了微调。在《民法典(草案)》一审稿、二审稿和征求意见稿中,这一规定被表述为,“一般保证的保证人在就债务人的财产依法强制执行仍不能履行债务前,有权拒绝承担保证责任”。相比原《担保法》,删去了“主合同纠纷未经审判或者仲裁”,似乎将其定位为“先执行抗辩权”[3],其行使以

[1] 李国光等:《最高人民法院〈关于适用《中华人民共和国担保法》若干问题的解释〉理解与适用》,吉林大学出版社 2000 年版,第 424 页。

[2] 参见王晨:《关于〈中华人民共和国民法典(草案)〉的说明——2020 年 5 月 22 日在第十三届全国人民代表大会第三次会议上》,载中国人大网 2020 年 5 月 22 日,http://www.npc.gov.cn/npc/c35181/202005/f2088c3131704978947b289827ccd7fc.shtml。

[3] 王利明在 2020 年 10 月 17 日东海卓越论坛“民法与民事诉讼法的对话”中作出类似提法,参见《“民法与民事诉讼法之高峰对话”对话环节》,载微信公众号“民事程序法研究”2020 年 10 月 26 日,https://mp.weixin.qq.com/s/Dsv1aEOQQ9lW2bnvxDuEPg。

执行阶段为必要,也被评价为重要的立法进步。[1] 但是在其后的送审稿和最终呈现的《民法典》第687条第2款中,又恢复了原《担保法》的表述。《民法典》的编纂者对上述修改意见的反复态度如何我们不得而知,但显而易见的是,这一"自我否定"的过程必然暗含对该条款部分性质认知的摇摆。

为平衡各方当事人的利益,"明确规定在诉讼中对一般保证人先诉抗辩权的保障顺序"[2],2020年最高人民法院颁布《关于适用〈中华人民共和国民法典〉有关担保制度的解释》(以下简称《担保制度解释》),其中第26条重申了《民诉解释》第66条和《担保法解释》第125条的精神,但"债权人未就主合同纠纷提起诉讼或者申请仲裁,仅起诉一般保证人的,人民法院应当驳回起诉"的新规定不同于《民诉解释》中的"应当追加",处理方式更为严苛,也暗示对该权利再解释的必要性。

**二、潜在研究的问题**

在现有文献中,关于先诉抗辩权的诉讼进程问题存在多种学说。总结来看,这可大分为以下两个问题。

首先,先诉抗辩权应当在何种程序中提出并审查?从字面看,先诉抗辩权可以被理解为"在诉之先的抗辩权",观察先诉抗辩权的德文用语 Einrede der Vorausklage,传递出来的信息也与中文翻译相一致。但如果从实体定位上看,先诉抗辩权的法律后果需要被理解为"要求债务人强制履行而无效果",因为其主要关注承担责任或执行的顺序,而非作为执行正当性依据之一的诉讼,故有学者以"检索抗辩权"进行描述。[3] 这一新称谓侧重于强调"检索",而没有体现出备位性,与"经强制执行仍未能清偿债务"的内容仍有距离。在此意义上,综合了前两种描述的"先索抗辩权"更为准确,[4]即要求先穷尽检索债务人责任财产的抗辩权。这又会带来该权利需在检索,也就是执行阶段被提出的理解前见,[5]而这正是本文的讨论重点。此外,就专业术语而言,静态的构

---

〔1〕 参见宋春龙:《诉讼法视角下的先诉抗辩权研究——兼评民法典各分编草案中的先诉抗辩权》,载《政治与法律》2019年第3期。

〔2〕 刘贵祥在2020年12月30日"最高人民法院民法典第一批司法解释新闻发布会"作出类似提法,参见石冠彬整理:《重点摘录丨最高人民法院民法典第一批司法解释新闻发布会》,载微信公众号"法律那些事儿"2020年12月30日,https://mp.weixin.qq.com/s/4Dps7Q796e6Pw-FtAY2pog。

〔3〕 参见刘春堂:《民法债编各论》(下册),台北,三民书局有限公司2012年版,第360页。

〔4〕 参见邱聪智:《新订债法各论》(下),姚智明校订,中国人民大学出版社2006年版,第381页。

〔5〕 如此理解,参见宋春龙:《诉讼法视角下的先诉抗辩权研究》,载《政治与法律》2019年第3期。

词法虽然有助于理解语词含义，但在简单的语义叠合之余，概念的特定语用逻辑更为重要。[1] 因此，本文并不主张将先诉抗辩权改名，而是需要从功能出发去观察先诉抗辩权的定位。从程序法来看，该抗辩权承担的确实是“先索”或“先执行”的功能，看似只在履行或执行阶段发挥作用，实际上却存在其他程序方案的设计可能。比如，若从起诉层面断然否定一般保证人在先被诉的可能性，债权人则必须完成针对债务人的起诉和执行程序，才可以起诉一般保证人，这一方案可从根源上防范债权人基于起诉后的胜诉判决获得执行名义、对保证人发动强制执行的风险，维护一般保证人的顺位利益。由此可见，先诉抗辩权无须被固定在强制执行阶段行使，而是在程序的演进上存在多种可能。

现有学说在这一点上可谓众说纷纭。如果将先诉抗辩权理解为实体法上的权利抗辩，类似于时效抗辩权，则其应在诉讼中行使。[2] 此外，亦多有观点认为，其可在起诉阶段发生妨诉抗辩的效力，要求债权人按照行使请求权的顺序起诉，[3] 即先完成对债务人的起诉行为；或如《民诉解释》第 66 条一般，要求法院“应当通知”被保证人作为共同被告参加诉讼，使债权人不能在先单独起诉保证人。当然，在这两种“起诉说”的内部，仍然存在可检讨之处。比如，以前者的严格的起诉说来看，即便将保证合同之诉与主合同之诉列为共同诉讼，也会侵害一般保证人的先诉抗辩权。[4] 与此相对，也有学说主张将先诉抗辩权定位为“先执行抗辩权”，使其发挥对执行名义执行力的阻碍作用。[5] 甚至还存在综合说，认为先诉抗辩权在起诉、诉讼和执行三个阶段都可被行使，[6] 有必要展开较为深入的研究。

其次，先诉抗辩权是否直接影响债权人、债务人与保证人之间纠纷的诉讼形态？《民诉解释》第 66 条规定的“应当追加”直接导致债务人与保证人一侧形成共同诉讼，《担保制度解释》第 26 条虽然没有那么直接，但在释明追加的解释方案之下，其结果也是相当的，这种共同诉讼对应于我国《民事诉讼法》第

---

〔1〕 参见朱庆育：《民法总论》（第 2 版），北京大学出版社 2016 年版，第 111 页。

〔2〕 参见程啸：《保证人先诉抗辩权的疑点分析》，载《人民司法》2005 年第 7 期。

〔3〕 参见段文波：《德日必要共同诉讼“合一确定”概念的嬗变与启示》，载《现代法学》2016 年第 2 期。

〔4〕 参见黄凤腾：《审理保证纠纷案件的若干问题研究》，载姚仁安主编：《市场经济中的审判热点问题》（之二），人民法院出版社 1999 年版。

〔5〕 参见宋春龙：《诉讼法视角下的先诉抗辩权研究》，载《政治与法律》2019 年第 3 期。

〔6〕 参见高圣平：《担保法论》，法律出版社 2009 年版，第 156 ~ 157 页；王利明：《我国〈民法典〉保证合同新规则释评及适用要旨》，载《政治与法律》2020 年第 12 期。

55 条的何种诉讼形态,法院追加的正当性又在何处?在现有学说中,有教科书主张此系固有必要共同诉讼的典型情形,[1]亦有观点认为是类似必要共同诉讼,[2]还有学者称为普通共同诉讼,[3]或者经过改造的普通共同诉讼。[4] 共同诉讼的类型看似是纯粹的诉讼法问题,实则需从实体法上一般保证的法律关系入手,这不仅因为《民事诉讼法》第 55 条以诉讼标的为共同诉讼类型的判断标准,而根据我国通说,诉讼标的的识别基础在于实体法上的法律关系。[5] 更在于这一法律关系的外延其实“可大可小”,[6]简单认定同一或同种类容易自说自话,仍需回到实体法中,区分债务人和保证人的利益状态,对三方法律关系做深入剖析。

## 三、结语

本文的“前身”是我在硕士研究生阶段参加民商事争议解决方向“民商事纠纷解决评议会”时就自己的一些想法和选题所作的规范史梳理和文献综述,当时只是将相关文献进行了检索、观点进行了归纳,尚未形成自己的思考路径。在报告会的讨论和后期与指导老师的进一步交流后,我以“先诉抗辩权的诉讼实施”为主题撰写了硕士学位论文,并将相关成果予以整理投稿。[7] 但这份草稿只是最终成文的综述部分,与最终观点的呈现相比亦存在差别,为了原汁原味呈现当初的报告状态,我仅在文字上进行了必要修改。非常感谢争议解决方向的导师组,尤其是参与指导评议会的刘哲玮老师、贺剑老师、曹志勋老师对我们的指点和关照,每每回忆那一个个聆听教诲的周末,都倍感温暖。

---

[1] 参见江伟主编:《民事诉讼法学》,北京大学出版社 2015 年版,第 147 ~ 148 页。

[2] 参见张卫平:《民事诉讼法》(第 5 版),法律出版社 2019 年版,第 152 页;张海燕:《民事补充责任的程序实现》,载《中国法学》2020 年第 6 期。

[3] 参见蒲一苇:《诉讼法与实体法交互视域下的必要共同诉讼》,载《环球法律评论》2018 年第 1 期。

[4] 参见安海涛:《保证合同诉讼的程序原理基于〈民诉法解释〉第 66 条的分析》,载《华东政法大学学报》2017 年第 2 期。

[5] 参见张卫平:《民事诉讼法》(第 5 版),法律出版社 2019 年版,第 199 ~ 201 页;江伟主编:《民事诉讼法学》,北京大学出版社 2015 年版,第 23 页。

[6] 具体论述,参见王亚新、陈杭平、刘君博:《中国民事诉讼法重点讲义》(第 2 版),高等教育出版社 2021 年版,第 171 ~ 173 页。

[7] 朱禹臣:《先诉抗辩权的程序设计:一个跨法域分析视角》,载《法学家》2022 年第 5 期;朱禹臣:《备位性影响下一般保证的多数当事人诉讼形态——〈民诉解释〉第 66 条和〈担保制度解释〉第 26 条的解释论》,载《甘肃政法大学学报》2022 年第 1 期。

刘哲玮老师的私塾

# 法学·科学·哲学读书会

关于作者

刘哲玮

北京大学法学院长聘副教授，博士生导师。北京师范大学法学学士（2003年），北京大学民事诉讼法学专业法学硕士（2006年）、法学博士（2010年）；清华大学法学院博士后研究人员（2010～2012年）；美国加州大学洛杉矶分校法学院访问学者（2008～2009年），最高人民法院研修学者（2017～2019年）。主要研究领域为民事诉讼法学、证据法学、司法制度。

2012年开始在北京大学法学院任教，主讲以下课程：（1）初阶讲授类：民事诉讼法学、民事证据法、纠纷解决、中国民事诉讼法与仲裁法；（2）高阶研讨类：民事诉讼法学专题；（3）案例研习类：民法案例研习、民事诉讼案例研习。

## 总体说明

未名湖畔好读书。近三四年,北京大学法学院一直以“第二课堂”的方式鼓励老师们组织的各种读书会、讲评会,并提供一定的经费支持。但从读书会的历史传统来看,即便在“第二课堂”项目立项之前,北京大学法学院的老师也一直都在无私地不计回报地组织着这种课堂外的读书小组,我自己也是这种读书活动的受益者。我在北京大学读博期间,就参加了北京大学和清华大学民事诉讼法学专业博士研究生的联合读书会。彼时许可师兄正在翻译高桥宏志教授的《重点讲义民事诉讼法》(下)(法律出版社 2007 年版),我们得以第一时间阅读了这本书的汉译书稿。后来,我还对照着英文原版和傅郁林老师的翻译版,读完了傅郁林老师翻译的美国苏本教授等编写的《民事诉讼法:原理、实务与运作环境》(中国政法大学出版社 2004 年版)。我所学比较民诉法的知识,在很大程度上受益于读博期间的读书会。

回北京大学任教后,我也曾组织同学(主要是民事诉讼法学方向的硕士研究生)阅读比较民事诉讼法的经典著作,例如,罗森贝克的《德国民事诉讼法》和《证明责任论》、卡迪耶的《法国民事司法法》、Peter Murray 和 Rolf Stürner 合著的 *German Civil Justice*,但从学生的反馈和我自己的体会来看,效果并不十分理想。我总结原因主要有三点。其一,比较法学知识的更新迭代,导致比较法学需要更细致地研读,而非概览。随着我国法学研究的深入,对比较法的吸收和借鉴已经跨越到一个新阶段,各部门法的基础原理和外国法上的框架性的认知,已经被大部分教师掌握,进而通过教科书和课堂教学的方式对我国的法科学生完成了普及。此时,再阅读比较法学的著作,就不宜再采用概览全书并予以思辨的读书会方式,而更应当以一个主题为中心收集整理文献并进行文献综述。其二,比较法学尤其是部门法的比较法知识距离中国学生的日常生活较远,更多的是知识性内容,难以激发学生的想象力和求知欲,因而在读书会中,同学讨论和发言往往并不积极。其三,教师和主持者个人能力限制。由于我对比较法的了解也并不通透,加之读书会并不同于上课,教师并不可能像备课一般对阅读书目和关联内容都有通透的理解,因而当同学们在读书会过程中提出一些问题时,我并不能全部予以准确地解答。因此,在后续的读书会中,我将读书会阅读的书目转向法学方法论、司法制度等宏大的领域,鼓励同学们不局限于具体的民事诉讼法知识的得失,而将重心放置于阅读文本本身的收获感和启发感。

后来,在一次偶然的机会中,章永乐老师向我介绍了他对第二课堂读书会的定位。在他看来,第二课堂不应当是第一课堂的复制,教师在第一课堂中已经扮演了知识领路人的角色,在第二课堂中可以与同学们一起阅读探讨,认真对待年轻同学对世界和知识的看法。我对这一理念非常赞同,因而在最近两年的读书会中,将阅读对象从法学拓宽到其他哲学社会科学的范畴。这么做有两方面的原因。一是关于法学是不是一门科学的争论,从我自己的读书时代就一直不绝于耳,至今似乎也没有一个结论。法学究竟算不算科学,恐怕是所有法科生都深感不安——尤其是面对理工科同学时——的一个问题。而近年来定量研究的兴起,更是放大了这种焦虑。因此,引入外部资源,从哲学的根源上理解科学,进而回答法学的科学本性问题,是法学师生都有兴趣的问题。二是拓展法学院研究生人文素养的想法。最近十年来,随着教义学方法的兴起,法学变成一门越来越技术的学科。很多学生读完本科,所涉猎的书籍也主要是法学类的教材和专著,对于人文社科领域的书籍不仅没有看过,甚至可能是闻所未闻。而到了研究生阶段,又忙于法学专业的汇报、论文和实习就业,阅读面之狭隘让人惊讶。这种学习虽然增加了法学专业的深度和厚度,让当代学生在讨论法学专业问题时的逻辑强度与比较法的知识面都较过去有了天壤之别,但是却很可能陷入“专家没有灵魂”的境地。当然,作为第二课堂,还必须考虑可读性和准入门槛,所以我挑选的文本都是不那么硬核艰涩的内容,而是如科学哲学等相对较为容易上手的主题。

作为教师,我主要负责文本的挑选和议题的引导。我一般会挑选在这一领域中较为经典但自己尚未精读过的文献,以期通过和同学们一起阅读,加深自己对这一领域的认知。在读书会的讨论过程中,我会承担议题的控制,避免因为对某个话题的讨论过于热烈而导致讨论跑偏,而在讨论冷场的时候——一般是每次开会的最初——我会主动提出自己在阅读上的困惑,听取同学对某些段落意思的理解。

当然,随着阅读文本在选题上的扩大,同学们在阅读中提出的问题也会越来越繁杂。对于文本理解的问题,我们在读书会上可以广泛的表达和参详,从而在承认多元的前提下,力求对文本有更正确的把握;而对于衍生的感想和思考,我也鼓励同学在读书会上多多表达和交流。对于这种衍生思考,其实根本谈不上对错,很多即便是幼稚的思索,也可以引发与会同学进一步思考,从而拓展思想的边界,实现读书的目的。总之,我心目中理想的读书会不应像第一课堂那样,有着固定的体系性的知识结构和教学目标,而是可以通过阅读作为线索,在读书会上自由地交流,以一种活泼的方式,触动每一位参与者的心灵。

## 组织程序

读书会在每学期初组织,我会撰写一个简要的说明,阐述本学期阅读的文献内容和希望解决的问题。随后我会委托一名同学承担读书会的组织联络工作,最近几年这一工作都是由我的硕士研究生,后来又留校跟随潘剑锋老师攻读博士学位的李晓璇同学负责。晓璇会在同学群中发布上述读书会说明,征求有意向的同学参加,进而统计读书会的同学名单,建立微信群,按照人数购买或复印阅读的书籍。近年来,随着电子书的发达,我们一般还会找到外文原本和不同译本的电子版,一并发放给参加读书会的同学。报名读书会的同学主要是诉讼法学方向的硕士研究生和博士研究生,且以我自己的学生为主,但几乎每学期也都会有其他同学过来参加。为了保证讨论,人数上一般会限制在 10 人以内。

读书会一般两周一次,一次两小时。时间一般选在周末的下午或晚上,以避免和第一课堂的课业产生冲突。读书会要求提前阅读相关篇章,读书会上主要是提出疑问,抒发见解。为了有效组织,每次会由一名同学负责概括归纳本次阅读的大概内容,并提出问题。所以,需要提前分好每场读书会的带读人。教师和其他同学可以对内容进行补充,也会提出自己的问题,并就相关问题展开讨论。每次读书会会提供咖啡等饮品,如果正好赶在吃饭时间,也会提供盒饭。

## 阅读篇目

1. [日]中村宗雄、中村英郎:《诉讼法学方法论》,陈刚国、段文波译,中国法制出版社 2009 年版。
2. 陈刚:《民事实质诉讼法论》,载《法学研究》2018 年第 6 期。

3. 陈刚:《法系意识在民事诉讼法学研究中的重要意义》,载《法学研究》2012 年第 5 期。
4. [美]马丁·夏皮罗:《法院:比较法上和政治学上的分析》,中国政法大学出版社 2005 年版。
5. [美]米尔伊安·R. 达玛什卡:《司法和国家权力的多种面孔》,郑戈译,中国政法大学出版社 2015 年版。
6. [英]蒂姆·卢恩斯:《科学的意义》,徐韬译,上海文艺出版社 2018 年版。
7. [美]托马斯·库恩:《科学革命的结构》,金吾伦、胡新和译,北京大学出版社 2012 年版。
8. [德]J. H. 冯·基尔希曼、赵阳德:《作为科学的法学的无价值性——在柏林法学会的演讲》,载《比较法研究》2004 年第 1 期。
9. [德]冯·耶林:《法学是一门科学吗》(上),李君韬译,载《比较法研究》2008 年第 1 期。
10. [德]冯·耶林:《法学是一门科学吗》(下),李君韬译,载《比较法研究》2008 年第 2 期。
11. [德]卡尔·拉伦茨:《论作为科学的法学的不可或缺性——1966 年 4 月 20 日在柏林法学会的演讲》,赵阳译,载《比较法研究》2005 年第 3 期。
12. 郑戈:《法学是一门社会科学吗?——试论"法律科学"的属性及其研究方法》,载《北大法律评论》1998 年第 1 期。
13. 郑戈:《再问法学是一门社会科学吗?——一个实用主义的视角》,载《中国法律评论》2020 年第 4 期。
14. 费孝通:《乡土中国　生育制度》,北京大学出版社 2020 年版。
15. [加]伊丽莎白·阿伯特:《婚姻史——婚姻制度的精细描绘与多角度解读》,孙璐译,中央编译出版社 2014 年版。
16. [德]弗里德里希·恩格斯:《家庭、私有制和国家的起源》,中共中央马克思恩格斯列宁斯大林著作编译局译,人民出版社 2018 年版。
17. 赵刘洋:《妇女、家庭与法律实践——清代以来的法律社会史》,广西师范大学出版社 2022 年版。
18. [英]沙尼·奥加德:《回归家庭?——家庭、事业与难以实现的平等》,刘昱译,广西师范大学出版社 2021 年版。

## 研习成果

### 科学的祛魅与范式的意义

——读《科学革命的结构》

李晓璇(北京大学法学院2020级诉讼法学专业博士研究生)

本学期刘哲玮老师组织的"科学哲学法学读书会"紧紧围绕其主题,以科学哲学相关著作为阅读对象,并紧密结合法学的理论与经验展开讨论,不仅扩展了我的学术眼界,还引导我进一步思考和认识了法学学科,实在让我受益匪浅。

托马斯·库恩的《科学革命的结构》作为科学哲学的经典著作,提供了一个看待科学史发展的简洁并且极富洞见的,并且在一定程度上广为接受和可检验的框架:在一门学科尚未成熟的时期,从事同一领域的人各自做的是一些收集事实或者孤立的理论建构的工作。随着学科的成熟,开始形成该学科的科学共同体,此时,前范式时期的不同理论与方法之间开始竞争,逐渐在这个共同体内形成了一套为共同体成员所公认并且遵守的理论、规则与标准,库恩称为"范式"。范式一旦形成,这个学科开始步入致力于进一步完善学科理论并解决学科内问题的常规科学时期,这一时期科学活动主要体现为利用范式所确定的研究方法,对范式所确定的研究问题之"解谜"。随着学科内谜题的增多,开始出现"反常"并引发危机。最后,通过科学革命和一段混乱时期,各种理论再次涌出,经过这些理论的相互竞争,新的范式得以确立,危机得到平息,进入了新的常规科学时期。总结而言,库恩提出了科学发展乃是革命而非累积,区分了范式与常规科学,并展现了范式的更迭与不可通约性,并强调了科学学术共同体的重要性。这一观点的极具挑战性与开创性,引导了科学哲学界的一场认识论的大变革。

如此一来,科学革命的理论彻底颠覆了科学进步主义的一般观点,科学的进步、"真理之面纱被揭开"。库恩特别强调,不同的范式之间(尤其是对于革命前后的新旧范式)是"不可通约"的,二者之间不存在一个中立的理论评价体系,无法进行严格意义上的优劣比较,这直接否定了一种进化式的和线性的科学史观。因此,在库恩看来,范式之间的相互代替确实是一个演化过程,各个相继阶段的特征是对自然界的理解越来越完善,但是这个过程不朝向任何目标,反而更接近于偶然的叠加。“在一段确定的时间内,一个科学共同体所信奉的信念之诸组成成分中,总是有一种明显的随意因素,其中包含着个人与历史的偶然事件在内。”科学革命与其说是一个进步的范式取代一个落后的范式,毋宁说是科学共同体内世界观的转变。

结合蒂姆·劳伦斯所著的《科学的意义》这一科学哲学领域的导论性文献对“什么是科学”以及“科学对人类的意义”之阐释,科学可谓被祛魅了。一般而言,科学,特别是自然科学往往意味着绝对正确,而科学研究的结论自然应当成为信任的对象。各个学科在声称自己为科学时,恐怕也是标榜自己的理性、可靠性。但科学并非客观真实,其与价值恐难完全剥离,无论何种科学毕竟是人的认知产物,科学的发展也并非先进取代落后而不断进步的线性过程,因此,对所谓科学保持警惕与必要的反思是有必要的。基于此,对法学的认识也需要更加谨慎。一方面,尽管社会科学往往力争自己乃“科学”,但自然科学也并非对绝对真理之追寻,故法学可避免因自身难谓绝对科学而自怨自艾;另一方面,法学研究仍需要时刻反思所抱持的对真实世界的认识是否正确,毕竟法律直接适用于客观世界的人类社会(暂且不论法律是源于社会实践还是基于逻辑推理),良法必须基于对客观世界的正确(严格来说是妥当)认识而构建与解释。

库恩在本书中的核心概念为“范式”,“是一个成熟的科学共同体在某段时间内所接纳的研究方法、问题领域和解题标准的源头活水”。此即范式是常规科学所赖以运作的理论基础和实践规范,是从事某一科学的研究者群体所共同遵从的世界观和行为方式。通俗地讲,就是一群科学团体所遵循的一个基本思路,什么是已知的,什么是被理解的,仍需进一步深入认识的是什么。范式具有不可通约性,即不同研究范式的各方,虽然观察和讨论的均是客观世界的同一个事物,但由于采取不同的角度/方式,所看到的和理解的内容并不相同。库恩书中的经典例子是牛顿力学与爱因斯坦相对论力学的关系。在爱因斯坦相对论诞生后,很多科学进步论者认为可以从爱因斯坦的相对论力学中导出牛顿力学,从而证明两者具有包容性。例如,在相对论的一组表述中加入一些限制条件,物体移动速度远小于光速,其形式将与牛顿运动定律、万有引力定律等完全相同。但库恩指出,“虽然(N)是相对论力学定律的特例,它们并非牛顿定律。如果这些陈述的意义只能以爱因斯坦理论加以诠释,它们怎么能是牛顿定律呢？在爱因斯坦理论的陈述中E代表空间位置、时间、质量等的变量和参数，依然出现于N陈述中，并依然代表爱因斯坦的空间、时间和质量等概念。但这些概念在爱因斯坦理论中的物理蕴涵与在牛顿体系中的截然不同(牛顿理论中的质量是守恒的，而爱因斯坦理论中的质量可转变为能量。只有在相对速度很低的情况下这两种质量才能以相同的方式来测量，但即使这样我们也不能认为它们是相同的)。除非我们改变N陈述中的物理变量的定义，否则导出的这些陈述就不是牛顿理论中的定律”。

范式对于社会科学本身而言并不陌生，只是相较于自然科学中某领域同一时期只有一个通行的范式，社会科学的困难在于并没有绝对的正确和检验标准，并且由于密切关联于具有主观能动性的“人”而存在更多不确定性，因此，多范式共存作为认识与研究的不同角度是社会科学中的常态。库恩提出的科学革命与范式概念，在自然科学领域的重要性在于对科学的祛魅与对科学理论更替是“累积”与“进步”的解构，而在社会科学领域，核心启示或许在于范式的不可通约性。由于不同范式下的支持者基本相当于“生活在不同世界”，从而在相应逻辑下难以实现真正的对话。库恩以视觉格式塔转换实验为例，提出了范式转换是世界观转变的重要论点，“范式一改变，这世界本身也随之改变了”，对此的充分认识有利于避免不必要的争议与无效率的沟通。

例如，在法学领域中，关于自身是否是科学也曾爆发诸多争论。基尔希曼在名为“作为科学的法学的无价值性”的演讲中言辞激烈地抨击法学研究对象的多变性、主观性，“实在法”的任意性导致“法学只关注偶然，它自己也就变成了一种‘偶然’，立法者的三个更正词就可以使所有的文献成为废纸”。并且，他指出了法学研究存在脱离于社会、落后于时代与纠结于语词等问题。而耶林则在维也纳法律协会作了题为“法学是一门科学吗?”这一著名的就职演讲，将“法律的科学性安置在一种(法律基于其性质所固有的)发展思想中”，提出科学在于对实证法的超越，而不是简单的释义。而拉伦茨名为“论作为科学的法学的不可或缺性”的演讲则将法学定位于“以某个特定的，在历史中逐渐形成的法秩序为基础及界限，借以探求法律问题之答案的学问”。“法学的任务之一，就是使规范及其所规定的生活关系发生联系，从而使规范可以正当地运用于生活关系，而生活关系对于法的规定而言也可以理解和规范。”这阐述了法学在法律解释、法律发展、法律统一并为立法做准备方面发挥重要作用，并且以理性的方式实现内部体系的统一与协调。

从库恩的范式视角来看，前述争议或也可归结为不同范式的视角冲突。实证主义法学范式下确定的研究对象就是实在法，故而从外部视角观察必然出现基尔希曼所认为的“任意性”。而拉伦茨所强调的法教义学范式虽超越实证主义法学范式，在实在法之基础上纳入历史、价值、目的以填补，法律内部的逻辑理性得到充分阐释，但这仍旧是将法律作为封闭体系，实际并没有正面回应纳入政治、立法进程、社会发展等外部视角的质疑。因此，在面对法学的“任意性”与理性之混杂时，需要避免盲目地站队，而是应思考不同范式研究的区分。

尽管“范式”本身并不是法学领域的高频词，但教义法学与社科法学作为两种法学的范式应无疑问，前者为法律的内部视角，而后者则是外部视角。关于法教义学与社科法学何者更优一直以来是争论不休的话题，而近期两者的合作尝试也成为热点。但是，有必要反思的是我们是否真切地看清了两者的差别，同时，真正理解了不同范式下的逻辑。依我个人的观察，恐怕很多的争论与对话都难逃“自说自话”。优劣之争往往是指出对方范式在己方范式下的不足（法教义学批评法社会学不顾逻辑，法社会学批评法教义学不接地气），而合作之策则企图将对方范式纳为己方的一部分，以体用之别或主次之分来将两者“融合在一起”（法教义学将法社会学的内容作为目的解释的方法，而法社会学则将法教义学内化为一般情形下提高效率的法律适用方式）。当然，承认范式的不可通约性不代表放弃思考，而是在于实现真正地理解与划清不同范式的边界。范式决定了相应领域的研究对象和研究进路，评判不同范式的研究或尝试实现接洽应当从相应角度出发，而不是盲目嵌套进不同的范式下。在自己的阅读与学术研究中，应慎重考虑自身所持的视角与对话的观点，认清自己所在的学科范式与共同体。

## 广阔视域下的民事诉讼法学

——读《诉讼法学方法论》

李晓璇（北京大学法学院2020级博士研究生）

本学期读书会主要聚焦罗马法系与日耳曼法系下的民事诉讼比较差异，以中村宗雄与中村英郎先生所著的《诉讼法学方法论：中村民事诉讼理论精要》为精读书目，展示了“中村民事诉讼法学”的核心精要，不同于日本民事诉讼法的主流学说,在民事诉讼法的诸多观点上都提出了与众不同的精妙见解,形成了独树一帜的理论学派。读书会分享既包含了中村宗雄先生基于自然科学并引入阶层理论对民事诉讼之重构,又展示了中村英郎先生基于历史溯源对两大法系民事诉讼思维形成的根本差异之剖析。相较于民事实体法研究,民事诉讼法研究较少涉及方法论的正面论述,各国民事诉讼法研究者多承认在理论厚度层面自身相较民法学有所不足。而本书正是中村父子的理论野心与广阔视野之充分展现,对于民事诉讼法学厚度的增加与广度的提升都有重要意义。中村先生对民事诉讼法宏观理论的提炼和构造,有别于对规范技术和精细法理的雕琢,使我对民事诉讼法的理论体系有了更新也更加全面的认识。

**一、场域观下的民事诉讼**

经由萨维尼辗转温特夏伊德的德国普通法学的发展路径尽管承认存在所谓的诉讼法理,却仍将其视为整体的"私法(实体法)体系"。随着时间推移,诉讼法学日益朝着孤立实体法理的方向发展。以罗森贝克为首,至施瓦布,诉讼理论终究发展为全面舍弃实体法理的诉讼法的一元观。罗森贝克以降的德国民事诉讼法学以及追随其后的日本民事诉讼法学的发展轨迹清晰地表明,民事诉讼法学的方法试图摒除诉讼理论领域中的实体法理,仅从诉讼法的角度构筑诉讼理论。19 世纪前半叶,即德国普通法末期,普通法民事诉讼的理论已逐渐成为从私法学中独立出来的理论体系。此后,诉讼法学逐渐脱离私法学的掌控并扩大、深化自己的理论范围,但于学术方法而言,仍然受到德国普通法传统的掣肘,未能完全脱离私法学的窠臼。19 世纪中叶之德国民事诉讼法理继承了普通法时代的传统。

中村宗雄先生在梳理 18 世纪以降民事诉讼法学方法之后,深刻反省了各种方法背后的哲学思想,批驳康德哲学一元论之弊端,以自然科学启迪法学体系的创新,从历史角度考量"事实"和"规范"的关系,强调在诉讼法体系已经独立的现代法制框架下,"诉讼"是实体法和诉讼法综合的"场",其综合在"裁判"中得以完结。借助三维坐标系,通过倡导诉讼法于上、实体法于下、裁判于最高的阶层构造理论,将民事诉讼法学方法研究带入了一个崭新的哲学高度。在"诉讼"这一实体中,诉讼法的因子与实体法的因子"共生共荣"。把握两种异质因子之间的关系,就成为民事诉讼法领域中最为重要的基础性课题。中村宗雄先生的二元论阶层构造论将民事诉讼中的实体因素与程序因素并举,方使得民事诉讼法学从诉讼法的学问逐渐发展为诉讼法所规制的“诉讼”的法学。

“法理也可以挑战吗?”这是邹碧华法官在一次论文答辩会上的提问(反问)。中村的论文虽未提及,但我认为这本书实质上是在挑战“既有”法理。中村宗雄先生借助物理学发展成果,试图创造一种动态的诉讼法学研究方法,尽管在对具体制度的重构和分析并不尽如人意,部分类比也略显牵强,但不得不说为我们提供了一个全新的视角。法理也许很难挑战,但并非不能挑战。

**二、法系视野下的比较分析**

众所周知,了解一个制度和理论的来龙去脉,方能把握其未来的发展方向。若追问民事诉讼法学以及私法学的学术方法,不难发现两者皆以建构独立、自洽的理论体系为要。中村英郎先生毕生致力于法系视野下的民事诉讼法理论的研究,为这方面的研究起到了典范性的作用,乃中村民事诉讼法学研究方法集大成之作。中村英郎先生借用法系分析的手法求本溯源,将大陆法系民事诉讼法学与英美法系民事诉讼法学的根本分歧溯及罗马社会与日耳曼社会中对于“法”的观念差异,将大陆法系与英美法系民事诉讼法的根本区别表达为“规范出发型”和“事实出发型”,并由此形成了各自的理论体系和制度。

在法系考察中,中村英郎从罗马法上“诉”(actio)概念出发,指出在罗马法时期,无论是采取通常诉讼程序抑或是非常诉讼程序,罗马法系的诉讼思维都是:当符合成文法规定的事件发生后,人们为实现法律所规定的效果而向法院提起诉讼。而裁判机关对原告主张的权利存在与否进行审理,当确认其权利存在时,就宣告原告胜诉。这时裁判的定义就是对当事人间存在争议的事实进行认定并对此适用法律的活动。中村英郎一针见血地指出,罗马法系的诉讼思维最重要的特征就是从规范出发来把握整个诉讼(简称“规范出发型”诉讼)。这种诉讼方法论,在其后随着德意志法对罗马法的承继而流传至德国。德国有着完整的成文实体法体系,其诉讼的构造就是以该实体法为出发点并以实现实体法为目的。

而其对于古日耳曼法的研究,中村英郎认为当社会秩序遭到破坏时,人们就会为了恢复既定的秩序而提起诉讼,这时的诉讼和罗马法下的诉讼在方式、内容、意义等方面都大为不同。对于日耳曼的裁判,首先存在纠纷事件,裁判者在法院听取事件相关人的不满与主张,并去发现事件中应有的法。可见,与罗马民事诉讼形成鲜明对比的是,日耳曼民事诉讼思维方式的重要特征是从事实出发来把握诉讼(简称“事实出发型”诉讼)。这也就是日耳曼民事诉讼方法论,它伴随民族大迁移流传至英国,最后影响了美国法,从而形成了英美法系民事诉讼的构造。

通过这种鞭辟入里的分析,中村先生将两大法系基本理论进行了对照,从诉权理论经由诉讼目的理论并辗转诉讼标的理论终至既判力理论,借助法文化的视角定其归属、别其体系,让我们能够清晰把握两大法系民事诉讼理论发展的脉络与泾渭。在该法系视野下,民事诉讼法学的研究视野得到了极大的扩展,从当下扩展到历史源头,从断面比较扩展到法系演变,从制度比较扩展到原理剖析,从民诉法学内部扩展到与民事诉讼息息相关的政治、文化、经济等其他方面。这种以民事诉讼史为基础,深层分析两大法系诉讼观的异同,解释和指导已有的民事诉讼制度的研究方式,本身就是对民事诉讼法学的一种开拓创新,对整个民事诉讼法学乃至整个法学的研究产生了巨大影响。

这种以法系和历史源流为视角的剖析方式,逻辑流畅,对于两大法系的发展做了极有说服力的解读,同时,由表及里、由宏入微,实现了理论深度的扩展与制度建构的关照。这种溯源与分类基于历史传承,与具有极强传承性的文化与社会特征高度关联,有助于各国在对本土制度进行剖析与改革时厘清既有制度的逻辑与未来发展的方向,从而契合于本国之法制,也避免制度间龃龉。

# 何其生老师的私塾

# 涉外高端法律谈判人才训练营

## 何其生

法学博士；北京大学法学院教授，博士生导师，北大博雅青年学者。现任北京大学国际经济法研究所所长；曾荣获第八届全国十大杰出青年法学家（2017年）、教育部“长江学者奖励计划”青年学者（2015年）、教育部“新世纪优秀人才支持计划”（2006年）、霍英东教育基金会第十届高等院校青年教师奖（研究类，2006年）；曾20余次参与多边条约的谈判和国际法律文书的审议。

主要讲授以下课程：国际私法、国际贸易法、国际经济法与国际私法专题研究等。

## 总体说明

随着我国在国际社会中话语权的增强,在全球治理秩序变革的进程中,我国将作为参与者、推动者和引领者,参与国际规则的制定。因此,培养专业素养过硬、实务技能卓越的高层次涉外法律人才参与相关规则的制定,是我国参与国际秩序构建的重要任务。同时,在我国对外交往日益密切、涉外经贸活动数量急剧增长的背景下,培养这类人才也能够更好地服务于我国的涉外法律市场,使法律实务与世界接轨。涉外高层次法律人才不仅需要具备全球视野和扎实的基础知识,而且需要具备过硬的实务能力。国际法专业背景的职业内容具有一定特殊性,一些重要的从业能力无法通过课堂传授。本项目立足于此,通过精心设计的培养计划,启发参与"第二课堂"的同学研究国际法和国际政治的基本问题,夯实同学们的学术基础,优化同学们的知识结构,并启发同学们通过自主训练和教师辅导的方式掌握多元的涉外实务技能,为未来同学们成长为开放格局下高水平、高层次法律人才打下坚实基础。

第一课堂旨在传授知识,而第二课堂则是老师根据学生的发展,从培养人才的角度从事的、体现老师个性化选择的活动。我认为,其一,第二课堂可以弥补教学的"短板"。例如,在有限的课堂时间中,有的老师如更侧重实务操作和知识普及,纯理论的内容就会被压缩,如运用国际关系理论分析中美贸易争端、探究国际关系中的现实主义和自由主义等学生在课堂中可能学习不够深入的问题。其二,第二课堂可以拓展学生学术能力外的其他素质。例如,以本专业为背景,出席外事场合是讲究社交礼仪的,而学生常处在校园氛围,可能对此类细节缺少把握,第二课堂就在这些方面为学生提供引导。其三,第二课堂可以形成坚实的团队。在第二课堂中,我们会利用周末的半天或一天时间,以读书会的形式,由导师带领10~20人的科研团队共同进行学术活动,并在此过程中加强学术交流、促进师生感情。尤其当学生进入硕士研究生阶段,第二课堂的这一优势是传统课堂不能比拟的。这一培养习惯已坚持多年,在学生中的口碑很好。

2018~2020学年,第二课堂以"高端涉外法律人才训练营"为主题,开展了多次活动,涵盖了涉外法律职业规划、课程展示与PPT制作技巧、酒文化、哲学方法论和法学方法论、着装礼仪、论文写作的学术规范、法教义学研究方法、西方法学流派、国际关系基本理论等丰富内容。每次活动都由一名同学主讲,全体同学们以展示、讨论等形式围绕主题进行深入学习,全面提升自我综合素质,为日后可能参与的理论研究与实务工作打下坚实的基础。其中,论文写作规范与 PPT 制作技巧分享被确立为本团队第二课堂的保留项目,是新生加入团队的“第一课”。2020 ~ 2021 学年,随着我本人作为中方代表之一的海牙国际私法会议“管辖权”项目谈判进入新阶段,第二课堂进一步以“涉外高层次法律人才实务技能训练营”为主题,引导同学们加强涉外法律实务技能的训练,为同学们日后进入职场,成为涉外高层次法律人才指明了发展方向。该学年围绕平行诉讼的理论、管辖权基础的理论、海牙国际私法会议管辖权项目的各国问卷情况、管辖权协调合作机制等公约谈判的重要问题进行了汇报与研讨。此外,2021 年“两会”期间,我们特别邀请到了全国人大代表朱列玉律师主讲第二课堂。朱代表从习近平总书记一系列重要讲话精神、2021 年政府工作报告、2021 年中国经济走势分析等几个不同的主题,向同学们分享了“两会”的精神,并从政治、经济、社会三个方向分析了我国未来的挑战,热情解答了同学们的提问,并对同学们的职业发展提出了宝贵的建议。

2021 ~ 2022 年秋季学期,第二课堂继续以海牙国际私法会议“管辖权”项目谈判为契机,围绕“国际民商事诉讼直接管辖权冲突的协调”开展了一系列学术活动,包括资料汇编、成果展示、线上研讨等。经过持续性的整理与研讨,项目组完成了近 15 万字的“国际民商事诉讼直接管辖权冲突的协调”资料汇编。这一研究成果囊括了海牙国际私法会议公约及其谈判的历史文件、有关直接管辖权的国际公约和区域性协定、代表性国家的国内法,以及具有前瞻性的学说、理论、案例等。我定期组织同学们进行交流汇报,对同学们的研究进行指导。同学们通过一系列的学习活动,加深了对国际私法、国际民事诉讼法前沿问题的学习,也了解了国际文书谈判的运作与流程。同时,这份资料汇编也为后续召开的“管辖权”项目工作组会议的谈判提供了支撑和帮助。

## 组织程序

在第二课堂的培养过程中,我更关注用理论解读现实、用口才展示综合素养和高效率掌握学术规范三个方面。首先,学生应当学会从国际法的理论出发解读社会现象，而不是跳出专业，没有理论支撑地对某个问题发表见解。用理论解读现实更具有说服力，论证过程受国际社会认可，这是国际法专业研究者的基本要求。社会上对于热点问题评价往往是个人化、主观化的，观点可能纷呈，但不符合学术领域的研究预期。其次，在我的第二课堂中，演讲是重要的训练内容。我们对演讲同学的要求是，严格遵守给定的演讲时间（通常是15分钟或30分钟），借助PPT脱稿完成主题展示。演讲的核心是口才表达，“文如看山不喜平”，演讲也是一样。在演讲中不仅要展示自己的逻辑，让听众有所收获，还要对演讲的起点、高潮、结论等环节精巧铺陈，在有限的时间内充分展示自我。甚至，国际会议中的发言时间通常只有10分钟，如何在其间完成自我影响力的塑造，吸引并说服他人，格外重要。在第二课堂活动中，我们会以审视的眼光综合评价学生的演讲，从衣着面貌、仪态举止到演讲内容，不得当的都会受到“批判”。通过这种方式切实、快速提高同学们展示、演讲的能力。此外，我们会在每学年活动初期以学生讲授的方式集中解决学术规范和技术门槛问题。一是我们会请一名同学与大家分享演讲PPT的制作要领。二是对于学生标点符号使用不当和注释不规范的问题，这些年我形成了一个系统的文件，会请学生给大家进行专门培训。这样，老师可以将更多的精力投入进阶的学术训练中，而不是让大学老师反复关注“初中”的问题。

在定期举办的交流会前，各位成员会更新自己任务下的材料收集进度，并在交流会上向大家介绍自己负责部分内容的理论基础、历史演变过程以及需要关注的问题，使其他未参与此部分整理的同学也能从中受益。介绍完后，由其他成员提出相关的问题，而由主讲同学负责组织讨论并寻找答案；遇到困难时，则向老师提出疑问，老师对提出的问题均作了详细而又完整的解答。在这种交流过程中，小组成员对管辖权的理解进一步深化。除资料整理与分享外，小组内成员还会相互分享整理的技巧，以提高整个组的整理效率。为了保证最后成果格式的统一性和美观性，小组内部还特地举办了格式整理分享会，以屏幕作展示，手把手教导成员如何调整文件格式，整洁、美观地呈现研究成果。会后，小组成员均亲自实践、操作，并以交叉检查方式进行滚动核对，最后共同呈现了一份完整的资料成果。

在具体的组织与运行上，我们也有一些开展“第二课堂”的心得。首先，要明确第二课堂的培养定位。例如，第二课堂重在培养“综合素质”，具体定位是，在学好专业知识的基础上，如何成为一个真正高端的涉外法律人才。拥有良好的知识储备是第一课堂应当达到的目标。此外,学生应当在行事、形象等各方面将自己塑造为能够处理涉外事务的专业群体。虽然这一定位在说法上很通俗,但落到实处需要顾及诸多细节,小处的见面握手、问候用语等都是学问。其次,老师要在第二课堂实施前做好规划。具体而言,学期内活动主题的渐次推进,以及针对不同培养主旨采取导师(或邀请专家)讲授、学生讲解或共同研讨等恰当的活动形式,导师要像授课一样形成通盘的布局。规划时要考虑现实因素,讲求科学性。例如,在学生司法考试临考前或撰写期末论文阶段,就需要设置适合的活动内容,不给学生增加不必要的负担。最后,应有配套机制保证第二课堂的实施。例如,同学们会承担起第二课堂运行过程中的场地预定、活动通知等行政性的组织工作。这些机制能确保学生按时出席、第二课堂活动得以充分开展,并最终形成自然的运行机制,实现导师预设的教学目的。

## ■ 研讨案例

近年来,我本人作为中方代表之一参加了多项国际公约的谈判工作,公约的谈判不仅涉及国际法上最前沿的理论发展,也与国家间的交锋息息相关,更需要参与人拥有一定的外交及谈判能力。我认为,将第二课堂与这些公约的谈判结合起来,能为同学们接触到最前沿的学术理论与实践提供机会,更能提供接触到真正外交与谈判实践的宝贵机会,对涉外法治人才的培养大有裨益。近两年,我带领同学们主要围绕海牙国际私法会议"管辖权"项目与国际统一私法协会"有效执行的最佳实践"项目开展第二课堂活动。

### □ 海牙国际私法会议"管辖权"项目

协调国际民商事诉讼中的管辖权冲突具有深刻的时代背景。20 世纪末期,随着各国经贸、人员往来日益密切,各国法院审理的具有涉外因素的民商事案件与日俱增。然而,各国国际管辖制度和对待外国判决态度存在的差异,严重影响了法院判决的域外效力,在客观上阻碍了国际交往。如今,协调直接管辖权冲突已经成为国际私法和国际民事诉讼法领域最重要的研究课题之一。从争议解决的角度出发,一国法院能否行使管辖权,是国际民事诉讼的首要问题,也是双方当事人的重要争点。从我国"涉外法治"建设的角度考察,直接管辖权问题反映了我国国际民事诉讼制度的发展水平，更对于我国参与争议解决市场的全球竞争起到关键性作用。

为了协调和消弭管辖权冲突，在民商事诉讼管辖权及其承认与执行判决方面建立统一规则，海牙国际私法会议于 1992 年启动“判决项目”。该项目的最初目标是制定一项“混合公约”，既直接规定各国法院如何行使管辖权（直接管辖权），也规定一国法院在承认与执行外国法院判决时如何判定外国法院具有管辖权（间接管辖权）。该会议于 2001 年形成“临时案文”，但因欧美等主要谈判方分歧严重未获通过。在全球化不断发展、承认与执行外国判决的合作需求日益突出的大背景下，2012 年海牙国际私法会议重启“判决项目”，并于 2019 年通过了涉及间接管辖权的《承认与执行外国民商事判决公约》。为继续推进“判决项目”，海牙国际私法会议经过前期五次专家组会议的论证之后，截至 2023 年 9 月，已经召开了五次“管辖权”项目工作组会议，讨论就国际民商事诉讼直接管辖权问题制定法律文书的具体问题，包括中国在内的 29 个海牙国际私法会议成员及 2 个观察员组织的 80 余名代表与会。

该项目组的同学们分为三个小组开展研究学习。第一组为“平行诉讼组”，主要研究平行诉讼、关联诉讼相关的问题和协调方案；第二组为“管辖权组”，主要研究不同类型的直接管辖权基础，并进行比较分析；第三组为“国际合作机制组”，主要研究直接管辖权国际协调机制的设计和运作。面对项目进展过程中出现的问题，例如，研究思路调整、普通法系缺少成文法依据、法律文件代迭演变等问题，小组成员多次通过视频会议、线下会议等方式集中讨论，群策群力，结合实际情况调整研究方法和分工安排。此外，小组成员也不定时向专业领域的学者、实务人士请教，紧跟平行诉讼制度前沿进展。在掌握了充分资料之后，小组成员撰写研究报告，将所整理的公约、国别法、案例、论文等分条缕析，耗时两周完成近 2 万字的项目成果报告，清晰地展示了平行诉讼问题的国际规制现状。在此基础上，团队成员计划下一步将制作详细的法律术语清单、法律概要、案例编纂及文献整理等工作，为建立更完备的资料收集机制、进一步夯实平行诉讼理论知识奠定基础。

### □ 国际统一私法协会“有效执行的最佳实践”项目

国际统一私法协会（International Institute for the Unification of Private Law，UNIDROIT）是一个总部设在意大利罗马的政府间国际组织，以研究各

国私法(特别是商法)现代化、统一化和协调化的需求和方法为宗旨,并为此积极制定国际性法律文书。“有效执行的最佳实践”(Best Practices for Effective Enforcement)项目是UNIDROIT近年来着力推进的一项工作,旨在为各国在民事执行领域所面临的挑战提出可供参考的解决方案。2020年,UNIDROIT理事会在其第99届会议中决定为本项目设立工作组。迄今为止,工作组已经召开了六次会议。其中,第四次工作组会议于2022年4月26日至4月28日以线上/线下相结合的方式举行,主要讨论了如下主题:(1)经由机构的执行;(2)担保权的执行;(3)线上拍卖;(4)数字资产的执行。最高人民法院受邀作为观察员,派专员参加了会议,我作为工作组成员参加了第四次工作组会议。

该项目组的同学们分为四个小组开展研究学习。第一组为“经由机构的执行组”,主要任务是针对这一议题的资料整理,包括执行机构具体实践的方方面面,比如,执行机构的设置及权限、可执行文书的范围、可执行文件登记簿的设置,以及对债务人资产的披露等。第二组为“担保权的执行组”,主要任务是针对世界主要国家的担保物权执行方式开展的比较法研究,主要涉及自力救济和公力救济两大途径,包括担保财产的占有、收益、以物抵债、拍卖、变卖等具体的实现方式。第三组为“线上拍卖组”,主要内容是研究线上司法拍卖的理论发展与实践动态。线上司法拍卖作为一种新型的司法强制拍卖形式,是指在被执行人逾期不履行金钱给付时,人民法院对依法被查封、扣押、冻结的被执行人所有财产,依托互联网及相关的网络平台进行拍卖,将其出售给出价最高者,并以所得价金清偿执行债权的行为。线上司法拍卖制度在包括中国在内的许多国家、地区得到了确立。通过研究我国以及主要区域、国家的网络司法拍卖制度现状、回顾工作组报告中的相关内容可以发现,由于各国实现网络司法拍卖的现状、水平差异较大,就网络司法拍卖的地位、网络拍卖选址、平台治理等问题仍未能达成共识。第四组是“数字资产的执行组”,数字资产的执行从第四次工作组会议开始成为着重讨论的议题之一,主要内容包括确定数字资产的法律性质、持有数字资产的模式和参与者、识别债务人账户并追踪、数字资产丢失、数字资产的位置、估值和有效转让等。

## 阅读篇目

1. [德]巴多·法斯本德、[德]安妮·彼得斯主编:《牛津国际法史手册》,李明倩、刘俊、王伟臣译,上海三联书店 2020 年版。

2. [美]路易斯·亨金:《国际法:政治与价值》,张乃根等译,中国政法大学出版社 2005 年版。

3. J. Story, *Commentaries on the Conflict of Laws*, 2nd ed., Hilliard, Gary and Company, 1841.

4. J. Fawcett, *Declining Jurisdiction in Private International Law*, Clarendon Press, 1995.

5. Ian Brownlie, *Principles of Public International Law*, 5th ed., Oxford University Press, 1998.

6. Arthur T. von Mehren, *Adjudicatory Authority in Private International Law—A Comparative Study*, Martinus Nijhoff Publishers, 2007.

7. Collins eds., *Diecy, Morris & Collins on the Conflicts of Laws*, 15th ed., Sweet & Maxwell, 2012.

8. Gary B. Born, *A Reappraisal of the Extraterritorial Reach of U. S. Law*, 24 Law and Policy in International Business(1992).

9. Joel H. Samuels, *When Is an Alternative Forum Available? Rethinking the Forum Non Conveniens Analysis*, 85 Indiana Law Journal(2010).

10. Alex Mills, *Rethinking Jurisdiction in International Law*, 1 British Yearbook of International Law(2014).

11. J. Slawotsky, *U. S. Extraterritorial Jurisdiction in an Age of International Economic Strategic Competition*, 52 Georgetown Journal of International Law(2021).

12. N. Krisch, *Jurisdiction Unbound: (Extra) territorial Regulation as Global Governance*, 33 European Journal of International Law(2022).

13. P. Borchers, *Kiobel's "Touch and Concern" Test in the Eleventh Circuit (and Elsewhere) and a New Paradigm for the Extraterritorial Application of U. S. Law*, 50 Cumberland Law Review(2020).

14. A. Veneziano, *The Extraterritoriality of U. S. Employment Laws: A Story of Illusory Borders and the Indeterminate Applications of U. S. Employment Laws Abroad*, 41 (1) Berkeley Journal of Employment and Labor Law(2020).

15. A. Rudyan, *Extraterritoriality in Common Law Climate Actions: Judicial Restraint or Judicial Error?*, 37 Pace Environmental Law Review(2019).

## 研习成果

### 研究心得一

张心颜[北京大学法学院2021级法学(国际经济法)
专业硕士、2023级博士研究生]

参与“管辖权”项目组以来,我主要负责国际合作机制组的研究工作,在开展协调管辖权合作机制的资料收集、整理和分析过程中,我对“不方便法院原则”这个英美法色彩浓厚的国际民事诉讼制度产生了兴趣,在“国际私法”课程中,我便选取了“论不方便法院原则”作为我课堂交流汇报的主题。其间,我进一步查阅了“不方便法院原则”方面的专著、论文和案例,研读该制度的原理与价值、起源与发展历程以及该制度在不同国家的模式与特征、在我国的植入与运行情况等方面内容,并在老师的鼓励和启发下尝试将探究心得草成论文,得到了发表。

在不方便法院原则中,“Conveniens”并不仅指便利性,而应将其理解为“适当的”。“正义”与“利益”两种价值追求贯穿“Forum non Conveniens”的发展过程始终。一方面,“正义”价值体现为制衡原告“挑选法院”的功能。法院适用该原则能够防止原告“骚扰、压迫被告”“强令诉讼在对手最不利的地方进行”。另一方面,“利益”价值体现为维护本国及本国国民利益的功能。法院借此减轻本国司法系统负担和避免作出对本国被告不利的裁判、借保留诉讼实现本国公共政策。“正义”和“利益”需要在个案中给予不同权重,个案裁量性是“Forum non Conveniens”不可或缺的特征。以美国学者路易斯·卡普洛提出的“规则”(rules)与“标准”(standards)二分模型为理论视角,“Forum non Conveniens”显然呈现较为鲜明的“标准”的特征。“适当法院”、“更适当法院”和“明显不适当法院”都是模糊的“标准”。以灵活性为特质的“Forum non Conveniens”与作为“规则”的管辖权基础相互配合,以修正直接适用规则可能导致的“正义”与“利益”之价值偏移。

我国“不方便法院原则”体现在最高人民法院《关于适用〈中华人民共和国民事诉讼法〉的解释》(2020年修正,以下简称《民诉法解释》)第530条中。此条在原则中嵌入了一些刚性“规则”:只要当事人之间存在选择中国法院管辖的协议就排除该原则的适用；只要案件主要事实发生在中国境内或案件适用我国法律就排除该原则的适用；只要案件适用我国法律就排除该原则的适用；只要案件涉及我国当事人就排除该原则的适用。这些带有极大确定性的“规则”嵌入本应为“标准”的“不方便法院原则”，在本应由司法者通过个案裁量直接追求“正义”或“利益”价值的领域迫使司法者遵循相应“规则”的内容进行“价值无涉”的判断。对于《民诉法解释》第530条的其他作为“标准”的项目，其预设的价值追求为基于个案变通而放弃管辖的作用仅仅在于减轻法院负担且通常不利于维护本国及本国国民的利益。其更加赤裸裸地维护“利益”价值而不顾“正义”价值，还显著降低了“不方便法院原则”本身获得适用的可能性。《民诉法解释》第530条第6项规定采用的全无任何位阶的“拼盘式”结构，然而，无论是基于审查成本的节约还是让“不方便法院原则”有效发挥“制衡原告挑选法院”或“维护本国及本国国民利益”的功能、实现“正义”或“利益”的价值，对其中的要素进行适当分层都是有必要的。除了规范本身的“异变”，我国“不方便法院原则”还在其他采用“Forum non Conveniens”的国家通常运用该原则处理的问题上陷入了沉默。在协议管辖问题上，《民诉法解释》第520条仅规定了选择我国法院的协议作为不得适用“不方便法院原则”的情形，而未规定“不方便法院原则”对选择外国法院协议的处理。在处理平行诉讼问题上，我国“不方便法院原则”受到“规则”的嵌入和“标准”的“价值锁定”，其规制平行诉讼的能力也是相当有限的。我国的“不方便法院原则”也无法处理我国内地（大陆）与香港、澳门、台湾之间（属于同一主权国家的不同法域）的区际移送。

从“Forum non Conveniens”在我国的“异变”可以大致透视制度移植中的“南橘北枳”现象：“Forum non Conveniens”是典型的植根于英美法系土壤、借助判例生长出来的制度，而我国并无此种传统，无法给予司法者如此高度的信任、司法者也没有运行与发展该原则的能力，故我国恐难承受“Forum non Conveniens”作为“标准”的未定性与异果性，而按照自身能够接受的逻辑对其进行重构的结果难免是“规则”的强行嵌入与“标准”的“价值锁定”，导致该原则发生“异变”，僵化生硬、功能弱化，甚至走向与制度目的相反的方向。

此外，在参加“海牙管辖权项目”团队的学习中，我还有以下三方面的心得体会。

首先是国际民事司法管辖权丰富的理论与实践，以及自己现有知识的不足。此前我对这个领域的掌握仅限于教科书中管辖权的种类、常见的管辖权基础、平行诉讼的解决方式等较为简略与平面的知识,对于管辖权协调的国际合作机制更是简单将其视为程序问题而几乎从未关注。在这个项目中,我主要负责的正是国际合作机制资料的收集工作,资料查询和收集的过程着实为我开启了一个全新的视野。我了解到协调管辖权的国际合作机制不仅限于通过中央机关的合作以及法院直接合作这个二元区分,还存在是否依托于特定协调机构等理论划分,更存在签发国际许可证的机制、建立在“不方便法院原则”之上的案件移送机制等各种实践。这个过程不仅帮助我系统梳理了目前存在的国际合作机制,也大大加深了我对这个领域的了解。同时,其他小组收集整理的有关管辖权和平行诉讼的资料也很好地完善了我的知识结构,成为后续学习和研究的宝贵资源。

其次是外文资料的检索和浏览需要掌握技巧。在本科阶段,我阅读的文献基本局限于中文,由于自身英文阅读能力和检索技巧掌握的不足而对外文法律法规及学术资料的搜索和阅读存在畏难情绪。而此次项目的任务迫使我开始使用外文网站和数据库,通过向学长、学姐请教和自行摸索逐渐对外文文献的检索和浏览方法有了初步的把握,目标资料查找的成功率也有极大提高。这对一向习惯于中文阅读的我来说的确不是一个轻松的过程,这个过程带给我的外文关键词选取、网页和文献的翻译以及快速浏览英文等能力,是完成硕士阶段的学业所必备的。

最后是与他人的沟通与合作并非我想象中的那么困难。作为一个生性内向的人,我此前从未主动参加过此类需要团队成员间充分沟通与合作的工作,也极少向他人提出自己的问题和需求。然而,在这次项目进行的过程中,我开始敢于在组会时向老师提出对自己工作方向和内容的困惑,也逐渐习惯于和组长及其他成员协调时间和分工。这个项目提供了一个温暖而友好的氛围,让我在克服社交障碍上有了很大的进步、开始习惯于与他人进行沟通与合作,相信这将是让我终身受益、无比珍贵的财富。

## 研究心得二

何一丹[北京大学法学院2020级法律(非法学)专业硕士]

在“管辖权”项目中,我所在的平行诉讼组需要学习平行诉讼的理论基础,检索及整理外国法律。国际社会应对平行诉讼主要有四种方式:(1)法院拒绝管辖或中止诉讼;(2)法院限制外国法院的诉讼;(3)允许平行诉讼同时进行,但通过既判力原则或判决的承认与执行规则决定某一判决的优先执行;(4)采取促进当事人只选择一个适当法院的机制。国际社会针对平行诉讼的规定可概括为两种方式:一是单一规则。若先受诉法院可作出符合判决承认与执行条件的判决,则后受诉法院应拒绝审理或者中止诉讼,代表如1971年《海牙民商事案件外国判决的承认和执行公约》与《布鲁塞尔公约》的相关条款。二是以公约草案为代表的灵活规则。在单一规则的基础上结合不方便法院原则的相关规定,若先受诉法院认为后受诉法院更适合审理此案,则可以将案件移交后受诉法院审理。

先受理法院原则理论来源可以追溯至荷兰的法则区别说,其中,胡伯的"国际礼让说"占据重要地位。该原则的基本含义是在发生平行诉讼等管辖权的积极冲突时,后受诉法院应当拒绝行使管辖权,而由先受诉法院进行审理。完全采取该方法的国家如希腊,《希腊民事诉讼法》第222条规定:(1)在一个诉讼开始后与进行期间内,不允许任何其他法院进行新的处于相同地位的相同当事人基于同样的诉因提起诉讼;(2)若在一个诉讼的进行期内,基于相同争议的另一诉的反诉或者相同诉讼的传票已发出,或赔偿请求已提出,则后受诉法院的管辖权应中止至第一诉结束之后再进行。该条款本质上针对国内的未决诉讼问题,而后被扩展适用至涉外民事诉讼的案件之中。与此类似的还有阿根廷的民事诉讼法关于国内未决诉讼的规定,后被扩大适用至国际民事诉讼。

先受理法院模式在以欧盟为主体的条约中得到了更广泛的应用。1968年《布鲁塞尔公约》第21条与2001年《布鲁塞尔条例Ⅰ》第27条都采取了相同的规定:"相同当事人就同一标的及同一诉因向不同成员国的法院提起诉讼,则受理在后的法院在受理在先的法院确定管辖权之前,应主动中止程序。当受理在先的法院的管辖权确定时,任何其他受诉法院都应放弃管辖权,由受理在先的法院审理。"此外,如上一节所述,英国实质上也受到该公约约束,其不方便法院规则只能在替代法院为非欧盟国家时才可以适用。

承认预期模式由德国学者创立,该原则同样遵循先受理法院原则,其基本含义是,若外国进行的诉讼有可能作出为本国所承认的判决,则国内法院应中止审理相同的案件。德国法律针对国际民事未决诉讼问题没有明文的法律规定,仅仅在《德国民事诉讼法》第 261 条第 3 款第 1 项规定了针对国内民事未决诉讼的禁止性规定。这种情况下,德国法院在解决国际民事未决诉讼的判例中明确了一条通用规则,即若德国法院能够预期外国法院判决为德国所承认,则法院可类推适用上述民事诉讼法针对国内诉讼的规定,中止本国的诉讼。瑞士则在《瑞士联邦国际私法法规》第 9 条第 1 款与第 3 款中对承认预期原则作出明确规定,“相同当事人间具有同一标的诉讼已在外国法院提起但尚未判决时,如果可预见外国法院在合理的期限内将作出能在瑞士得到承认的判决,瑞士法院即应中止诉讼……能够在瑞士得到承认的外国判决一经呈递于瑞士法院,瑞士法院应驳回在瑞士的诉讼”。

在立法例的检索与整理中,我主要负责检索美国国内法对于平行诉讼的规定。检索某个国家法律是学习该国家法律体系的过程。在开始项目之前,我对美国法律只有十分表层的认知,通过先前阅读过的简单介绍性的文章,仅知道其属于普通法系,主要施行的是判例法,除此之外并无更多实质了解。在本次“第二课堂”中,我开始学习美国法院判例法系统,检索少数成文法规,辨别 USC、USCS 和 CFR 等各类法规汇编,学习在英文数据库中检索目标法条。这个过程并不简单,面对与我国法律截然不同的法律体系,我需要查询和理解许多新概念,并在此过程中搭建一个新的知识结构。我很享受这个主动学习的过程,这让我对于美国法的了解实现了质的突破。

除了在知识层面了解具体某个国家的法律体系,“管辖权”项目还在方法层面教会我们如何检索陌生法域的法律。面对陌生法域,直接从一手资料开始检索往往是非常困难的。我们小组的经验是,首先通过查阅该法域的总体介绍资料,对该法域的法律体系形成初步了解,而后查找有关二手文献,总结其中提及较多的法律和案例。在整体了解法域阶段,我们比较常用的是商务部的“全球法规网”,该数据库包含世界大多数国家的法律体系简介、宪法介绍、法律数据库索引和国际组织加入情况。在法律检索时需要注意法律的时效性,特别是在面对陌生法域时,此问题可能被忽略或者误判。

在参与项目的过程中,我感触最深的是格式和细节的重要性。在资料整理的排版过程中,我们需要准确标注法条内部的层级和序号,注意标点符号的全半角,需要将所有的拉丁语换成斜体等。在以前的学习和工作中,我其实并不十分重视以上的文件格式及排版问题。但老师和同学们对于格式细节的认真态度让我开始反思并意识到,格式问题其实并不仅是形式问题,它会直接影响读者对于内容的理解。比如,不恰当地利用缩进或者序号体现法条内部的层级关系,就会影响读者对法律的理解,很有可能导致对法条的错误解释。在本学期的涉外法律检索与文书写作课中,校外专家也强调,“一份文书的格式是否准确、恰当,很大程度上可以反映一位法律工作者的专业性。要将一份文书做得漂亮,不仅需要作者遵守各种规范,还需要作者从读者的角度出发,考虑以何种形式呈现文书内容才更有可读性”。“管辖权”项目让我开始更深入思考以上问题,也让我积累了很多经验。

陈若英老师的私塾

# 改革开放后的中国经济与法律发展读书会

## 陈若英

现任澳大利亚国立大学法学院副教授，曾任北京大学法学院副教授。北京大学法学学士（1999年），英国牛津大学欧洲和比较法硕士（M.Juris 2000年），美国芝加哥大学法学硕士（L.L.M.2005年）、法学博士（J.S.D.2010年）；比利时鲁汶大学全球教授（2019年），美国芝加哥大学法学院访问教授（2009～2010年、2016～2017年），以色列特拉维夫大学法律系访问教授（2016年），美国芝加哥大学法学院讲师、法律经济学研究员（2005～2006年）。主要研究领域为商法、土地管理法、政府规制理论和法律经济学。

自2011年1月开始在北京大学法学院任教，主要讲授以下课程：（1）进阶讲授类：商法概论；（2）高阶研讨类：商法前沿、转型中的中国商事规制（英文）、房地产法专题；（3）案例研习类：商法案例与谈判研习课。

## 总体说明

我本人主要教授商法和土地房地产管理法,所指导的研究生也都在这两个方向选择毕业论文题目。在这两个领域,“改革开放”政策及其后的经济快速发展都对法律制度的形成和发展产生了深远的影响,也塑造了我国在当今世界经济和政治生活中的特殊地位和特征。与此同时,我国法律制度的演进过程和特征又大大促进了对外开放和经济发展的进程。对于这一互动过程,经济学中的法律与经济发展这一分支,提供了一些理论框架来解释,但也面临诸多理论和实践挑战,这特别生动地体现了经典理论对于理解和指导中国法律制度实践的宝贵价值和突出的局限性。对之进行学习和讨论,有利于发现理论上有研究价值的问题,所可能产生的贡献既与中国现实紧密相关,也具有全球性的普适意义。

然而,对于我国经济与法律发展的互动,本院并没有开设课程对之进行系统讲述,同学们的课后阅读也缺乏对这一过程的系统性了解,多依赖课堂上对一些事件、制度的零星介绍。在缺乏总体背景知识的情况下,学生很难全面和深刻地理解改革开放和经济改革对我国法律所产生的深远影响,自然也难以认识到我国法律制度在这一前无古人、尚无来者的伟大事业中所发挥的独特作用。为此,我选取了《邓小平时代》([美]傅高义,生活·读书·新知三联书店 2013 年版)作为核心阅读文献,以这一代领导人及重大的历史事件为线索,帮助学生理解上述互动过程。作者是历史学家,又是“局外人”,其严谨和忠于事实的研究方法,能帮助同学们以较为客观和学术的视角来理解这段历史,避免过于情绪化和情感化的解读。我还在读书会中配合介绍了其他相关的学术文献,为有兴趣的同学提供深入学习的机会。

参加“第二课堂”的同学具有不同的专业背景,特别是法律硕士研究生。但除一位同学外,学生都缺乏我国现代经济史方面的知识储备,而这些知识对于学习商法和相关法律学科以及他们未来的职业发展,都具有重要的价值和启发。通过一学年的阅读和讨论积累,参加“第二课堂”的同学对于我国 40 余年的改革开放史有了较为系统和具体的认识,也启发了他们对于这一历史进程与我国现代法律发展之间关系的思考,达到了增长知识的目的。

法学院的训练中包含大量的抽象、类比和价值判断和选择等技能。然而,由于部门法科目多、法律更新速度快，学生并未获得足够的时间学习历史，更谈不上学习历史学科查阅史料和对繁杂的事实资料抽丝剥茧之技能的训练。甄别历史信息的真假、寻找历史事件和人物之间的关联和因果关系、用历史事件和教训对照今天的制度并指引问题的解决思路，对于未来的专业人士而言，这些是必须掌握的分析方法和技能，却未能在课堂上被系统介绍给同学们。在平时的学习和生活中，同学们因此会出现分不清事实和观点、不能很好地甄别有关事实的描述、未能运用事实支持观点等问题。

对此，在本学年的“第二课堂”中，学生们被要求精读历史学家严谨的事实描述、抽丝剥茧的历史分析，辨析描述和分析与既有知识储备之间的差异，还就自己产生的疑问和质疑展开了延伸阅读和讨论，对历史研究的基本研究和分析方法和技能，不仅做到了学习和认识，还在一定程度上进行了技能训练，夯实了未来专业学习和专业工作中所需要的严谨和求实作风。

回顾我国 40 多年的改革开放成就和取得这些成就的路径，同学们以一种特别的方式获得了历史感，发现自己并非孤立的主体、个人生活并非“孤岛”，而是历史和整个社会的一部分，也能更深切体会到中国经济和社会进步的成果。平时不太关注自己生活、学习之外话题的同学，在“第二课堂中”被要求关注和思考当时社会中的鲜活人物与事例，并进而关注身边正在发生的公共事务。特别是，因为数次“第二课堂活动”是在新冠疫情暴发之后线上进行的，更让大家体会到了这种特殊的使命感。

同时，在“第二课堂”中，从历史学著作的研究中，学生通过鲜活的人物和事件对我国改革成就和独特的发展路径积累了更为具体的认识，从中获得的自信心和自豪感也是本学年“第二课堂”的收获。在特殊的历史时期，回顾国家和社会的发展与成就，也使得同学们得以比较冷静和理性地审视当下我国发展中面临的挑战和问题，审视个人与社会的关系以及中国与世界的关系。

## 组织程序

“改革开放后的中国经济与法律发展读书会”，由我主持，北京大学法学院硕士研究生参与[包括法学硕士(商法)、法律硕士(法学)和法律硕士(非法学)共 9 人]，有时还有本院本科生数人参加。除了在本院会议室召开线上会之外，还在芍园西餐厅和咖啡馆举行，活跃了气氛。后因为新冠疫情原因，也举行了数次线上会议，共举行了 6 次线下和线上讨论。

本院必修课和大部分的选修课(特别是商法和房地产法方向),人数都较多,师生之间、学生之间的互动性比较有限,也因此未能在思辨能力和口头表达能力方面给予学生较多的训练机会。将参加学生严格限定于我指导毕业论文的学生,有效控制了学生人数,创造了一个相互信任和相对放松的氛围,学生在表达自己观点、应对提问、辩论和讨论过程中不必太在意自己是否犯错、是否会给同学留下不好的印象等。同时,为尽量体现读书会的理论性和专业性,我要求同学们在参加讨论前必须完成当期的阅读任务。每周由 1 ~ 2 位同学负责报告,其他同学提问或评议,我穿插提问和评议。每次时间为 3 ~ 4 个小时。同学们均有备而来,针对学术研究成果所呈现的历史和历史分析展开讨论,因此,不同于平时的闲聊,读书会有效约束了他们交流的效率和效果,也锻炼了思维和书面表达的清晰度和逻辑性。

对于改革开放的实践,特别是农村的实践和生活,同学们普遍缺乏切身的体会。为此,大家还利用一起晚餐的机会,一起观看了两部纪录片。

因为人不多且形式轻松,我在提问和给学生提出建议时,也能比较直接和高效,锤炼了学生在小组讨论中的实战技能和技巧。每次讨论完,师生共进晚餐,组织学生对当天的讨论进行"复盘",对自己和其他同学的表现予以友好和具有建设性的评价,让学习过程更为轻松、愉快,间接提高了学习效果,也加深了彼此的感情。线上截图,为大家所处的这个特殊时期和特殊经历,留下了难忘的记忆。

## 阅读篇目

1. [美]傅高义:《邓小平时代》,冯克利译,生活 · 读书 · 新知三联出版社 2013 年版。

2. 吴敬琏:《中国经济改革进程》,中国大百科全书出版社 2018 年版。

3. Joseph Stiglitz, *Transition to a Market Economy*, in The Oxford Companion to the Economics in China, edited by Shenggen Fan, Ravi Kanbur, Shang－jin Wei and Xiaobo Zhang.

4. Kenneth Dam, *China as a Test Case: Is the Rule of Law Essential for Economic Growth?*, Chicago John. M. Olin Law & Economics Working Paper No. 275.

5. Donald Clark, Peter Murrell and Susan Whiting, *The Role of Law in China's Economic Development*, in Thomas Rawski and Loren Brandt (ed.), China's Great Economic Transformation, Cambridge University Press, 2008.

6. Peter Kanh, *Politics of Unregulation: Public Choice and Limits on Government*, 75 Cornell

Law Review 279(1990).
7. Ruoying Chen, *Invited Takings*, 100 Iowa L. Rev. 2309(2015).
8. Zheng Lei, Benjamin Liebman and Curtis Milhaupt, *Soes and State Governance: How State - owned Enterprises Influence China's Legal System*, as Chapter 10 in Regulating the Visible Hand? The Institutional Implications of Chinese State Capitalism, edited by B. Liebman and C. Milhaupt, Oxford University Press.
9. Ruoying Chen, *Market Solutions to the Information Challenge of China's Legal System: Overseas Listing of State - owned Enterprises*, Peking University Law Journal, Vol. 1:1, 2013.
10. Alex Wang, *Explaining Environmental Information Disclosure in China*, 44 Ecological Law Quarterly 865(2018).

## ■ 研习成果

### 历史的韵脚

——《邓小平时代》读书笔记

朱书仙(北京大学法学院2019级商法专业硕士研究生)

《邓小平时代》是一本有重大学术价值和思想文化价值的“大书”〔1〕,通过回顾邓小平跌宕起伏的人生历程,见微知著地展现出当代中国历史。读史之益,一在于得古人之知识,据以为基本,益加研究,取得知识上的进步;二在于知古人之行为,辨其是非,究其成败,寻求道德及事业上的进步。〔2〕历史不会重复,但会押韵。通读本书,确有实感,本文即从两方面略作总结。

**一、改革开放中的商事思维:一脉相承的商法原则**

1992年《海商法》发布之前,国家层面的商事立法几乎是一片空白。〔3〕商

---

〔1〕参见璩静、颜昊:《专访三联书店总编辑:〈邓小平时代〉中文版出版始末》,载人民网2013年1月17日,http://finance.people.com.cn/n/2013/0117/c1004-20239719.html。

〔2〕参见蔡元培:《华工学校讲义》,载蔡元培:《中国人的修养》,上海教育出版社有限公司2018年版。

〔3〕例外主要是1979年《中外合资经营企业法》、1986年《外资企业法》、1988年《中外合作经营企业法》,这些法律旨在吸引外商投资,通过对外国投资者出资比例的要求限制了适用范围。《中外合资经营企业法》被邓小平评价道“与其说是法,不如说使我们政治意向的声明”,参见李岚清:《改革开放初期关于创办合资经营企业的艰难探索》,载《党的文献》2008年第6期。

事法的理论源于商事法的实践,商事立法的过程也是商事法理论深化的过程。[1] 市场化改革贯穿改革开放的始终,商法与市场经济秩序的构建具有更为直接的内在关系。[2] 因此,相较于其他部门法,历经1978年改革开放后,自1992年党的十四大之后展开的商事立法尤其体现了总结实践、深化理论的特点。因商主体及商行为的特殊性,商法的基本原则有着相较于民法更丰富的内涵,下文结合《邓小平时代》一书中的细节展开一些讨论。

第一,商主体的逐利性,具体体现为遵循理性人假设与企业追求利润的目标。对于自然人,制定现代化战略之初,邓小平就论断"调动积极性不能没有经济手段,少数先进分子可以响应号召,但这种方法只能短时间内有效"。农村改革实行包产到户以提高农民的积极性,经济特区试点实施与建筑工人的合同承包制,工人报酬取决于劳动表现,造就了经济特区的建设速度。而对于企业,邓小平观念的转变经历了一个过程:1978年改革开放之初,求发展心切的邓小平访问日本学习改革发展的经验,他在电器企业松下的工厂请求其创始人松下幸之助将所有最新技术都教给中国人,松下幸之助以"私人企业要靠开发的技术养活自己"为由拒绝。1979年访美,邓小平仍不完全理解为何私人公司要利用专利和版权收回其研发成本。到1992年的南方之行,年近九旬的邓小平在视察深圳一家生产CD光盘的工厂时,询问是否购买了版权并提醒工厂经理"一定要尊重有关知识产权的国际规则"。改革开放赋予了市场自由与活力,而承认商主体的逐利性在解放思想、推动实践中构成了自由与活力的源头。

第二,商行为注重效率,主要是通过促进和保障交易的迅捷性来实现的,只有交易迅捷,商主体才能通过多次反复交易的经营行为实现营利,[3] 在市场上形成有效的资源配置。改革开放初期,行政效率更直接且深刻地影响着交易效率。如果沿用经济学家张五常的比喻,将地方政府比作一家商场,[4] 对其内商铺而言至关重要的生产要素:资金、劳动力、土地、科技等,招商引资的政

---

〔1〕 参见王保树:《在建立社会主义市场经济体制中商事法学和经济法学的大发展》,载《中国法学》1997年第5期。

〔2〕 参见柳经纬:《当代中国司法进程中的商事立法》,载《暨南学报(哲学社会科学版)》2012年第11期。

〔3〕 参见程向南:《商事行为中代物清偿合意效力研究》,载《黑龙江省政法管理干部学院学报》2017年第2期。

〔4〕 张五常的比喻参见兰小欢:《置身其内:中国政府与经济发展》,上海人民出版社2021年版,第66~78页。

府都有很强的干预能力。除此之外，彼时地方政府常常作为一方与外资展开交易，也就是“直接开商铺”，参与市场交易。因此，政府的决策和政策作出效率影响着市场交易效率。对此，一方面，我国1978年访日的经济代表团回国后就成立了质量控制协会和企业管理协会，提高交易的标准化程度。另一方面，20世纪80年代中期，改革开放的“试验田”广州和福建的官员发现：最能吸引外来公司的地区都是那些对政府机构进行重组、将决策集中的地方，这使地方官员在一个办公地点就可以做出所有关键决策，“一站式”的行政决策中心——现在很多城市的“市民之家”——由此发端。司法上，商事行为的效率原则要求一方面确立和完善实体法，提高交易的确定性和风险的可预期性；另外，程序法要注重商事纠纷解决得迅速有效。我国1992年之前的商事立法集中于外资领域，改革开放试点中，地方政府也有以签订协议、引入法律程序等方式留住外方合作伙伴的做法，都可谓对效率原则的觉察与回应，现代工业和工商业的效率行为标准日益体现在政府事务中。

第三，源于经济学理论的交易自由原则，主要表现为合同自由、企业自治与市场自律。[1] 交易自由体现在商主体进行的商行为之中，行政、司法为促进交易自由、保障交易安全并且为交易自由设定边界各司其职。引入外资，学习先进技术和管理经验是我国改革开放的重要形式。进一步的追问是：20世纪末，为何会有如此多境外商人涌向一个法规仍不健全、对国际贸易规则尚不熟悉的国家？答案便是交易自由。改革开放的勃勃生机意味着很快的决策速度，决策落实不必受复杂程序的拖累，这一点在交易一方是地方政府情况下尤其具有吸引力，因为政府身份提高了交易安全。改革开放中的地方政府对于这种自由怀有不安，对外担心外来资本欺骗对于市场还很“稚嫩”的中国人，对内要面临逐渐增长的经济犯罪和日益严重的贪腐问题。20世纪80年代末至90年代初，行政力量在交易自由及其边界中维持着平衡，而司法则明显缺位。这种缺位是多种因素作用的结果：国家法律规则不完善、公众法律意识不强烈以及法律专业人才的不足。20世纪90年代中后期以来，随着社会经济的发展，依法治国理念的提出与实施，尤其是商事立法的完善和司法实践的丰富，司法发挥了愈加显著的作用，市场化改革的深化也推动着“生产型政府”逐步向“服务型政府”转型。

---

[1] 参见施天涛：《商法学》（第5版），法律出版社2014年版，第14页。

## 二、邓小平时代:治理事业的进步

毛泽东这代领导人靠领导中国人民赶走外国帝国主义和统一全中国取得并保持统治的合法性。而当毛泽东逝世以后,1978 年,邓小平成为国家的领导人,面临政治局势和经济发展的需要,维持国家的稳定需要建立作为领导人的权威和纪律。如何建立此种权威和纪律?邓小平依靠人治营造法治的社会氛围,反过来巩固人治以实现国家秩序的恢复及稳定,再通过政绩——恢复秩序以及改革开放带来的经济高速增长——获得其统治的合法性。人治和法治在这 20 年间互相作用,趋势是法治的增强和人治的削弱,最终提出并实现全面依法治国的目标,人治退场。在邓小平时代,他审慎地、策略性地推动建立了硬性的退休制度。中国始终保持着稳定与发展,法治在邓小平时代的建立,对于人类道德和发展事业是一个巨大的进步。

《邓小平时代》描述了这样一个伟大领导人:他于 1978 年全国科技大会上就提出"劳动总是与科技知识联系在一起的,科学的进步具有普遍性,可以为全人类所用",这一洞见与 20 世纪 80 年代西方宏观经济学分支之一——内生增长理论——不谋而合;他用大白话解释复杂而有争议的问题,"黑猫白猫""先富带后富""摸着石头过河",这些语句润物细无声地促进着改革开放;他运用结果和过程的思维,通过强调经济犯罪并非政策本身的结果,而是政策实施的问题,安抚着社会的不安;他在退休后仍嘱咐"对待领导人的作用要实事求是",反思改革开放没有认识到乡镇企业的作用。

年近九旬的邓小平在南方之行中走进上海的百货商店,面对琳琅满目的商品,买了几支笔送给自己的孙辈。笔有着丰富的意向,创造力、思考、总结、学习,等等。仅在他身后的 20 多年后,人们已经普遍依靠屏幕和键盘,而不是纸和笔,学习总结、记录思考、发挥创造力……这一切都得益于他在 20 世纪 70 年代的一个重大决定。

# 外资企业、国有企业、乡镇企业的历史变迁

——《邓小平时代》读书札记

廖望(北京大学 2019 级商法专业硕士研究生)

40 余年来,改革深深嵌入了我们的生活,变迁成了中国人生命历程的基本节奏。纵观西方资本主义经济发展史,商事组织不断创新是快速发展不可或

缺的动力之一。[1] 在改革开放及中国特色社会主义经济建设的进程中,亦伴随商事组织的变化革新。傅高义所著《邓小平时代》,为我们觉察商事组织变迁逻辑和制度形成更迭原因提供了重要的历史素材,特别是外资企业、国有企业和乡镇企业。

**一、外资企业的引入**

中华人民共和国成立至改革开放前,因对企业发展采取的路线性区分政策[2]及对私有制企业实行的社会主义改造,该时期我国经济结构是单一的公有制企业(包括全民所有制企业和集体所有制企业),[3]外资企业几无存在。改革开放伊始,中国的大门向境外资本敞开,明确允许在境内设立企业。邓小平起到直接推动作用。作为16岁就远赴法国留学的中国领导人,他深知中国要想快速实现现代化,就必须向国外学习,鼓励外国公司在中国建立工厂,培训中国的管理者和工人。他和彼时苏联、日本及韩国的领导人不同,坚信经济繁荣靠的是竞争,并不担心国内企业会被外资企业的竞争压垮。[4] 1979—1988年,相继制定的《中外合资经营企业法》《外资企业法》《中外合作经营企业法》,为引入境外投资者和外资企业提供了制度保障。

值得关注的是,由于我国改革开放是渐进式的,外资企业长期在半市场、半计划的不规范状况下运营,[5]国有企业和集体企业继续在没有清晰界定产权的环境中运行。相互竞争的企业却面对不同的法律环境,但为何中国能吸引全球约1/6的跨国投资?渐进式改革开放是一种"放开增量促进增长,保护存量既得利益"的双轨模式,[6]当时对外资企业总的政策思路是"税收优惠、行业限制",并辅之进出口、外汇使用以及基础设施配套等方面的"超国民待遇",[7]保证了外资企业的市场竞争力。同时,外资企业的规范化运作为我国

[1] 参见邓瑞平、王国锋:《WTO体制下中国商事组织法三大变革析论》,载《现代法学》2006年第5期。

[2] 以所有制为标准,按照不同的政策对待公有制企业和私有制企业。参见张文魁:《我国企业发展政策的历史逻辑与未来取向》,载《管理世界》2021年第12期。

[3] 参见朱慈蕴:《论中国公司法本土化与国际化的融合——改革开放以来的历史沿革、最新发展与未来走向》,载《东方法学》2020年第2期。

[4] 参见[美]傅高义:《邓小平时代》,冯克利译,生活·读书·新知三联书店2013年版,第443页。

[5] 参见江小涓:《中国开放三十年的回顾与展望》,载《中国社会科学》2008年第6期。

[6] 参见江小涓:《中国开放三十年的回顾与展望》,载《中国社会科学》2008年第6期。

[7] 参见朱慈蕴:《论中国公司法本土化与国际化的融合——改革开放以来的历史沿革、最新发展与未来走向》,载《东方法学》2020年第2期。

企业树立了标杆。[1] 随着加入世界贸易组织,我国市场持续成熟完善,近些年的政策导向进一步扩大了鼓励外商投资范围,但逐步对内外资企业待遇并轨,取消了外资企业的"超国民待遇",确保不同所有制企业公平竞争。

**二、国有企业的改革**

国有企业改革的目标是建立适应社会化大生产和市场经济的现代企业制度。改革开放初期,国有经济在我国经济中占比约八成,国有企业能否搞活,决定了经济能否搞活。当时,国有企业严格维持着单位制结构,[2]服从国家指令性计划,企业中人事、资源和经营等一切活动均按行政等级来管理和配置,成为行政体制链条的一个终端环节。[3] 因灵活性受限,国有企业缺乏作为商事主体的逐利动机,经营效率自不待言。要解决上述问题,邓小平认识到中国缺少必要的经验、规章以及精明的企业家或私人资本,不能突然解散现有的国有企业、突然转向市场经济,[4]故采用了步步推进的改革方式,既充分考虑国有企业发展的实际需求,也为市场化改革打好基础。

国有企业欠缺灵活性,究其成因,是在缺乏充分竞争的市场环境下,最大限度地限制国有企业的经营自主权是监督成本最低的制度安排。[5] 这意味着增加企业自主权虽能解决灵活性问题,但越是扩大企业自主权,经营者与所有者之间的激励不相容就越突出,企业效率依旧得不到有效提供。因此,国有企业改革遵循了"两步走"的策略。首先,对国有企业放权让利,激发企业活力。从1979年年初开始,逐步扩大国有企业经营管理自主权,实施"价格双轨制",推行多种形式的经营承包责任制,实行"利改税"改革、下放定价权等。20世纪80年代适用的"财政包干制",有力推动地方政府积极兴办企业。其次,推进国有企业公司化改制,加快市场化进程。1993年,党的十四届三中全会明确提出要建立现代企业制度,建立灵活的市场竞争机制。1993年颁布的《公司法》,引入了公司治理的有效规则,为国有企业公司化改制提供了法律依托。1994年

---

[1] 参见刘刚、殷建瓴、刘静:《中国企业文化70年:实践发展与理论构建》,载《经济管理》2019年第10期。

[2] 在单位制结构中,国家是一个整体,组织是整体的部件,成员对组织具有高度依赖。参见孙立平、王汉生、王思斌等:《改革以来中国社会结构的变迁》,载《中国社会科学》1994年第2期。

[3] 参见渠敬东、周飞舟、应星:《从总体支配到技术治理——基于中国30年改革经验的社会学分析》,载《中国社会科学》2009年第6期。

[4] 参见江小涓:《中国开放三十年的回顾与展望》,载《中国社会科学》2008年第6期。

[5] 参见林毅夫、李周:《现代企业制度的内涵与国有企业改革方向》,载《经济研究》1997年第3期。

推行的分税制,改变了“财政包干制”下的地方政府和企业之间的关系,地方政府大规模地将经营效益不高的国有企业转为私有企业,这使一些国有企业在激烈竞争中不断改善治理结构、提高自身效益。[1] 近些年,国有企业正在推进混合所有制改革,其实在公司化改制时期已经产生了大量的混合所有制企业,作为国有企业的进一步发展,实践证明是适应社会主义市场经济环境更有效的组织形式。[2]

**三、乡镇企业的兴起与没落**

乡镇企业的兴衰是一场自下而上的、内生的制度变迁。1987 年,邓小平在会见南斯拉夫官员时坦言,其在农村改革中没有预料到的最大收获是乡镇企业发展起来了。[3] 乡镇企业虽不在计划内,但得益于 1980 年农村家庭联产承包责任制的成功实践,农村剩余劳动力得到解放,农村市场开始发展。1982 年,人民公社撤销后,公社的小工厂和商店成为由乡镇政府领导的企业。这一时期,“财政包干制”让地方政府有足够的动力兴办乡镇企业,而改革前重工业和轻工业的结构失衡使乡镇企业获得了市场机遇,企业承包制下国有企业与乡镇企业建立了密切联系;各种因素叠加,使乡镇企业迅速崛起。乡镇企业在就地吸纳农村剩余劳动力、促进城镇建设和缩小城乡差距等方面发挥了重要作用。

然而,乡镇企业有其局限性,主要是模糊的产权结构,政企不分、企业没有自主权、乱摊派乱指挥等问题。[4] 随着改革的推进,一体化的市场需要更明晰的产权制度,而模糊的产权结构必然影响企业的经营效率。20 世纪 90 年代中期以后,乡镇企业因体制缺陷和政策环境变化(分税制改革等)陷入困境,基本退出历史舞台。[5]

**四、结语**

从历史中,我们看见了企业变迁的动态过程,有的冉冉升起,有的逐渐隐没。展望未来,保障各类企业之间原则上的平等竞争、优胜劣汰,应是完善市

---

〔1〕 参见白重恩、路江涌、陶志刚:《国有企业改制效果的实证研究》,载《经济研究》2006 年第 8 期。

〔2〕 参见黄速建:《中国国有企业混合所有制改革研究》,载《经济管理》2014 年第 7 期。

〔3〕 参见江小涓:《中国开放三十年的回顾与展望》,载《中国社会科学》2008 年第 6 期。

〔4〕 参见张学春:《乡镇企业产权法律问题研讨会综述》,载《中国法学》1994 年第 3 期。

〔5〕 参见廖炳光:《从乡镇企业到集体土地所有制:产权理论的三种视角及其解释》,载王天夫主编:《清华社会学评论》(第 11 辑),社会科学文献出版社。

场经济体制和高水平对外开放的题中之义。[1]

## “试点”改革经验的承继与发展

——读《邓小平时代》第三章有感

汪敏(北京大学2019级商法专业硕士研究生)

1974~1975年,是一个政治经济逐渐柳暗花明的时期,也是邓小平个人充分发挥政治智慧并展现领导魅力的时期。他大刀阔斧、雷厉风行地对部队裁员和安置,推进军队现代化、改革铁路部门等。《邓小平时代》第三章描述的就是这样一个时代的故事,以小见大地展现了一些独具特色的中国政治改革经验,特别是地方整顿中的徐州经验及其推广,将“摸着石头过河”的试点经验诠释得淋漓尽致。

**一、地方整顿:从徐州到全国,从铁路到煤钢**

邓小平对地方整顿采取的是“抓典型”的方式,他切中运输构成生产瓶颈的要害,最先整顿交通要道徐州,再将经验推向其他铁路枢纽。徐州是东西铁路大动脉陇海线和南北铁路大动脉津浦线的交会点,徐州铁路具有举足轻重的地位,但当时的徐州形势混乱。在毛泽东的支持下,邓小平主导把全部政治和军事权力集中到时任铁道部长的万里及原铁道部的手里,打破了徐州铁路枢纽管辖权重叠于周边各省领导部门的死结,并消除派性、实行领导责任制;“攻城为下,攻心为上”,邓小平直接宣布惩处那些违反组织纪律、破坏铁路财物的人,迅速在意识形态之战中取得胜利;对于群众,邓小平则力争帮受到“文化大革命”迫害的人平反,向受派系斗争影响的人道歉,为受到冤枉的人重新安排工作,取得了当地广大人民群众的支持。[2] 最终,徐州铁路问题被快速解决,火车的办理和转载量均翻倍提高。

徐州的试点经验很快被推广至全国其他铁路枢纽,整个铁路的经验再推广至其他行业领域。徐州经验可以总结为不同层面的几条线:(1)从徐州、徐海地区扩大到整个江苏,再到浙江各省;(2)从铁路扩大到煤钢领域,再到其他运输业及商业、财贸和农业;(3)从经济部门到文教部门,从国防科技部门到整

---

〔1〕 参见朱慈蕴:《论中国公司法本土化与国际化的融合——改革开放以来的历史沿革、最新发展与未来走向》,载《东方法学》2020年第2期。

〔2〕 参见《中共中央关于加强铁路工作的决定》。

个科技部门;(4)从军队到地方政府。尽管这一系列整顿推广随后使邓小平受到围攻并引发了第三次下台、被撤销一切职务的结果,但地方整顿的"面"已经初步形成,试点经验仍起到了积极的意义。

## 二、以史为鉴:试点经验的承继与突破

以徐州为例的地方整顿展现了一项独具特色的中国政治改革经验:试点,或者说"摸着石头过河"。试点即"突破一点,取得经验,然后利用这种经验去指导其他单位";[1]通过对局部地区或某些部门、领域的改革经验,总结成败得失,完善改革方案,寻找规律,把解决试点中的问题与攻克面上共性难题结合起来,探索改革的实现路径和形式,为面上改革提供可复制可推广的经验做法。[2] 这种从局部到全面、从个别到一般的改革方式是中国渐进式改革模式的重要特征。

### (一)试点经验的延续与拓展

中国幅员辽阔、区域差异巨大,试点经验得以延伸和发展到各方面,包括政策和法律制定等。例如,国家监察体制改革于2016年开始在北京、山西和浙江进行试点,通过人员转隶、监察委组建及内设机构的调整逐步探索出监察体制改革的经验,并在随后的监察职责履行过程中发挥了实效,[3]三地试点经验给后续国家监察体制改革的全面推进打下了坚实的基础;刑事司法改革中的刑事和解制度也是试点改革作为回应刑法的中国范式的一大体现,[4]早在1996年《刑事诉讼法》修正时起,地方基层检察机关就开始对公诉案件的和解问题进行探索,并实现了这一制度从无到有、从"不合法"到"入法"的发展。

在法律的制定与实施层面,先行试验往往倾向于经验理性驱动,在时间和空间范围上都更为贴合改革的内在需求,形成一种"行动推动立法"的反向制度建构范式。这种试点方式在法律制度和法律体系的建设与发展中可能存在一定的问题,例如,在某些方面与法律的普遍适用性、政策的预期性相违背,甚至合法性本身也颇受争议。然而,由于这一方式所具有的政策主体的能动性、

---

〔1〕 参见《毛泽东选集》(第3卷),人民出版社1991年,第897页。

〔2〕 参见2017年5月23日,中共中央总书记、国家主席、中央军委主席、中央全面深化改革领导小组组长习近平主持召开中央全面深化改革领导小组第三十五次会议并发表重要讲话。

〔3〕 参见吴建雄:《监察体制改革试点积累的可复制经验》,载《中国党政干部论坛》2017年第9期。

〔4〕 参见宋灵珊、刘方权:《从经验到立法——刑事司法改革的试点模式》,载吉冠浩主编:《北大法律评论》(第17卷第2辑),北京大学出版社2017年版。

方法论的灵活性和对反复试错的包容性,进一步强化和巩固了其实践的适应性,使得改革开放前就尝试并逐渐成熟的试点经验在改革开放后继续得以延续和拓展。

(二)试点经验的突破与更新

试点经验也非完美的改革,程序正当的长期缺位、功利性目的催生腐败、经济迅速变化导致原试点经验失灵等都可能揭示试点经验的局限性。党的十八届三中全会中《中共中央关于全面深化改革若干重大问题的决定》宣示了中国经济体制改革开始从试点经验阶段转向系统性方案推进改革的阶段。也有学者认为,随着经济货币程度的加深和主客观条件的演变,试点这一方法的局限性日趋明显,如改革动机偏差、取样是否有代表性、试点方法失灵等。[1] 在当前阶段,在一些重要领域同样实行了从个别或局部试验入手、积累经验的办法,但诸多研究也揭示了试点的桎梏和缺陷。因此,尽管试点经验仍具一定的生命力,但是有必要探索适应经济和社会发展的新方法。

首先,对应法律实用主义包含的"规范性"和"事实性"两个命题,即法律应追求的价值目标和法学研究的方法论。借鉴到试点经验中或许可以同样从价值目标和研究方法论两个层面着手:一是中央层面须明确和把控政策或法律改革的基本目标,二是地区试点层面须规范经验导向的研究方法。具体而言,政策试验在价值目标层面也需要始终坚持和把握"自上而下"的统一部署和规范,从而避免地方的各自为政。这种中央层次的指引还可以从整体上保证试点过程的正当性程序并抑制功利性倾向。同时,需要在地方试点的具体工作中克服其内在的局限性,特别是要充分控制各种"变量",例如,时间差效应对试点结果测算的阻碍、人员期望效应对试点过程的影响、区域间/行业间的互动效应对试点准确性的干扰。

其次,在试点经验之外必须探索新的改革路径。新的改革路径仍然可以充分利用试点方法的优越性不断进行突破和更新。例如,在横向层面上,可根据实践需求将单一性分散式改革试点拓展为跨地区、跨领域的大型综合试验项目。在纵向层面上,对于综合性较强、牵涉面较广的改革领域要更加强化中央政府协调统合的角色作用。[2] 当然,改革路径也可以完全脱离试点经验而

---

〔1〕 参见吴幼喜:《改革试点方法分析》,载《经济体制改革》1995 年第 6 期。

〔2〕 参见周望:《"政策试点"的衍生效应与优化策略》,载《行政科学论坛》2015 年第 4 期。

开拓新的方法。例如,直接引入全民参与的"共识型"政策改革模式在某些领域已开始崭露头角,通过克服群体决策弊端,直接主动、公开、广泛、系统地征询全民和体制内外各方面的意见并反复进行平衡、论证和修正,最终协调并达成普适性的政策,直接进行推广适用。

总之,对于这种由点到面、由特殊到普遍的试点改革推进方式,我们需在发挥其优势的同时认识到其局限性,完善系统性的制度推进方案和程序规则。这一时期的经验给今天的我们带来了许多思考,也当推动我们不断前进。

# 张双根老师的私塾

# 英国与德国公司法读书会

关于作者


## 张双根

北京大学法学院副教授，博士生导师。中国政法大学法学学士（1992年），中国人民大学法学院法学硕士（1995年），德国柏林洪堡大学法学博士（2003年）。曾在德国弗莱堡大学、汉堡Bucerius Law School、柏林洪堡大学、柏林自由大学、日本新潟大学等从事访问研究。主要研究领域为民商法以及德国、欧盟私法，包括商法总论、公司与企业法、物权法、合同法、民法总论、房地产法等。发表论文30余篇，出版德文专著、中文专著及译著各1部。

2004年开始在北京大学法学院任教，先后讲授商事法律制度、商法总论、商事组织法、企业与公司法、民法总论、民法分论、物权法专题研究、债与合同专题研究、不动产权利制度等课程。

## 总体说明

读书会作为第二课堂活动，最大的意义似在于，让学生能够静下心来、不带功利性地去读一些书。虽然一直强调读书会来去自由，但开展读书会又颇有点迫使大家多读书、多思考的意思。读书会上师生围坐一席，一起读书、交流，这样的形式好像让学术互动这件本不那么接地气的事情又沾上了点围炉煮酒般的烟火气，一下子反而让人放松了。在这样一个平等、和谐的氛围中展开的深度智识交流，总能让大家的思想碰撞出一些新的火花。在读书会上，或许有的疑惑能够得以解开；或许又会产生新的疑问，但有的学生能够借机发现自己感兴趣的、有价值的、可研究的问题并以此作为论文的研究主题；或许有的学生发现问题、分析问题、表达学术观点、作口头报告等方面的学术能力都在不同程度上得到了锻炼。因为在读书会上，学生总是会针对特定文本和问题主动发言，这对其独立思考、独立研究并将自己阅读和思考所得进行表达的能力便是很好的训练。当然，读书会上的表达只是表面，真正需要花功夫的是在读书会外的阅读和思考。换言之，各人的收获与其投入程度是息息相关的。

本读书会首次推荐阅读的是保罗·戴维斯（Paul Davies）和莎拉·沃辛顿（Sarah Worthington）续著的《现代公司法原理》（第9版）。该书是有关英国公司法的经典著作，将其作为读本主要是基于如下几个方面的考虑：第一，公司法商业属性较强，英国作为最先进行工业革命的资本主义国家，公司法一直以来都较为完善。第二，我国民商法基于历史等因素一直受大陆法系影响，但我国公司法具有一定的特殊性，其虽然接受了大陆法系框架（有学者认为接近于法国法），但又因学术资源限制等因素颇受普通法系影响。第三，英国公司法如同我国一样也采取了法定资本制等诸多制度，且有较为详细完备的公司法，可以在阅读时与我国公司法律制度进行比较研究。尽管该书现已有中文译本，但为了准确理解作者意思，读书会主要采取中英文互参的阅读模式，特别鼓励有英语阅读能力的学生以英文文本为主。

在《英国公司法》之后，我又选取了由德国温德比西勒（Windbichler）教授所著、殷盛翻译的《德国公司法》（Gesellschaftsrecht）为读本，一来是呼应此前公司法经典著作系列读书会已经阅读的《英国公司法》，进一步扩展学生的学术视野;二来我自觉对其略有掌握,在部分难点问题上可以做适当辅助解释,帮助学生更好地了解相关知识。该书是德国的经典教材,属于德国的简明教科书系列丛书。简明意味着规模较小,原版篇幅500页左右,不至于使读者昏昏然。虽然该书体量相对较小,但知识结构较为清晰和完整,基础概念运用得当,不存在明显的疏漏,是比较合适的学生读物。另外,该中译本名为《德国公司法》,但该书涵盖的范围,除了中文语境下的公司,如股份有限公司(AG)、有限责任公司(GmbH)等典型的公司之外,还包括民事合伙(GbR)、普通商事合伙(OHG)、有限商事合伙(KG)等内容。全书分基础知识、合伙法、公司法、混合形式组织和改组四大部分,详尽介绍了德国组织法制度,包括各类组织形式及其配套组织法的发展历史,在组织运行过程中产生的各类法律问题及组织法如何针对该问题作出调整。该教材已经受许多代读者之阅读检验,其中蕴含的基本知识能够得到普遍接受。而对于部分对德国法不够熟悉的学生来说,由于本书内容简明,不会造成太大的阅读障碍。此外,对于读书会上部分具备德语阅读能力的学生,要求同时比较阅读本书的中文和德文两个版本。一方面,借此提升其本人的德语文献阅读与研究能力,同时帮助其他学生更好地理解中译本;另一方面,德文原版已更新至第24版,在内容上对中译本(以第21版为基础)内容有多处修改,阅读德文版的学生需对修改之处作补充说明。

本读书会的参与人主要是商法方向的博士研究生和硕士研究生。研究生阶段的研究性学习区别于本科阶段的基础性学习,因此,期望借助英国与德国公司法读书会活动主要实现三个方面的目标。首先,希望能进一步拓展学生在公司法学理论领域的学术视野。在中国公司法问题的研究中,英国与德国公司法的内容具备较大参考价值,读书会采取课外阅读加集中讨论的方式,有助于学生克服阅读国外法专业书籍的困难,并激发其进一步深入学习的兴趣。其次,锻炼学生比较法学习与研究的基本能力。在阅读学习英国与德国公司法知识的过程中,希望学生能不局限于材料本身的阐述,学习发现真正有价值的问题,拓展至中国法加以比较分析,由此加深对公司法知识本身的理解程度。最后,希望引导学生逐步掌握学术研究和学术讨论的基本方法。学术研究是研究生阶段的主要任务,而其效果如何,最终体现为研究成果的书面表达和口头表达。读书会一方面要求学生在课外阅读时做好读书笔记,另一方面要求各位参加学生轮流领读并在会上相互讨论,旨在加强学生这方面的能力。

英国与德国公司法读书会自开展以来，至今已形成20万余字的领读笔记、25万余字的讨论记录。此外，学生就相关问题撰写并完成口头陈述的专题研究报告总计39个。

## 组织程序

读书会主要以我指导的博士研究生和硕士研究生为参与主体，偶有对公司法感兴趣的其他学生参与。在过去三年中，出于众所周知的原因，部分学生无法返校参与读书会活动，所以有时也会开通腾讯直播，让大家可以同时在线参加读书会。读书活动的时间基本确定为每周日晚上6～9时，选择该时间的原因有两点：其一，该时间段属于周末，不会与学生的日常课程时间冲突；其二，在周日晚上设置读书会，有助于学生从周末的放松状态提前调整回学习状态。

读书会活动主要分为三个部分，分别是领读、问题讨论和专题研究。在每学期期初，我会对本学期的读书任务进行分工，安排每位学生负责一部分内容的领读。会前，领读的学生须在每周读书会前对领读部分内容进行精读并简要总结，同时形成领读报告的文字稿并发给所有参会人员。其他参会人员可以就本周阅读内容提问，由领读人对所有问题进行汇总并作初步检索和研究，形成问题讨论稿。会中，首先由领读学生对本周内容进行概括介绍，然后参会人员按照问题讨论稿针对本周的疑问点进行逐一探讨。在问题讨论时，通常由领读学生把握节奏并对大家的发言作梳理和总结，我会视学生讨论的情况随时进行补充或抛出新的问题引导大家思考。会后，由一位学生负责记录当周读书会的讨论过程并形成文字稿，该文字稿通常须在下周读书会前连同读书会过程中提到的补充阅读文献一起发送给所有参会人员。如遇读书会现场暂时无法解决的问题或者具有进一步研究价值的问题，亦会交由对该问题感兴趣的学生进一步检索和研究，该学生通常需在1～2周后的读书会上提交专题研究报告并作口头汇报。当然，读书会并不完全限于阅读《现代公司法原理》和《德国公司法》这两本公司法经典教材，学生亦可分享自己平时阅读所获或者报告自己对某一问题的思考。

## 阅读篇目

1. 邓峰:《普通公司法》,中国人民大学出版社 2009 年版。

2. 葛伟军:《英国公司法要义》,法律出版社 2014 年版。

3. 林少伟:《英国现代公司法》,中国法制出版社 2015 年版。

4. 邓峰:《代议制的公司:中国公司治理中的权力和责任》,北京大学出版社 2015 年版。

5. 王军:《中国公司法》(第 2 版),高等教育出版社 2017 年版。

6. 朱锦清:《公司法学》(第 2 版),清华大学出版社 2019 年修订版。

7. 王军:《公司资本制度》,北京大学出版社 2022 年版。

8. [德]格茨·怀克、[德]克里斯蒂娜·温德比西勒:《德国公司法》,殷盛译,法律出版社 2010 年版。

9. [美]柯提斯·J. 米尔霍普、[德]卡塔琳娜·皮斯托:《法律与资本主义:全球公司危机揭示的法律制度与经济发展的关系》,罗培新译,北京大学出版社 2010 年版。

10. [美]罗伯塔·罗曼诺编:《公司法基础》(第 2 版),罗培新译,北京大学出版社 2013 年版。

11. [英]保罗·戴维斯、[英]莎拉·沃辛顿:《现代公司法原理》,罗培新等译,法律出版社 2016 年版。

12. [意]F. 卡尔卡诺:《商法史》,贾婉婷译,商务印书馆 2017 年版。

13. [德]托马斯·莱塞尔、[德]吕迪格·法伊尔:《德国资合公司法》,高旭军等译,上海人民出版社 2019 年版。

14. [美]斯蒂芬·M. 班布里奇、[美]M. 托德·亨德森:《有限责任:法律与经济分析》,李诗鸿译,上海人民出版社 2019 年版。

15. [英]约翰·米克尔思韦特、[英]阿德里安·伍尔德里奇:《公司简史:一种革新性理念的非凡历程》,朱元庆译,北京大学出版社 2021 年版。

16. Paul L. Davies & Sarah Worthington, *Gower's Principles of Modern Company Law*, 9 ed., Thomson Reuters (Professional) UK Limited, 2012.

17. Paul L. Davies & Sarah Worthington, *Gower's Principles of Modern Company Law*, 10 ed., Thomson Reuters (Professional) UK Limited, 2016.

18. Christine Windbichler, Gesellschaftsrecht, 24. Aufl. 2017.

19. Raiser/Veil, Recht der Kapitalgesellschaften, 6. Aufl. 2015.

## 研习成果

# 民事合伙主体资格之证成

——《德国公司法》“有权利能力的合伙”部分读书报告

陈畅(北京大学法学院2020级民商法学专业博士研究生)

### 一、权利能力与主体资格

权利能力制度起源于德国法,是德国法对于传统法律人格制度的改造。通过抽象的民事权利能力制度,作为组织体的法人被拟制为与自然人具有同等地位和资格的民事主体,取得权利或承担义务。在早期的德国法中,只有自然人和法人的权利能力是被承认的。但有原则必有例外,在德国法的发展过程中,《德国民法典》最初设计的权利能力制度也逐渐显现出不足,在实践中逐渐发展出了一些例外,并得到了理论上的承认。比如,胎儿、死者以及民事合伙的所谓“部分权利能力”。[1] 自然人的权利能力始于出生,终于死亡;法人的权利能力始于成立,终于消灭。通过权利能力的构造,法人和自然人成为民法上基本的主体类型,在这个意义上,权利能力和主体资格是同义的。[2] 此后,商事合伙的权利能力亦通过《德国商法典》第124条的规定得到了承认。但是,民事合伙是否可以并且以何种方式作为一个独立的民事主体参与社会经济活动,从而获得权利并承担义务,似乎并未有清晰的答案,此即民事合伙的“主体性”问题。

我国法上的民事主体三分为自然人、法人和非法人组织。其中,商事合伙

---

〔1〕 参见沈建锋:《权利能力概念的形成和变迁》,载《北方法学》2011年第3期;刘召成:《部分权利能力制度的构建》,载《法学研究》2012年第5期;杜景林:《德国最高法院的民事合伙造法及评价》,载《北方法学》2015年第1期。

〔2〕 Windbichler, Gesellschaftsrecht, 24. Aufl. 2017, S. 20.

可以被纳入非法人组织的范围，但民事合伙仍然无处容身。[1] 德国法上因为商事合伙而出现的主体资格与权利能力的分离，在我国法律中也不存在，民事主体资格与民事权利能力的功能范围仍然是一致的。民事合伙在性质上属于债务关系，未登记的民事合伙仅仅通过一纸合同形成合伙人的联合，虽然设计的组织结构也许完全具备与合伙企业相当的组织性和团体性，但在民法规定的角度，由于缺乏程序性的登记要件而不能成为民事主体。由此，粗略一看，未登记的民事合伙也就无法成为民事主体并取得权利能力。

如果未经登记的合伙已经以独立名义对外经营，以独立名义与外部人发生债权债务关系，甚至在内部关系上也约定了独立的合伙财产，与合伙人的财产相分离，那么在发生法律纠纷时，法院能否认可此类未登记但有独立字号的合伙作为诉讼主体，在实体审理中如何认定合伙本身的独立性，以及单纯以合伙协议为准否定合伙组织的独立性是否会对外部第三人的利益造成不当损害等，均是现行法律框架无法直接回答的问题。

**二、德国法中民事合伙的理论发展**

根据《德国民法典》最初的设想，民事合伙只是一个契约关系，合伙中的合伙人是权利义务的主体，合伙本身并不是，只有法人才是独立的法律主体。[2] 在此种传统理论下，各合伙人通过合伙合同形成一个共有团体，按照《德国民法典》第 714 条（合伙事务执行人代表其他合伙人）和第 718 条（合伙财产为合伙人共同共有财产）等规定，共有关系无法赋予民事合伙独立的权利能力，只有各合伙人才是权利和义务的真正载体。但在现实中，普通商事合伙（OHG）已经表现出了极强的外部独立性（《德国商法典》第 124 条），民事合伙也经常

---

〔1〕 民事合伙本身是否属于《民法典》第 102 条所称的非法人组织，是否可以将民事合伙列入第 2 款列举规定后的“等”，是需要讨论的。如果结合《民法典》第 103 条进行体系解释，“非法人组织应当依照法律的规定登记”，那么显然不能将民事合伙列入非法人组织。[全国人大法工委与最高人民法院的《民法典》释义书均认为本条规定为非法人组织的合法性要件，即非法人组织须经登记才能设立。参见黄薇主编：《中华人民共和国民法典解读》（总则编），中国法制出版社 2020 年版，第 322 页；最高人民法院民法典贯彻实施工作领导小组主编：《中华人民共和国民法典总则编理解与适用》（下），人民法院出版社 2020 年版，第 519 页。但学理上对此也有反对意见，认为，根据立法草案中将“依法登记”改为“依照法律的规定登记”的立法史过程，《民法典》第 103 条规定不应当作为限定非法人组织的必须要件，其含义应当是非法人组织原则上无须通过登记而设立，但法律上例外地要求登记的，依照法律规定。参见李宇：《民法总则要义：规范释论与判解集注》，法律出版社 2017 年版，第 305 页；朱虎：《〈民法典〉合伙合同规范的体系基点》，载《法学》2020 年第 8 期。]

〔2〕 Windbichler, Gesellschaftsrecht, 24. Aufl. 2017, S. 20.

被作为企业载体对外参与经济活动。[1] 一旦这些合伙从事营利性企业经营，相应地设立其内部的各种机关，对外又建立大量的交易关系，并形成自己的财产，就不可避免地要承认这些合伙企业享有独立的权利与义务，并能以合伙财产对外负其责任。

最早将民事合伙从债务关系中解放出来并将其作为人法置于民法总论部分的做法始于弗卢梅（Flume）的民法总论教科书。[2] 弗卢梅认为，可以将民事合伙列入总则人法部分的原因在于其具备人法上共同体（personenrechtliche Gemeinschaft）的性质。因此，将具备这一特征的组织在体系上列入民法总则部分处理是合适的。[3] 以弗卢梅为代表的“团体学说”认为，共同共有关系（民事合伙）与法人十分相似，是独立的权利义务主体，故将这种新的权利义务主体称为“集为一体之人的团体”，该团体构成“集合性整体”（kollektive Einheit）。弗卢梅的理论上接基尔克（Gierke）的共同共有理论，但同时在其基础上进一步发展并赋予了共同共有权利主体地位。弗卢梅并非从共同共有财产作为一个属于共同共有人的特殊财产的角度，而是从共同共有自身作为法律主体的角度来对共同共有原则进行界定。基尔克认为，特别财产上形成的具备组织法性质的共同共有表现出了作为一个“超越个人的效果统一体”（überindividuelle Wirkungseinheit）的独立性，但其仍未承认此种情形下的合伙主体资格。而弗卢梅的“团体学说”却认为占有共同共有财产的民事合伙应当被视为与合伙人相区分的权利义务主体。[4]

按照传统观点，合伙并不具有独立的权利能力和主体资格，合伙财产的所有权属于合伙人个体，相应的债务责任也归属于合伙人。然而，在合伙这个共同共有关系中，合伙人虽然享有自己在共同财产上的份额（Anteil am Gesamtvermö gen），但这只是从财产权利归属层面的份额划分，并不意味着成员可以处分自己的份额。[5] 由此产生的矛盾是，既然按照德国法的规定，合伙

---

〔1〕 Windbichler, Gesellschaftsrecht, 24. Aufl. 2017, S. 20.

〔2〕 Karsten Schmidt, Die Personengesellschaft als Rechtsfigur des, “Allgemeinen Teils”, AcP 209 (2009), S. 182.

〔3〕 Flume, Allgemeiner Teil des Bürgerlichen Rechts, Bd. I/1, Die Personengesellschaft(1977), S. 1.

〔4〕 MüKoBGB/Schäfer, 8. Aufl., 2020, Vorbemerkung(Vor § 705), Rn. 11.

〔5〕 Windbichler, Gesellschaftsrecht, 24. Aufl. 2017, S. 36. 在共同共有中，是否实际上存在份额划分有争议，但在实务中意义不大。重要的是，共同共有财产只能“通过共同之手”（mit gesamter Hand）进行处分，这是共同共有的本质属性，且对此无法通过约定加以更改。

人并不具有对共同财产的直接支配权力,或者合伙财产只能由全体合伙人依照合伙目的共同处分,这实质上已经造成了此共同财产与合伙人个人财产相互区隔分离的结果。而这一点,恰恰又是法人组织的法律特征。合伙不具有和法人一样的主体地位,却具备了和法人中一样的财产分离。对此,德国联邦最高法院认为,为了贯彻立法希望实现的合伙财产和合伙人个人财产的区分,将合伙视为限制的主体提供了一种可行的无矛盾的模式,而传统的仅将合伙人作为合伙权利和义务的归属主体的观点具有严重缺陷。德国联邦最高法院在 2001 年 1 月 29 日通过判决确认了民事合伙的(部分)权利能力和当事人能力。不过,这种确认只针对"外部合伙"(Außengesellschaft),即以自己的名义进行对外法律交易从而产生权利和义务的民事合伙。而那些不参与法律交易的"内部合伙"(Innengesellschaft)仍然不具有权利能力和当事人能力。[1] 因此,可以认为原则上民事合伙是可以取得法律地位的,除非存在明确的相反的意见。[2] 如此,之前所谓的矛盾亦能得到相对合理的解释。不过,"部分权利能力"这个概念仍然是令人困惑的,因为人们无法知道所谓的"部分"到底指的是哪部分权利能力。批评意见在于,在何种要件下民事合伙才具有权利能力以及该权利能力可以及于多广的范围,这些问题均未被彻底阐明。

**三、资产区隔理论与主体资格**

就外部债权人而言,合伙财产与合伙人财产的区隔程度关系重大。合伙财产与合伙人财产的区隔——资产区隔/实体防御(asset partitioning/entity shielding[3])可以保护合伙财产免受成员的侵害,由此,合伙的外部债权人就此部分财产可以享有优先受偿权。按照英美法关于资产区隔的一般理论,无论是公司股权还是合伙份额,均属于个人资产分割后的概括财产份额。[4] 各

---

[1] BGHZ 146,341.

[2] Windbichler,Gesellschaftsrecht,24. Aufl. 2017,S. 21.

[3] "entity shielding"是和"owner shielding"对应的两个词,邓峰老师把"shielding"翻译为"屏蔽",参见邓峰:《普通公司法》,中国人民大学出版社 2009 年版,第 195 页。而张永健老师之前把"entity shielding"翻译为"资产防御"[参见《财产独立与资产分割之理论架构》,载《月旦民商法杂志》总第 50 期(2015 年)],后来又翻译为"特别财产防御",并把"owner shielding"翻译成为"主财产防御"(参见《资产分割理论下的法人与非法人组织》,载龙卫球主编:《两岸民商法前沿》第 7 辑)。

[4] See Henry Hansmann & Reinier Kraakman, *The Essential Role of Organizational Law*, 110 YALE L. J. 387(2000);参见张永健:《资产分割理论下的法人与非法人〈民法总则〉欠缺的视角》,载《中外法学》2018 年第 1 期。

个份额之间根据分割的不同法律原因获得不同程度的独立性。而只要其中一部分财产需优先用于偿还如合伙的债权人,就已经可以从中抽象出这些财产的共同性质——“合伙的”财产。

无论是法人还是合伙,在这种解释思路下,均为资产区隔的法律形式,其本质问题并非组织体本身的独立与否。对资产区隔产生的防御效力进行进一步的等级划分,即可解决法人与合伙的差异问题。因此,资产区隔理论也可以用来解释合伙的主体地位,如美国《统一合伙法》被颁布之后,合伙在事实上就被视为独立的实体,从公司与合伙在资产区隔方面极小的区别即可看出这一点。

### 四、小结

我国法律的民事合伙基本继承了德国法模式,民事合伙并未在法律规定中被纳入民事主体。但在具体问题上,民事合伙能否在一些情形下享有独立主体的法律待遇,同样是我国法律需要面对的理论问题。参考上述德国法与美国法的经验,在论证民事合伙是否具备主体资格时,或许可以将问题的核心置于财产的区隔或者财产的独立性之论证上,而非通过其是否具有组织性[1]来解答。至于什么样的资产区隔足以支撑一个主体意义上的民事合伙,这既是德国学理中关于合伙的民事主体地位的相关讨论的核心问题,也是美国学者提出的资产区隔理论所要解决的问题。

## 英国法上的股份回购及其启示

——《现代公司法原理》读书报告

徐方亮(北京大学法学院2018级民商法学专业博士研究生)

自2012年最高人民法院判决“甘肃世恒案”[(2012)民提字第11号]以来,“对赌”及其所引发的股权(份)回购问题开始备受关注。从投融资等金融商业实践来看,人们希望合法缔结的类似合同条款能够获得法院支持。在该案发生后的数年内,以最高人民法院为代表的司法实践在整体上显得较为保守;而学界讨论虽相对开放,但主要界限仍在于是否肯定现行公司法规则。随着研究讨论的深入,股权回购的现实需求现今已为人们所认识并接受,其合法

---

〔1〕 参见朱虎:《〈民法典〉合伙合同规范的体系基点》,载《法学》2020年第8期。该文同时提出,将登记作为判断组织性强弱的考虑因素之一。

性似亦渐获支持。当前,法律实务界的共识集中地体现在 2019 年《全国法院民商事审判工作会议纪要》(以下简称《九民纪要》)第 5 条第 2 款之规定中,即“投资方请求目标公司回购股权的,人民法院应当依据《公司法》第 35 条关于‘股东不得抽逃出资’或者第 142 条关于股份回购的强制性规定进行审查。经审查,目标公司未完成减资程序的,人民法院应当驳回其诉讼请求”。易言之,我国有限责任公司股权回购不再受到《公司法》第 74 条列举的情形限制。然而,从我国现行公司法来看,股权回购毕竟不同于利润分配,其所导致的结果是公司持有自己的股权,虽可能会再次转让,但也有走向注销的可能,因此必将牵连于公司资本制度。无须多言,我国现行公司法采取了法定资本制度并遵奉资本维持原则。于是,在不改变现行公司资本制度框架的前提下,问题实质上被转化为如何协调资本维持与股权回购。“他山之石,可以攻玉。”英国公司法自 1887 年 Trevor v. Whitworth 案以来一直坚守资本维持原则,2006 年施行的《英国公司法》更是为此设置了颇为详尽的规则,值得借鉴。

**一、英国公司法上的股份回购规制**

现行英国公司法亦采法定资本制,公司因股份发行取得的对价主要分为两个部分:股份面值总和对应于资产负债表中的股份资本(share capital);股东超股份面值所支付的对价总和添列于资本溢价(share premium)。英国法上的资本维持原则中所指之“资本”,乃股份的票面价值总和,因此,该原则旨在维持股份资本,防止其被不当减少而危害公司债权人。

股份回购使得公司将持有自己发行的股份,有实质减少股份资本的可能(如走向减资)。出于维持公司股份资本的考虑,英国公司法创设了一个不可分配的资本回赎公积(capital redemption reserve,CRR)。《英国公司法》第 733－2条规定,该账户数额应等于用可分配利润(distributable profits)回购股份时的公司资本应减少额;且第 733－3 条规定,在用新股发行收益和可分配利润支付时,该账户数额应等于新股发行收益不足的部分。具体如下:

1. 当公司用可分配利润无溢价回购平价发行的股份时,考虑到公司回购股份后如若注销该股份则会导致公司的资本账户相应减少,为了保护债权人,维持其资本账户门槛,《英国公司法》第 733 条要求公司应当将等额于回购的可分配利润转至 CRR 账户。根据《英国公司法》第 831－4－b/733－6 条的规定,公司决定分配时,应当将 CRR 账户看作对公司净资产的限制,进而被看作已付清资本账户。根据《英国公司法》第 733－5 条的规定,CRR 账户可以用于支付红股发行,进而转化为股份资本(其功能接近于资本溢价账户)。

2. 当公司用可分配利润无溢价回购溢价发行的股份时,根据《英国公司法》第 706 – b/688 – b 条的规定,公司只要减少回购股份的面值(股份资本额),该股份对应的溢价账户不需要减少,且根据第 733 –2 – b 条的规定,公司转移至 CRR 账户的数额即为被回购的股份面值而不包括其溢价。

3. 当公司用发行新股收益来回购按面值发行的股份时,由于新发行的股份能够补偿因为回购而减少的股份,使得公司的净资产和资本不会有变化,不需要再创设 CRR 账户。由于发行新股用于回购需要对外公开,从新股股东处所筹集的资金将被立即支付给回购股东,债权人无担心的必要。此外,根据《英国公司法》第 733 –3 条的规定,如果回购价款来自公司的可分配利润和发行新股收益之和时,CRR 账户数额应当等同于通过可分配利润支付的数额。

4. 当公司溢价回购按面值发行的股份时,根据《英国公司法》第 692 –2 –b/687 –3 条的规定,回购溢价必须是基于公司可分配利润,且发行新股收益不能用于该目的。此时,仍需要按照回购股份的股份面值总额,将等额于回购的可分配利润转至 CRR 账户。

5. 公司溢价回购溢价发行的股份时,如果回购款来自公司利润,与第 4 种情形一样。此时,复杂性主要在于利用发行新股收益来支付回购款,需要满足一点,即在原来溢价总额内,可以用新股发行收益来支付本次回购的溢价部分。

6. 以上情形 1 ~5 都是假定股份回购后注销(但不同于减资程序)。如果公司回购股份转为库存股,则回购资金只能是公司可分配利润。此时,由于回购的股份没有被注销,公司的资本账户没有减少,不需要通过转移 CRR 来平衡。

7. 除上述一般规则外,为了解决私人公司(可等同于封闭公司)中可能不存在利润或者难以发行新股的现实困难,《英国公司法》还专门规定了可以动用资本购买,即所谓"准许的资本支付"(the permissible capital payment,PCP):(1)私人公司得先用可分配利润或者发行新股收益来支付;(2)董事们需要出具清偿能力声明,股东需要就此作出特别决议;(3)债权人有权以诉讼的方式反对。如果没有反对,那么公司就可以这么做。由于公司是用股本支付,公司的股本金账户应相应减少,但因其已经获得了允许,所以不需要再等额转移至 CRR 账户;根据《英国公司法》第 734 –4 条的规定,如果公司还用了部分可分配利润,则需要将等额的可分配利润转移至 CRR;根据《英国公司法》第 734-3 条的规定,如果 PCP 大于回购股的名义价值,则公司的资本需要减少 PCP。

**二、总结与启示**

总结而言,《英国公司法》试图在灵活性、财源控制以及回购后结果等三个方面平衡资本维持原则与公司自由回购股份之间的紧张关系:(1)若公司回购后转为库存股自持,则回购款须来自可分配利润,由于不影响债权人利益且股份资本数额不变,公司可以自行安排;(2)所有回购溢价款,超过所回购股份的最初发行溢价部分,必须来自可分配利润;(3)公司回购注销的,用可分配利润回购时,则需要将等于回购股份之面值额的可分配利润转移至 CRR 账户,以确保回购前后实质不可分配的资本总额不变(回购后剩余股份资本额 + CRR 账户 + 新发行股份 = 回购前股份资本额);(4)针对私人公司,例外准许动用资本回购。

当前,我国公司法仍然采取法定资本制度,与英国法不同的是,我国有限责任公司采取的是股权制而非股份制,所以很难区分名义股本和股本溢价,但资本维持的原理是一致的。因此,在我国转而肯定公司可以自由回购股权时,其所引发的与资本维持原则间的冲突是一样的且必然会显现出来。仅从问题解决的视角来看,上述英国法的规定至少有如下几点启示:

1. 区分平价回购还是溢价回购。如果是溢价回购,则溢价资金应仅限于公司可分配利润;在平价回购范围内,公司既可以适用可分配利润,也可以通过发行新股筹资来支付。举例而言,甲持有 A 有限公司 30% 股权,对应注册资本总额 30 万元。如果该公司以 40 万元回购该甲全部股权,那么 10 万元应完全来自该公司的可分配利润,30 万元则既可以是该公司可分配利润,也可以是发行新股筹集的资金。

2. 区分回购后是自持还是注销。如果公司回购后转为库存股,那么公司必须用可分配利润支付回购款;如果公司回购后注销,则除了公司新发行股份筹资,在用可分配利润回购对应的股权范围内,还应当等额拨出可分配利润转为不可分配的资本公积,以确保股本注销前后,公司实际不可分配的资本额保持不变。仍以前例说明,当 A 公司通过发行新股筹资和可分配利润两个部分来回购甲的全部股权时,除 30 万元全部用新股发行而不需另行拨付外,如有 10 万元仍用可分配利润支付,那么公司需要同时拨出 10 万元来作为不可分配的资本公积,来担保债权人利益,确保公司回购前后用于担保债权人的实质资本数额不变(回购前公司资本 = 其他股东的注册资本 + 甲注册资本 30 万元,回购后公司实质不可分配的资本 = 其他股东的注册资本[未变] - 甲注册资本 30 万元 + 新发行股权[≤30 万元] + 用可分配利润所回购股权对应的注册资本额等额的不可分的资本公司[拨付的可分配利润])。

3. 关于能否动用资本回购股权问题,从我国目前公司法资本制度来看,可能最具争议。如上所述,英国法是考虑私人公司的封闭性及其可能带来的回购股份资金的现实障碍,特为准许该类公司在满足一定要件的前提下动用资本来回购。其立法目的当然值得称赞,但所采手段是否妥适似有疑问。尽管从该前提要件的正面描述来看,可以将之与股东抽回出资区分开来,但在现实中往往是反向推论而定性,假如满足一定形式化要件就可以定性为用资本回购而非返还股东出资,可能过于简单。自立法论言,如若这个问题能被很好地解决,则似无甚担忧。

## 股权能否被抛弃?

——《德国公司法》读书报告

崔佳雄(北京大学法学院 2019 级法律硕士研究生)

在参加读书会的第一个学期,老师在讨论中引出一个问题——股权能否被抛弃?是时,这一问题引发同门热烈讨论,大家各抒己见。有同学认为,是权利即可抛弃,不然有违私法自治之精神。也有同学认为,股权并不属于一种传统民法意义上的权利,不能随意抛弃。议论纷纷,并未达成一致,老师便将该问题留待同学自行思考。于彼时的我来说,尽管认为股权不能抛弃,但对此却并未上心,毕竟无论股权能否抛弃,都不会对法律实践有任何改变。也就是说,研究这个问题意义有限。

然而,随着读书会的持续开展,书中的内容却逐步敲碎了我的故步自封。在阅读一人有限责任公司部分时,书中谈及,“尽管资合公司享有广泛的独立性,但一个完全没有成员的公司是不可能存在的。即使抛开原则性的法理和体系框架不看,这种情况也会导致股东会完全瘫痪,因为公司自身的业务份额不产生表决权。没有具有功能实现能力的意思形成机关,有限责任公司只能立即解散”。[1] 此观点引发了我对“股权能否抛弃”这一问题的深度思考。如果在有限责任公司中,允许股东抛弃股权,那么在极端情况下(不问动机),假设所有的股东都抛弃手中的股权,抛开股东个人层面的问题不论,根据书中的观点,这种情况至少会导致公司的意思形成机关走向瘫痪,公司只能立即解散。基于此,似乎能浅显地倒推出结论:股权是可以被抛弃的。事实果真如此吗?

对此,需要先对这一问题进行解剖,股权能否抛弃至少涵盖两个方面的内容:一是股权本身的法律属性,二是抛弃这一法律行为的具体含义。前者需要回答,被抛弃的“股权”代表的究竟是什么?如果是股东尚未完全履行出资的股权,受制于股东的出资义务和资本维持原则,股东自然不能借此逃避出资。但如果是已经履行完出资义务,不再负有任何消极利益之股权,股东能否将其抛弃?换言之,股东能否抛弃仅具有财产法上的积极意义之股权?后者则需要考虑“抛弃”行为的具体内容,在通常情况下讨论“抛弃”这一法律行为,脑海中会浮现出一副“扔垃圾”的画面,即抛弃有体物的行为。然而,抛弃有体物的行为清楚,法律构造明确,那么如何抛弃无体物?不以登记作为权利外观的有体物能够被人的具体行为抛弃,那么须登记的不动产又该如何抛弃?物能够作为被抛弃的对象,那么该如何抛弃权利?对此,即使所有的权利都能够被“抛弃”,那么代表着权利义务的集合体的股权,又该如何被“抛弃”?对此,又该如何建构法律关系?抛开背后的法理和法律构造的情况下,以下对假设股权能够被抛弃作进一步分析。

在认可股权能被抛弃这一观点之下,按照公司法上的进路来进行分析。举例如下,甲公司是一家盈利状况极好的德国有限责任公司(GmbH),所有公司的股东都已经履行完出资义务,每年还能获得巨额分红。诡异的是,在2022年,所有的股东陆陆续续产生了厌倦情绪,逐个散尽家财,但却不愿将名下的股权为他人办理变更登记,以免“身外之物”再祸害他人,只得抛弃之。于是,甲公司的股权被接二连三地抛弃,最后一个抛弃股权的人是张三,而公司的董事会中也仅剩张三选任的董事张三懂一人任期未满。此时,从理论上来看,公司的所有股东已经将股权抛弃,仅剩下张三懂一人留守公司,只能立即解散公

---

〔1〕［德］格茨·怀克、［德］克里斯蒂娜·温德比西勒:《德国公司法》(第21版),殷盛译,法律出版社2010年版,第324页。

司并完成清算。然而，在股东逐个抛弃股权的过程中，问题却接踵而至。第一个问题是，在占股 90% 的大股东抛弃股权之后，公司仍须形成决议以继续运行，公司剩下的股东手中仅握有 10% 的表决权，完全无法召开符合法律规定的股东大会，更不用说形成有效的决议。第二个问题是，张三懂对此提出了一个解决方法，即按照剩余的表决权比例召开股东大会并形成决议，相当于剩余的所有股东的权利都被放大至原来的 10 倍。甲公司法务就此提出了一系列问题，剩余股东多出来的权利从何而来？属于继受取得还是属于原始取得？如果是前者，甲和其他股东之间并不存在任何股权转让的合意，也没有任何转让行为。如果是后者，为便于思考，不妨先考虑传统物权中的原始取得，暂且将股权视为有体物，大股东的股权被抛弃之后，应属于无主物，对这部分股权的原始取得需要依据先占制度。而先占制度的基本逻辑是，对无主物适用"谁先占有，归谁所有"的原则，[1] 为何公司剩余的股东未完成任何带有"占有"意思的行为便获得了这部分被大股东抛弃的股权？为何不能是公司或者公司法务获得这部分股权？再作进一步考虑，如果从抽象层面分析，甲只要具有抛弃股权之意思，权利离去主体，为何能够自动归入其他股东手中？张三懂语塞。第三个问题则是，甲公司是德国公司，大股东在抛弃股权的时候太过于急切，并未在登记机关完成股东名册的变更。张三懂去登记机关办理登记时，被工作人员反问道："你是要办理变更登记还是注销登记？"第四个问题则是，张三懂在所有股东都抛弃了股权之后，即使心疼，也只得开始清算公司财产，准备解散公司。但其发现隔壁的财团法人乙仅有董事会，却正常运营，内心十分诧异。实际上，上文案例虽然极端，但却不得不引出反问，股权真的能被抛弃吗？

另外，站在我国公司法的角度来看，也有值得讨论的地方。结合我国《公司法》第 182 条关于司法解散的规定和最高人民法院《关于适用〈中华人民共和国公司法〉若干问题的规定（二）》（2020 年修正）第 1 条关于司法解散的具体情形之规定可以看出，在公司出现了"股东僵局"和"董事僵局"时，由于无法形成有效的决议，导致公司经营管理发生严重困难，公司其他股东可以请求法院解散公司。这一制度的内在逻辑就是，公司意思机关持续失效时，应当解散公司。然而，在实践中出现的各类"解而不散"的公司却运营良好，并不因"无法产生有效的意思表示"而陷入困境。这也就意味着在实践中即使公司不能

[1] 此处不讨论归国家所有的问题。

形成有效的意思表示,也并不必然导致实体上无法运行。由此类推,公司没有意思机关和无法形成有效的意思表示在法律效果上应该是一样的,那么通过没有意思形成机关来否认股权能被全部抛弃也就不太能站住脚了。

结合中德两国关于公司目的〔1〕的规定来看,普遍认为没有意思形成能力的公司无法实现营利目的,此处应当先释明的是,德国法上的有限责任公司可以用于任何类型的目的,即上述观点可以转为“没有意思形成能力的公司无法实现公司目的”。然而,正如上文案例中所言,张三懂对于隔壁正常运行的财团法人充满疑惑,仅有董事会和通过捐助行为确定的“财团目的”即财产能够正常运行,董事会完全充当了公司的意思形成机构,为何具有公司目的和“董事会”〔2〕的有限责任公司就必须要解散呢?况且,该公司还能够持续实现盈利。不过,在中国法律中,根据《民法典》第91条第2款〔3〕之规定,社会团体法人又必须设权力机构,即需要一个意思形成机构。为何两国关于财团法人的制度有所不同?组织目的在不同的组织中为何发挥的作用不同?董事会能否在公司不具有任何股东的情况下接管公司,自主形成意思,只要公司仍具有实现公司目的的能力?总之,从上文整个的分析思路来看,就“股权能否被抛弃”这一问题只需要回答“是”或“否”,但是,要实现整个法律制度,甚至法律领域中的逻辑自洽并非易事。一个看似简单的问题是,如果进行深层次的思考和分析,不仅与本身的公司法领域相关,还会涉及民法领域的一系列制度,倘若进行跨法域的思考,比较法上的知识也应当被涵盖于其中。实际上,随着读书会的深入,书中进一步介绍了德国法中的股东失权制度,无论是股东主动放弃股权,还是公司通过除名制度“开除”股东,在程序上已经十分完备。这更让我感受到,读书会不仅是一个增长智识的平台,更是一个为思维“祛魅”的过程。

---

〔1〕 中国法上的经营范围。

〔2〕 此处的董事会应该由任期尚未结束的公司董事组成的。

〔3〕 社会团体法人应当设会员大会或者会员代表大会等权力机构。

# 楼建波老师的私塾

## 信托法读书会

关于作者

楼建波

北京大学法学院教授，博士生导师。北京大学法学学士（1988年），北京大学法学硕士（1991年），英国伦敦大学哲学博士（法律）（2001年）。主要研究领域为财产法、金融法和商法。

自1991年开始从教，历任北京大学法学院助教、讲师、副教授和教授。其间，2000～2005年任英国剑桥大学中国商法讲师。现于北京大学主讲以下课程：（1）初阶讲授类：普通法精要（私法）、房地产开发交易法律制度、房地产融资法律制度；（2）高阶研讨类：房地产法专题研究、商法前沿；（3）全英文授课类：中国的商业与社会：法律视角、中国民法。

## 总体说明

比较研究一直是我较为提倡的学习方法。在我看来,比较法学习成果即便不能做到立刻“为我所用”,也至少具有知识层面的意义。就法学学生和法学研究者而言,多知道一些外国法中的经典案例、基本原则,可以使自己成为一个知识更丰富、更全面的人。而且,比较法学习可以培养我们以更兼容并包的心态看待大千世界出现的各种法律问题和多样的解决方案,以中庸不极端的科研态度开展理论研究工作。

近几年,当我问及研究生读了哪些比较法作品时,他们往往会列举一些聚焦某一论题的法学经典专著或者前沿尖端类作品,而不是基础应用类的国外法学教材。这种阅读习惯当然是值得鼓励的,它有利于学生熟悉那些在世界法学发展史中熠熠生辉的经典大家的著作,也可以让学生深入某一领域进行功能性的比较法研究。但是,从比较法学习所具备的知识层面的意义来看,研读国外法学经典教材,或许更有助于学生夯实比较法基础和掌握某一部门法体系。阅读国外法学经典教材的优势尤其体现在阅读英美经典法学教材之中:英美法学经典教材往往融贯法律原则和规则,产生、发展和变革法律规则的判例,学术性文献观点以及评论性意见。通过阅读英美经典法学教材,学生能更深刻地体会到英美判例法系和我国大陆法系在思维上的不同。

出于对英美经典法学教材的兴趣和关注,我在北京大学法学院开设了普通法精要(私法)课程。这门课以美国斯普兰克林教授(John G. Sprankling)撰写的财产法经典教材 *Understanding Property Law*(4th ed.)为蓝本,向选课学生系统讲授了英美财产法的基本框架和概念。这本教材属于 Understanding Series,很多美国法学院的财产法教授或者直接拿它当教材,或者推荐学生课后复习使用。值得高兴的是,这本书被翻译成了中文[1],翻译质量颇高,这让选课学生能稍微轻松地开始术语、体系均与我国截然不同的英美财产法的学习。我在备课时也常常对比中文译文和英文原文,从而更精准地在不同法律术语

---

〔1〕 参见[美]约翰·G.斯普兰克林:《美国财产法精解》(第2版),钟书峰译,北京大学出版社2009年版。

之间切换。

我认为在法学院开设一门介绍英美财产法的基础课程,并且指导学生阅读英美财产法经典教材是有益的。我也一直希望能将这种研读国外经典教材的比较法学习路径延伸到信托法中,因为信托法完全是一个英美法系舶来品,虽然在我国它被成文法化了,但有关信托的基本原理和规则仍然根源于英美信托制度的基本原理和运作机制,而学生只有在具体应用场景(案例)下才能更好地理解和掌握这些内容。虽然法学院商法方向的研究生在入学前对信托法已有基本认识,在入学后信托法也是他们的一门必修课,但他们在学习过程中还是侧重我国信托法规则,很难对它的源头——英美信托法有更体系化的理解。这反过来也阻碍了对信托法感兴趣的学生开展进一步的研究。

此外,英美信托法最初是从民事信托发展起来的,而包括我国在内的大陆法系国家和地区一开始则是基于商事目的移植信托制度。在某种程度上,我国现行信托法构建的是以商事信托为基础的法律规则体系。有趣的是,随着社会老龄化程度的加快和财富传承需求的升高,近年来,我国开始重视信托制度向传统民事领域的回归,出现了家族信托和遗嘱信托的研究热潮,但是我国民事信托业务处于初级发展阶段,相关法律体系不健全、民事信托体制不完善、理论研究不充分。在这一背景下,阅读英美信托法经典教材,还具有紧跟我国信托法前沿问题的特殊意义。

基于上述认识和感受,也得益于学院的慷慨资助和支持,我在2017年秋季学期发起了"信托法读书会"第二课堂项目。我挑选的书籍是美国信托法经典教材 *Wills, Trusts and Estates: Including Taxation and Future Interests*(《遗嘱、信托和遗产:兼及税收和将来利益》)[1]。选择这本书,可以说是偶然中的必然。2017年,我在参加学术会议时结识了美国密苏里大学终身教授、美国《统一信托法典》(Uniform Trust Code)的报告人 David M. English,并有幸获赠由他参与撰写的上述著作。目前,这本书已经出版至第5版,在内容上反映了美国民事信托法实务和理论的最新趋势。更加难得的是,这本书属于 Hornbook Series,和国内教材风格相近,深入浅出地介绍了美国信托制度的基本原理、规则和司法实践,在内容上更加精练,知识点更加密集,从而能够让学生更快地

---

[1] See William M. McGovern, Sheldon F. Kurtz, David M. English, Thomas P. Gallanis, *Wills, Trusts and Estates: Including Taxation and Future Interests*, West Academic Publishing, 2017.

入门,建立美国民事信托制度的基础知识体系。

我还有幸获得了这本书的翻译授权,所以参与读书会的学生除了阅读这本信托法教材,还要对认领的章节进行翻译。我认为翻译工作是有意义的。一方面,一本好的法学中文译作可以便利我国读者掌握比较法知识。我国法学界也重视国外法学经典翻译,但几次大规模的翻译活动所收录的书目以聚焦某一论题的经典专著或者前沿尖端类文献为主,基础应用类的国外法学教材则较少。在已翻译的国外法学教材中,英文类译作又比德文、法文、日文等其他小语种的译作数量更少一些。具体到信托法领域,已出版的信托法译著中,英美信托法经典教材的占比也比较低。因此,翻译 *Wills, Trusts and Estates: Including Taxation and Future Interests* 对于我国法学界是有益增量。另一方面,对于学生而言,翻译的要求要高于阅读,需要学生在精读英文原文后对书中内容用符合中文习惯的语言和思路进行重新表述;学生也需要时时比较某个英美信托法术语在我国能否找到对应的法学术语,这反过来可以加深学生对我国法学术语的理解。

信托法读书会自 2017 ~ 2018 学年秋季学期开设以来,共举办四个学期,历经三年,是一项有特色的连续性、规律性的第二课堂活动。我认为读书会开展得还是比较成功的,通过三年努力,学生完成了 *Wills, Trusts and Estates: Including Taxation and Future Interests* 的全部阅读和翻译工作,而且不少学生在毕业后还会继续完善其认领章节的翻译和校对工作。在研读和翻译这本信托法教材的过程中,我也会引导学生回归我国信托法、民商法相关法律规定,深入思考法律规则背后的民商法理论,从而帮助学生深化对我国信托法、民商法的理解和运用。在共同研读一本书的过程中,我们不仅在师生内部进行思想碰撞,而且一直和作者们有邮件往来,和他们直接交流书中的一些观点。这都有利于培养学生学术兴趣,活跃学术思想,促进学术争鸣和国际交流。

## 组织程序

"信托法读书会"面向我指导的对信托法感兴趣的研究生开展,在学期伊始通过微信群发布读书会通知,告知本学期计划阅读的章节内容和组织形式,吸引学生报名参与。每学期读书会都能吸引约 9 名学生参与,参加过读书会的学生累计 13 人。后加入的学生尽管一开始存在不太适应外语原著阅读的问题,但由于他们本身具有一定的信托法学习基础,加上《遗嘱、信托和遗产:兼及税收和将来利益》一书各章主题鲜明、内容相对独立,因此也能较快跟上阅读节奏。对于研读过程中涉及的与已读内容相关的问题,新加入的学生也可以通过比较阅读原文和已完成翻译的部分,较快地理解和掌握。

读书会每周开展一次,时间为2～6小时不等,地点在法学院陈明楼会议室。每次活动前,老师会提前指定当次读书会的阅读章节和范围,负责该章翻译任务的同学需要提前精读,其他同学则需要泛读并熟悉内容,同时记录在阅读翻译过程中遇到的困难以及有讨论价值的内容,以便在读书会上进一步讨论。读书会由负责相关章节翻译任务的学生主讲,每周通常为2～3人,时间自行控制,讲解形式以口头汇报为主。主讲学生汇报期间,与会师生对照原文和译文,随时提问,由主讲学生回答,并进行集体研讨,从而促进互相交流,加深对原文的理解。在这一过程中,教师会介绍我国信托法的相关理论和实践,指导学生如何进行比较法研究,如何有效率地阅读英文文献,并对其中有意思的问题组织研讨,鼓励学生进行学术写作和深入研究。

此外,依托读书会平台,老师也组织了几次学生学术论文评议活动。论文作者利用15分钟的时间向与会师生分享自己的最新研究成果或学术论文。与会师生就其研究成果或论文的主要观点、学术创新性、文章结构安排、行文用语等具体内容向报告人提出意见和建议。

## ■ 阅读篇目

“信托法读书会”第二课堂研读和翻译的书籍是美国信托法经典教材《遗嘱、信托和遗产:兼及税收和将来利益》[1]

该书共有以下15章,由学生根据兴趣选择内容。

(1)第一章　术语和法律选择(Chapter 1 Terminology and Coice of Law)

(2)第二章　无遗嘱继承(Chapter 2 Intestate Succession)

(3)第三章　遗嘱形式(Chapter 3 Formalities)

(4)第四章　遗嘱撤销、赠与及遗嘱替代安排(Chapter 4 Revocation, Gifts,

---

〔1〕 William M. McGovern, Sheldon F. Kurtz, David M. English, Thomas P. Gallanis, *Wills, Trusts and Estates: Including Taxation and Future Interests* (*Hornbook Series*), 5th ed., West Academic Publishing, 2017.

and Will Substitutes)

(5)第五章　无遗嘱能力和不当影响(Chapter 5 Incapacity and Undue Influence)

(6)第六章　遗赠撤销、扣减和失效(Chapter 6 Ademption, Abatement, and Lapse)

(7)第七章　旁证(Chapter 7 Extrinse Evidence)

(8)第八章　对遗嘱权力的限制(Chapter 8 Limits on Testamentary Power)

(9)第九章　为无遗嘱能力人进行遗产规划(Chapter 9 Planning for Incapacity)

(10)第十章　信托(Chapter 10 Trusts)

(11)第十一章　未来利益(Chapter 11 Future Interests)

(12)第十二章　反永续规则(Chapter 12 The Rule Against Perpetuities)

(13)第十三章　遗产验证(Chapter 13 Probate Issue)

(14)第十四章　受信义务和管理(Chapter 14 Fiduciary Duties and Administration)

(15)第十五章　与遗产和信托相关的联邦税法概述(Chapter 15 Overview of the Federal Tax Laws Relating to Estates and Trusts)

## 研习成果

### 要看银山拍天浪，开窗放入大江来

——信托法读书会读后感

杨秋宇(北京大学法学院2017级民商法专业博士研究生)

自2017年秋季学期起，楼建波老师与其指导的部分研究生，围绕美国《统一信托法典》报告人合著的《遗嘱、信托和遗产：兼及税收和将来利益》(*Wills, Trusts and Estates: Including Taxation and Future Interests*)一书，展开精读深研。各参会同学认领书中一至两章的内容，翻译全文并在读书会上逐一报告各章的内容、结构及中文翻译。我所认领的读书会任务是，书中第十章“信托”和第十四章“受信义务和管理”。

在内容上，第十章着重讨论信托制度在美国继承、婚姻家庭等家族财富传承领域的运作,并兼顾信托制度的基本原理和慈善信托之规范。第十四章针对信托、财产代管、遗嘱执行等受信关系中的受信人,专门讨论了其负担的各类义务、职责和选任规则。颇为有趣的是,由美国统一法律委员会推动制定的《统一信托法典》,与民间学者自发组织撰写的“信托法重述”在司法实践中形成制度竞争。故而,书中凡涉及具体规范之处,时时不离对美国《统一信托法典》和“信托法重述”的规则比较,处处可见美国《统一信托法典》规范的最新发展。

“信托”一章在第四节至第八节聚焦美国民事信托制度,是读书会上处理的重难点。一方面,信托制度舶入中国后被广泛应用于金融和商事领域,因其在我国民事领域的缺位,既有实务资料和研究论著均未给予民事信托较多关注。另一方面,大陆法系与普通法系在婚姻家庭和继承制度上的诸多差异,也构成跨越法系移植信托规范的制度隔阂。例如,在采用潘德克顿体系的民法规范中,自然人的行为能力制度作为总则部分的公因式,统摄财产法和身份法。但在英美法系中,行为能力的要求因自然人所处的具体制度语境不同而有相当差异。具体而言,在第十章第三节在遗嘱信托中,信托设立人应当具备签立遗嘱的行为能力;若行为人欲创设不可撤销的生前信托,则其应具备较签立遗嘱时更高的行为能力,即行为人能完全理解将财产设立信托对本人的后果;但为履行离婚协议中的财产分割条款而设立信托时,自然人仅需具备订立合同的行为能力(原书第390页)。

如果说英美私法中对自然人行为能力要求的差异,可被视作立法者在具体制度语境下所作的“具体问题,具体分析”,其尚可在行为能力基本逻辑上与大陆法系学者展开对话,第十章第四节对可撤销信托的讨论,则全然无法在大陆法系中找到相似的制度参照物。包括我国在内的大陆法系国家,只有委托人设立的损害其债权人的信托可被撤销(我国《信托法》第12条)。但第十章第四节讨论的可撤销信托,是指信托设立人享有自由撤销权的一种生前信托。其在美国的大规模应用,是为规避美国继承法上程序烦琐、成本高昂的遗嘱检验程序,以达到财富高效率传承流转的目的。由此,要透彻理解可撤销信托制度的基本逻辑,前提是必须把握美国继承法上的遗嘱检验程序。这对仅具备大陆法系教育背景的同学而言,无疑在智识和眼界上均构成了极大的挑战。

同样地,第十章第六节有关本金和收益的分析,以及由此衍生的受托人公平义务,也完全无法在我国信托法中找到相似的制度规范。具言之,美国民事信托中的本金和收益之分,系在信托所固有的财富传承功能中信托设立人对不同受益人群体的长期利益安排。关注信托财产运作收益的收益受益人和关注信托终局分配的本金受益人,常就信托运作中以本金抑或收益承担成本费用产生争议。因此,无论是传统衡平法规则,还是美国《统一信托法典》,均就民事信托中常见的受益人利益异质现象,设定了诸多具体规则。读书会针对此点,专门花费了两周时间进行讨论,并就其中受托人在特定情形下调整收益和本金的规则,致信原书作者寻求说明和帮助。

在进入对第十四章有关受信义务和管理的内容研讨后,我们发现,该章内容不仅切合当下中国信托法的研究前沿和实务动向,而且也能作为比较法资料极大地扩展既有研究视野和深度。具言之,本章具体阐述了受信人的忠实义务,运用受信财产对外投资的权限和谨慎义务,报告受信财产运作状况的义务、管理受信事务的权力、选任受信人的方法,以及受信人对受益人和交易第三人的责任。在该章第一节的受信人忠实义务中,作者们对受信人适用忠实义务的具体场景作了重点讨论。例如,美国《统一信托法典》明确将受信人利用受信财产与其亲属的交易,认定构成对忠实义务的违反(原书第 564 页)。此外,原书也讨论了受信人在被投资公司担任董事时面临的,其对公司的受信义务与其对受益人的受信义务之冲突(原书第 566 页)。在第二节有关受信财产投资的内容中,作者们梳理了英美衡平法院对受信人利用信托财产投资的约束,从严格约束走向缓和开放的历史变迁(原书第 570 页)。其中,早期英美法院对受信人投资制定的法定目录限制,与我国 2018 年资产管理新规出台后有关资产管理业务向非标准化债权投资的限制,在不同历史时空下有异曲同工之处。此外,原书该节有关受信人投资多元化的制定法要求,也为参与读书会的同学深入理解我国信托法上受托人谨慎义务提供了线索指引。

当然,上述对第十章和第十四章部分内容的总结,只展现了读书过程中碰见的有趣且对信托法研究和学习颇有启发之部分。随着对全书内容精读的纵深推进,我们在读书和研讨过程中,也频频遇到知识和翻译上的难点。在这些难点中,一部分来自翻译过程中如何以中文的方式忠实再现原文精义,另一部分也与在读书过程中能否完全吃透原书作者本意有关。学生在掌握作者原意的同时,通过中文表达再现其精义,在语言表达和专业能力两方面需要具备很高的要求。具体如下:

首先,在翻译并精读第十章和第十四章的过程中,要解决的语言难点之一,便是需要对专业术语以中文作出完全精准的对应表达。对此,在每次读书会讨论时,汇报同学需先行向参会师生指出,在本章中出现的专业词汇及其对应的中文表达。对于其中一些虽有精确对应但在中文理解上仍可能招致疑惑的词语,汇报同学须专门以“译者注”的方式对词汇加以说明。例如,在第十章第三节“信托创设”中,受益人确定规则要求信托文件指明具体的受益人或者受益人范围。若信托文件中明确赋予了受托人选择受益人的权力,该权力被认为是一种信托中的强制性权力(imperative power)(原书第392页)。该词实际指,受托人在满足权力行使条件时,必须行使该权力,不享有权力行使与否的自由裁量权。大家研讨后一致认为,对“imperative power”一词的解释有必要在注释中予以专门说明,以帮助读者更好地理解。

其次,在读书会研讨过程中,有时也会遭遇作者省略,但必须通过中文文字表达的内容。此时,就需要负责同学反复涵泳原文,揣摩作者本意。例如,在第十章的“信托变更”一节中,原书指出,若信托财产价值减少致使信托运作丧失经济上的效率时,即可通过美国《统一信托法典》第414条之规定,由法院终止信托(原书第435页)。但原书的注释中同时引用了一份2013年的判决,指出在信托文件有明确规定时,应当排除美国《统一信托法典》第414条的适用。但原文中,作者未在案件名之前添加转折连词。这要求负责同学在翻译过程中要留心此缺漏,并在读书会上将之提出,并与参会的老师和同学反复研读原文及相关判决,揣摩作者的本意。

最后,自2017年秋至2020年年末,信托法读书会持续两年有余。参与同学在楼老师指导下,认真对待每一个单词、每一句表达,反复切磋研讨;在完成中文译稿的同时,也成功跨越语言和法系的隔阂,深入学习了信托制度在美国民事领域的运作和规范。通过每周一次专题研讨的形式,参会同学的语言表达能力得到了高强度训练,专业分析能力也得以增强。更加重要的是,跨法系和跨语言的精读深思,为大家的专业研究提供了源头活水。

## 法律英语和法律知识的双重收获

——参加信托法读书会有感

陈陶(北京大学2018级商法专业硕士研究生)

作为一名对信托法研究兴趣浓厚的商法专业硕士研究生,在校期间参与了楼建波教授主持的“信托法读书会”,与多位优秀同学一起精读了美国信托法著作《遗嘱、信托和遗产:兼及税收和将来利益》(*Wills, Trusts and Estates: Including Taxation and Future Interest*)部分章节,收获颇丰。

**一、学术收获**

我主导阅读并汇报的是该书的第六、七两章。

第六章“遗赠撤销、扣减和失效”关注的是,从立遗嘱人签署遗嘱到其实际去世之间,遗嘱所设定的不同种类遗赠可能产生撤销、增加、扣减、失效等法律效果,导致最终受遗赠人得到的财产与遗嘱规定不一致。在研读时,我充分领会到了美国信托法律体系的复杂性,要经常比较普通法规则和制定法规则的区别和联系,以及一些古老的信托法规则与现代规则之间的演进关系。具体而言,遗赠撤销规则的来源有普通法规则和美国《统一信托法典》(UPC)规则两类。这两类规则存在一定的区别,其中,UPC 规则侧重立遗嘱人意图。例如,在特定遗赠撤销问题上,普通法遵循“同一性”理论,特定遗赠会因为个别事件发生而增加;UPC 则不关注可增加的遗赠分类,而关注“立遗嘱人意图”,要求遗嘱签署时确有“符合遗嘱描述”的遗赠标的物。又如,当遗产不足以支付立遗嘱人的所有指示时,普通法规则和 UPC 均设定了一般性的遗赠扣减顺序规则,但 UPC 允许根据立遗嘱人相反意图条款调整不同种类遗赠的扣减顺序。另外,根据普通法规则,对先于立遗嘱人死亡的人做出的遗赠应当失效,但如今该普通法规则已被废止——美国各州制定的反遗赠失效法以及 UPC 均明确了该受遗赠人后代“代位继承”遗产的基本立场,并衍生出一系列相当细致的裁判规则,例如,集体遗赠、替代遗赠、同时死亡、文书条款解释等。

第七章“旁证”则关注遗嘱检验法院对遗嘱等设定遗赠的文书的解释问题,以充分明确立遗嘱人对个人财产处分的实际意图。根据普通法传统规则,法院在解释遗嘱时严格排除和立遗嘱人意图相关但未经立遗嘱人签署且证人证明的旁证。但当遗嘱内容存在错误或歧义时,这一严格立场会受证据性质、他人欺诈行为等诸多因素影响,从而不利于实现立遗嘱人的真正意图。为了解决这些问题,现代规则允许遗嘱检验法院通过采纳旁证,设立以立遗嘱人真正属意受益之人为受益人的“推定信托”。法院的解释方法主要包括页面整合、遗嘱补正书参引合并、具有独立意义的事实发生等,并由此产生“倾倒遗嘱”“倾倒信托”等法律后果。此外,法院在不同场合采纳旁证的标准有宽松之别:在使用多方账户等遗嘱替代物的场合,旁证更容易被法院采纳;但对于土地契据,法院对于是否采纳旁证更加谨慎,通常会在个案中充分讨论净手原则、保护第三人利益等原则的适用性,并可能判决设立“归复信托”,而非推定信托。

## 二、阅读启发

除了具体知识上的收获,读书会的学习经历对我的法律学习研究有两点重要启发,使我在后来的学习生活中受益良多。

第一,遗嘱和信托法律规范的精细化发展。在本书学习阅读过程中,我数度惊叹于过往法律学习中并不常触及的“遗赠”法律概念,在英美法系中的法律规定和法院裁判经验之丰富,衍生分支之精细。以遗赠失效这一法律效果为例,本书相关章节从受遗赠人角度探讨了存活确切日期、同时死亡、失踪、针对一类群体的集体遗赠如何处理等问题,从立遗嘱人角度探讨了其相反意图条款、替代遗赠条款、剩余遗产条款的解释方法,规则适用范围方面则关注了可撤销信托、无遗嘱死亡等应用场合,甚至进一步提示了有关遗产规划等实务问题。

英美法中的信托发端于民事信托,与遗嘱联系紧密,法律规定和裁判规则也是如此。我国《信托法》适配我国商事信托为主的发展实际,但 2000 年之初制定后至今未修订,很多规定呈现“框架式”规范特征,在“实用性”上受到诸多质疑。尽管《民法典》中遗嘱认定相关规则正逐步完善,但相较于本书所呈现的法院裁判和成文法规则的丰富和具体程度,仍有很大差距。通过读书会上对英美信托和遗嘱法律体系和前沿问题的学习,我充分认识到我国信托和遗嘱相关民商事法律制度仍存在广阔的发展和完善空间,未来在探索如何精细化我国信托和遗嘱法律制度规则时,也可以以英美信托法为参考。

第二,个案裁判之于法律发展的启发促进。美国承继并发展了英国衡平法的信托制度,目前,美国联邦层面的 UPC 以及各州的成文法均建立了较为完备的信托法律体系。由于普通法和成文法、联邦法和州法之间不完全一致,因此,涉及信托遗赠的相关纠纷案例的法律适用问题异常复杂。具体而言:首先,遗赠相关案例裁判强调准据法,尤其是在美国,不同州的法院对于是否适用联邦成文法存在分歧,这对裁判思路造成明显影响;其次,在判例法的基本框架下,遗赠相关案例裁判聚焦个案细节,复杂百变的事实使许多个案裁判思路并不能被它案吸纳,具有独特性。

尽管如此,美国法院关注实际案例裁判、赋予法官较大自由裁判权的基本立场仍发人深省。一方面,大量裁判经验的累积提炼共性、明确特殊性,催生了信托、遗赠等领域法律原则的不断进化,促进法律规范持续完善,引领学术研究跟进反思;另一方面,法律裁判始终紧跟时事,与时俱进地关注和解决当下最具代表性的争议纠纷,发挥法律应有的定争止分功能。

**三、反思提升**

回顾在“信托法读书会”的学习经历,能取得前述诸多收获,主要是克服了三大挑战。

第一,来自法律英语的挑战。“信托法读书会”采取的是读原文、看原著的学习模式,相较于日常英语,法律英语具有独特的术语和复杂的长难句,这对习惯于中文阅读写作的我国学生而言无疑是第一道难关。在整个学习过程中,在老师和同学的引导下,我养成了善用“元照法律词典”等工具、拆分长难句和语法成分等英语学习习惯,逐渐熟练掌握和使用法律英语,逐渐习惯英文表达的阅读和写作模式,学习进度由慢到快。

第二,来自基本知识的挑战。例如,英美继承法中的“遗赠”泛指法定继承外遗产的转移,与我国继承法对继承和遗赠的区分存在根本区别。这是我在参加读书会前闻所未闻的。在学习过程中我被动接触了大量与遗嘱、遗产、民事信托发展有关的法律知识,并主动学习了英美财产法上不动产和动产规则、信托和遗嘱等文书、继承和遗赠等法律制度的区别和联系,对信托制度的发展脉络形成了更加完善的体系认知和知识谱系,对我国遗嘱和信托相关法律制度的应然逻辑和实然应用也有了更加清晰的认识和展望。

第三,来自英美民商法基本法律逻辑的挑战。信托是一种典型的英美法系舶来法律制度,要更好地掌握和了解信托相关法律规范,必须熟悉英美法系法律规则的表达程式和应用逻辑。在本书的学习过程中,我起初对英美法系成文法和判例法规则在遗嘱和信托领域的复杂使用感到烦恼,但通过脚注旁引、参考资料、师长讲解等方式,成文法规、裁判说理、法律习惯等法源发挥效用的路径不断明晰,对普通法系民商事法律规范的逻辑理解逐渐顺畅。以信托为切入点,我建立了对英美法律规则的基本理解框架。

## 《遗嘱、信托和遗产:兼及税收和将来利益》读后感

谢雪(北京大学2018级法律硕士研究生)

在我的研究生第一学年,楼老师在第二课堂上带领同门的硕博研究生同

学一同精读了《遗嘱、信托和遗产:兼及税收和将来利益》一书。

在阅读过程中,我对该书第八章"对遗嘱能力的限制"(Limits on Testamentary Power)一章的兴趣最为浓厚。这一章的主题是所有权人在处分财产问题上享有多大的自由。遗产处置是高度私人化的事项,但公权力基于公平等政策考量,会对其进行一定干预。在美国各州法律中,对于剥夺配偶或子女继承权的遗嘱进行了更多限制,其理论基础主要包括:(1)贡献理论,配偶对于家庭财产和死者遗产亦有贡献;(2)扶养理论,死者去世前的债务会延续,那么死者对于配偶的扶养义务也会延续;(3)避免不当干预,死者不应通过遗嘱不当干预子女、配偶的自由,例如,干预子女的宗教信仰和婚姻自由、破坏家庭关系、控制儿童监护权等。但几个世纪以来,支持死者自由处分财产、剥夺继承权的论点也一直存在,主要的论点包括:(1)激励其配偶、子女履行扶养、赡养义务;(2)促使配偶和子女保持工作和储蓄的动力;(3)有利于死者生前进行更好的遗产规划,例如,可以基于子女的不同需要分配遗产、可以为没有能力管理财产的子女以信托方式留下遗产。

法律政策的辩论固然有趣,但最终立法的价值选择往往需要在各具重要性的不同价值中进行平衡。同时,法律作为一门科学,更需关注在给定的制度政策目的之下的法律制度规则的设计与解释的细节。由此,精读英文原著教材能带给我们的特别启示,正是在于让我们了解域外法律规则的细节,从而理解在不同的制度基础之上,应当如何编织规则才能实现法律目的。

美国信托法对于遗嘱自由的限制主要有两种:一种是规定死者遗嘱中必须给某些继承人以固定的份额,另一种是裁量性的限制。固定份额固然在执行过程中具有简单、明确、易于管理的特点,但过于死板,往往造成继承人分配的份额与实际需要之间的错配。因此,美国部分州的法律赋予法院裁量权,使法院可以基于婚姻存续时间、继承人的工作能力、财产负债等各种因素公平分配死者的财产。但裁量性的限制可能带来更多的诉讼,执行效率也较低。

为了规避上述限制,许多人会在生前转移财产,使得法律对于遗嘱自由的限制落空。为了填补法律漏洞,美国发展了对生前财产移转的异议制度。从比较法的视角来看,我国的继承法尚无相关具体的规则,但破产法中有类似的规则。当我们在阅读过程中将这些原理上共通的制度联系起来,往往能有顿悟和理解更深入之感。

为实现同样的政策目的,在不同的制度基础上会形成不同的具体规则。

例如,如今美国遗嘱自由的最重要限制涉及配偶享有选择的遗产份额(elective share)或夫妻共有财产份额(community property share)的权利。这两种制度分别在美国适用夫妻分别财产制的州和适用夫妻共有财产制的州适用。夫妻共有财产制起源于日耳曼部落的习俗,现在夫妻共有财产制存在于欧洲许多国家。美国原属西班牙殖民地的州也基本选择采用夫妻共有财产制度,因为它们认为普通法关于夫妻财产的规则是不公平的——普通法认为妻子的财产属于她的丈夫,选择夫妻共有财产制度能更好地保护已婚妇女的权利。但随着越来越多的已婚妇女在外工作,这两种财产制度的区别也在逐渐减小。由于美国不同的州适用不同的夫妻财产制度和配偶遗产份额制度,由此引发了在我国不常见的法律适用问题。法院通常适用财产所在地法的传统规则,但是也有适用住所地法的趋势(尤其是在动产案件中)。

《遗嘱、信托和遗产:兼及税收和将来利益》一书在每一小章节都举出了大量案例,在精读过程中,我们也常常检索案例原文阅读。相较于大陆法系国家,英美法系通过大量的判例编织出的法律规则之网也给我们留下了深刻的印象。例如,主张限制遗嘱自由的原因之一是立遗嘱人可能会不当干预子女的婚姻自由,该书在相关章节亦举出判例,如在立遗嘱人规定"我去世时,我女儿已与丈夫结婚并与丈夫生活"的情况下,立遗嘱人对女儿的遗赠才能生效。法院认为这一遗嘱是有效的,因为只有长期地、维持性地限制子女婚姻的遗嘱才是不可接受的,"关于限制婚姻的公共政策应仅与持续的诱导有关",而在本案中,"权利在(立遗嘱人的)死亡时就变得绝对确定了"。在翻开该书这一章之前,我对于法律如何平衡个人处分财产的自由与公共政策的目的之间的关系抱有很多疑惑,这些判例帮我解答了这些困惑,公共政策对于个人自由的限制程度,确实不是"一刀切"地规定遗嘱不能限制子女婚姻自由就能确定的,而是需要在个案中基于案件的具体事实来衡量法律的目的如何实现,从而确定一个对个人自由限制的恰当尺度。

这样事无巨细、毫无漏洞的判例法体系固然值得赞赏,但也有过于繁复之虞。作为非美国法律专业的学生,在研读美国法时,常常有窥一斑难知全豹的吃力之感,对于海量的判例,更是难以一一掌握。不难想象,美国普通人若在给自己立遗嘱时要研究一个法律问题,需面临怎样的困难,也难怪美国律师行业如此发达,收费也如此高昂。我国的指导性案例制度在一定程度上可以在细化规则适用和避免规则过于繁复两个目的之间做到折中。当然,也如其他老师曾讲过，我国许多立法规则供给目前仍处于十分匮乏的状态，尚未到担心规则过于繁复的地步，目前更应关注规则的完善。

由于遗嘱、信托等制度与许多英美法上古老的制度存在紧密的关联，在阅读本书的过程中，我们也因对这些制度缺乏了解而面临了一些困难。例如，本书在讲解有关土地的遗嘱的限制时，讲到历史上的兵役土地保有权，即 16 世纪之前封建主义法律限制土地遗嘱处分，是由于土地受封人是基于其个人能力取得封地，因此，封建领主限制其将该土地转让给能力较弱的人。为了规避这样的规则，英美法也就产生了用益法的制度，通过转让用益来使得受让人实际上取得土地的权利。若法学院能通过开设英美法课程和开展更多第二课堂活动，阅读让学生了解英美法的制度发展，也能帮助我们更好地掌握这些制度的来龙去脉，加深对制度的理解。

在第二课堂上精读本书的过程中，我在知识上的收获良多，也与一同读书的师友建立了深厚的友谊。衷心希望学院的第二课堂能越办越好，为师弟师妹们提供一个良好的共同学习交流、拓展学术兴趣的平台。

# 郭瑜老师的私塾

## 口述海商法史

## 郭 瑜

复旦大学法学学士，上海海运学院法学硕士，北京大学法学博士，英国剑桥大学LLM。现为北京大学法学院副教授，海商法研究中心主任。主要研究领域包括海商法、国际商法和电子商务法。著作有《提单法律制度研究》《电子可转让记录的单一性难题和破解》等。

## 总体说明

“口述海商法史”第二课堂的目标是通过组织学生访问海商法界的老前辈，记录中国海商法发展史上的重要事件和人物，保存海商法史料，同时帮助学生熟悉海商法发展史。

我国《海商法》自20世纪50年代以来就在酝酿之中，是改革开放后在商事领域颁布的第一部法律。中国有独立的海事法院系统，在世界上独树一帜，并且审理了世界上最多的海事案件。中国海商法的发展历程特色鲜明，在立法、司法和研究等各方面有许多经验值得总结。但当前学术界对中国海商法发展历史的研究非常薄弱，基本没有系统的研究成果。

口述史是一种较新的历史学研究方法，很少在部门法研究中被采用，海商法领域更是从未进行过相关研究，对中国海商法发展历史进行口述史研究是一次大胆尝试，可能也是一次非常及时的尝试。因为过去为中国海商法发展做出过贡献的学术泰斗与资深专家相继老去甚至相继过世，随着他们的离去，一段珍贵的历史记忆也将随之尘封，后世之人也将因此面对诸多困惑。挖掘这些珍贵的回忆，将老一辈专家学者们的海商法记忆实体化，减少这些宝贵智慧与经验财富的损失，可谓时不我待。

因此，借助北京大学法学院启动“第二课堂”项目之机，“口述海商法史”第二课堂正式开设。课堂由海商法任课教师在海商法课程常规教学外自行组织，征集国际经济法专业的研究生自愿参加。

在本课堂开设期间，学生们先后访问了30余位海商法专家学者，采访对象包括20世纪50年代参与《海商法》初次起草的学者、中华人民共和国第一代海商法教授、第一代海事法官和律师、在航运相关公司从业几十年的商业人士，这些专家学者平均年龄在70岁以上。采访秉持“非中心化”的理念，通过这些人士不同角度的讲述，追忆中华人民共和国成立后海商法从无到有、从简陋到完善的艰苦历程。访谈结束后，学生们将录音资料整理成访谈文章，在微信公众号“口述海商法史”上定期推送。

无论是对任课教师还是参与的学生，“口述海商法史”第二课堂都是一次全新的尝试。学生们参与的热情很高，在课堂活动中投入了大量时间和精力，从访谈前的准备、进行访谈到访谈后的资料整理，每一步工作都尽量做到细致扎实。每一篇访谈文章在微信公众号上推出后几乎都会被广泛阅读和转载，在海商法领域获得广泛关注，并引发许多讨论和更多的回忆，基本实现了“发掘中国海商法集体记忆”的初衷。师生们通过参与课堂的活动，增进了对海商法的了解，也初步掌握了一种新研究方法。

## 组织程序

本课堂由3组人员共同参与完成。首先是授课教师，负责整体规划、问题讲解和所有的联络工作。其次是学生，负责文献检索、执行访谈和撰写访谈录。学生主要是国际经济法专业选修了海商法课程的研究生，根据自愿原则参加，先后大约有50名学生参与课堂活动。最后是校外专家顾问组，负责推荐访谈对象、提供访谈线索和审阅访谈记录。专家顾问组由吴焕宁、尹东年、叶伟膺、张永坚、孟于群等资深海商法专家组成。三组人员互相配合，尽量实现三项合作，即师生间的合作、学生间的合作以及校外校内的合作。

课堂的具体开展分为访谈前、访谈和访谈后三个阶段。

第一个阶段，访谈前。这个阶段的工作主要是选定访谈对象、敲定访谈提纲。访谈对象的选择有两种方法：专家顾问组推荐、网友建议或自荐再由专家顾问组确认。对访谈对象的选择标准如下：一是代表性，即应亲身参与过中国海商法的立法或司法实践，对所谈话题有比较权威的了解；二是多样化，即应涵盖立法、司法、商业、教育等各领域的人士，尽量从不同的视角呈现中国海商法的历史演进；三是紧迫性，即第一批访谈对象年龄在70岁以上，以便尽量保留1949年以来中国海商法发展的早期记忆。在访谈对象确定后，通过多种渠道联系访谈对象并取得同意后，教师会与参加的同学开会，根据同学的兴趣和时间，由2~3名学生自愿组成采写小组。采写小组进行文献搜索，了解访谈对象的基本资料，再拟定访谈提纲。访谈提纲由教师交由校外专家顾问团队讨论、修改，再反馈给采写小组。

第二阶段，访谈。访谈地点根据访谈对象的要求，或者在校内或者在校外。当需要访谈的专家不在北京时，为了节省时间和费用，一般是由恰好在当地或附近地区实习的学生前往访谈。为了对一位参与过《海商法》起草的美国专家进行访谈，还曾指派正在美国交流学习的学生前往该专家所在城市访谈。

访谈由学生利用课外时间进行，全程录音，并在谈话结束后由受访者签署录音和文字记录授权使用书。

第三阶段，访谈结束后，由采写小组将访谈内容整理成文，由教师阅读修改，再由全部参与课堂活动的学生一起阅读并提出修改意见，同时将初稿发给专家顾问组征求意见。采写小组根据各方意见修改后，将稿件发给访谈对象，确认无误后定稿。定稿后的访谈录在微信公众号“口述中国海商法史”上推送。该公众号每周定期推送采访文章，在海商法界引起广泛关注，每篇文章都吸引了大量的点击和留言。学生通过微信留言板和微信后台运营积极与读者交流沟通，吸收反馈意见，一方面完善了访谈活动，另一方面也在互动中将海商法史的信息传递给更多的社会公众。同时，访谈录会作为中国海商法历史的文献资料，在教师讲授海商法课程时使用。受访者在访谈中往往会提供一些有史料价值的文件、照片等，参与课堂活动的同学会将这些资料与每位访谈对象的录音及最后整理成文的访谈录做成资料包，在北京大学海商法研究中心留存，以供将来教学科研之用。

## 访谈目录

1.《从唱歌开始的缘分——吴焕宁教授访谈录》

2.《边教边学，知行合一——尹东年教授访谈录》

3.《“误打误撞”中走向海商法——司玉琢教授访谈录》

4.《从英语老师到武汉大学海商法奠基人——张湘兰教授访谈录》

5.《燕京大学走出来的远洋系教授——王义源老师访谈录》

6.《世界需要中国，中国需要世界——我们记得的海商法协会成立经过》

7.《海仲、海协的三项纪录保持者——刘书剑先生访谈录》

8.《26 年前与中国海商法的那次相遇——Robert Force 教授访谈录》

9.《从国际贸易角度研究海商法问题的专家——张玉卿先生访谈录》

10.《海商法研究中一个难以忽略的“过客”——魏家驹先生访谈录》

11.《参与开创我国海事仲裁、海损理算事业——高隼来先生访谈录》

12.《我的二伯父魏文翰——魏友宏先生访谈录之一》

13.《我的父亲魏文达——魏友宏先生访谈录之二》

14.《我了解的海事审判早期情况——费宗祎先生访谈录》

15.《勇闯国际海事组织的中国人 ——沈肇圻先生访谈录》

16.《住在"长江头"的海商法学者——杨树明教授访谈录》

17.《海商情　中国心——杨良宜先生访谈录》

18.《向实践学习,拜能者为师——黎孝先教授访谈录》

19.《从中波轮船公司到国际海事组织——余大经先生访谈录》

20.《海天搏击五十年——叶伟膺先生访谈录》

21.《躬行实践,笔耕不辍——孟于群先生访谈录》

22.《"中威轮船案"半个世纪的索赔史——陈经纬先生访谈录》

23.《改革开放后最早从事海事海商业务的律师之一——高宗泽先生访谈录》

24.《愿〈海商法〉听见长江的涛声——周明达先生访谈录》

25.《我与厦门海事法院的27年——张希舟先生访谈录》

26.《海商法的"旁观者"——张永坚老师访谈录》

27.《坚持海事审判的"工匠精神" ——王彦君先生访谈录》

28.《中远海上保险元老——史贤训先生访谈录》

29.《从〈海商法〉起草到践行——杨文贵先生访谈录》

30.《"放眼世界,脚踏实地" ——朱曾杰教授专访》

## 访谈示例

### 我了解的海事审判早期情况

——费宗祎先生访谈录

费宗祎先生曾是中国最高人民法院法官、最高人民法院审判委员会委员、北京大学等多所大学的兼职教授,并连续两届任中国国际法学会、中国国际私法学会副会长、中国知识产权研究会副理事长,同时也是中国国际贸易仲裁委员会的副主任。费老在最高人民法院工作期间,处理了很多海事方面的工作,主持并亲自起草了有关海事审判的两部司法解释。这两部司法解释在我国《海商法》颁布之前,对我国的海事审判工作起到了非常重要的指导作用。2018年1月6日下午,我们来到费宗祎先生的家中,费老虽满头银发,但精神矍铄、兴致颇高,在北京冬日和煦的午后阳光中,向我们缓缓道来他与海商法的奇妙"因缘"。

**海事法院成立初期的海事审判**

问:费老,您长期在最高人民法院工作,在海事法院成立之前,您是否处理过海事案件?

费:海事法院成立时,我还在研究室,没有在经济审判庭。经济审判庭成立之后,我处理过海事案件,但不是最高人民法院自己直接处理,而是下面的法院先处理,直接起诉到最高人民法院的案子很少。下面的海事法院,有广州的,有上海的,海事法院是中级法院,他们在处理海事案件时,会将有问题的案子拿到最高人民法院,当时这叫作"请示"。经济审判庭曾经处理过一个下级法院请示的案子,我记得是广州海事法院请示的。经济审判庭处理这个案子时,将我从研究室找过去讨论。我直接处理的案子很少,一般案子大多是到不了最高人民法院这个层级的。

问:您还记得第一家海事法院成立的时间吗?

费:第一家海事法院成立的时间,不是 1982 年,就是 1983 年,不会晚于 1984 年。我从研究室调到经济审判庭后,海事、知识产权和涉外经济审判,都是我们主管的。1984 年,海事法院就比较健全了,天津、大连、青岛、上海、广州和武汉,都有海事法院了,我知道的就是这 6 个。

问:海事法院成立初期的情况是怎样的?在海事审判方面遇到过哪些困难?

费:我是 1984 年起担任最高人民法院经济审判庭副庭长。我主管经济审判以后,当时海事法院的初步情况是案件比较少,海事法院中真正懂得海事、海商的人不多。当时,海事法院的审判人员大部分是从民事审判部门转过去的,有的是从行政部门转过去的,比如,港务局中处理过相关海事事务的、有相应经验的就会来海事法院。经过大学四年海商法训练、熟悉海商法的人很少,更不用说有海事审判经验的人了。中国当时只有大连和上海有海运学院,其他地方都没有专门的海事学校;师资力量上,中国政法大学只有吴焕宁,上海力量比较强,有魏文达教授。

我们发现,当时的海事法院有一个严重的问题是,不知道哪些案件能管,案件到了以后不知道该不该管。还有,在海事案件中,船舶发生碰撞以后,肇事船舶到了中国港口,却不知道该怎么扣留肇事船舶。扣留船舶是一种外事,需要经过外交部门的批准才可以扣。当时,外事无小事,事事要请示。法院要扣船,必须经过当地的外事部门请示到外交部门,外交部门同意后才能扣船。

而等到外交部门批准下来,肇事船已经跑了,因此,海事法院反映的情况就是,扣船很难。诉讼法中有保全的规定,但没有扣船的规定,也没有扣押令的规定。所以我在最高人民法院经济审判庭,经过一段时间的摸索之后,决定成立一个小组。当时小组里,有中国国际经济贸易仲裁委员会的一位海事仲裁员高隼来,还有其他几个人,一起到天津、大连、青岛和上海的海事法院参观。总结起来,我们发现了三个问题,第一个问题是审判人员的业务水平有待提高;第二个问题是案件的管辖不清;第三个问题是海事案件中扣船扣不了。

我们回来以后,就针对这些问题商讨解决方法。当时来讲,要靠修改诉讼法或制定海商法来解决这些问题是不可能的,因此,最高人民法院制定了两个司法解释。一是关于海事法院诉讼管辖的规定[1],规定了海事法院与普通法院的分工、海事法院可以管辖哪些案件以及海事法院彼此之间的分工,如上海和青岛的海事法院管辖区域的划分。我们列举了很多案件,说明海商的哪些案件可以管,海事的哪些案件可以管。这个规定作出之后,海事法院就清楚什么案件可以受理,管辖的依据又是什么,因此这是一个很重要的司法解释。二是关于扣船的规定。[2] 这种规定要先和外事部门商量,扣船在国际上通行的做法就是任何法院都可以管,不需要通过外事部门。最后,我们达成一致决定,以后中级人民法院遇到这样的问题,经高级人民法院同意就可以处理,法院系统内部就可以定夺,不用再通过外事部门双重同意,这是很大的改革和突破。同时,这个司法解释也规定了如何具体执行扣船。扣船的人要带上扣押令,到了船上,将扣押令交给船长并宣告;如果船长拒绝接收,就把扣押令贴到驾驶室中,不允许这艘船离岗。当时,我记得我们跟其他国家谈判的时候,就说到海事案件应该如何处理,但没有海商法怎么办呢,后来最高人民法院发布了这两个司法解释,我们也就放心了。

开始的时候就是这样,海事审判打不开局面,也就是不知道能干什么,惧怕案件。当时来讲,海事法院和海事审判已经有了,主要是要敢于办案,这是第一步。第二步是接了案件以后怎么办,提单的问题如何处理,货该归谁,无单放货又该如何处理。这两个司法解释就是解决第一个问题的。

---

〔1〕 参见最高人民法院《关于涉外海事诉讼管辖的具体规定》,于 1986 年 1 月 31 日发布并实施,现已失效。

〔2〕 参见最高人民法院《关于诉讼前扣押船舶的具体规定》,于 1986 年 1 月 31 日发布并实施,现已失效。

问：在我国《海商法》颁布之前，主要是根据什么来审判海事、海商的案件？

费：主要是根据这两个司法解释，还有民法、国际条约之类的。当时，我国还没有《合同法》，施行的是《经济合同法》，《经济合同法》中有关于运输合同的规定，我们就是用这一法律来审理案子的。

问：我国设立海事法院是由哪些人发起的？我们如果想了解这段历史还可以找谁？

费：现在最高人民法院的相关人员都已经退休了。我是1950年到最高人民法院工作的，后来离开后，1980年再回到最高人民法院，回来后也不在审判庭，是在研究室。经济审判庭成立以后，再成立海事法院，具体怎么成立的，我不是太清楚，我没有直接参与。可以看看《人民法院组织法》里涉及的相关内容。

问：费老您处理过的案件中，有什么是让您印象深刻的？

费：我记得比较清楚的一个广东的案子，应该发生在汕头。[1] 当时，广东省高级人民法院处理这个案子，觉得这个案子有问题，向我们汇报。这是关于一艘海盗船的案子。这个船从我国香港特别行政区运过来一批马来西亚的橡胶，运到东边的海面时消失了，实际上就变成一艘鬼船了，船名也改了。然后，这艘船就在海上漂泊，漂泊一段时间后，船主将橡胶卖给了中国汕头的一家公司。这批橡胶原来的买主有提单，可是找不到船，原来买主发现这艘船在海上将货卖给了中国公司，原来的买主就起诉了这家中国公司，要求中国公司将这批货交还给他。这个案子提交到了广东的法院，引起了一些争论。

对此有人主张，托运人运输了货物以后，原来的买主只能找船长要，不能找后来的新买主，即中国汕头公司要。原买主起诉的话，可以起诉船东，也可以起诉卖主，因为卖主没有将货交给原买主，这就是从合同纠纷、债权债务的角度来提起诉讼。广东的法院派人查了这条船，查明这条船引擎上面的标签和原来的船一样，且还能看到原来的船名，另外，航行文件也能证明这条船是失踪的那条。它开到一定时候，船主将原来的船员遣散了，招收了一批新的船员。中国汕头公司买这批货时，知道这批货来路不正。经过研究以后，我们认为当事人不按照运输合同来起诉，而是按照物权请求权来起诉，完全可以成

---

〔1〕 经查，应为“兴利公司、广澳公司与印度国贸公司、马来西亚巴拉普尔公司、库帕克公司、纳林公司货物所有权争议上诉案”。

立。对于被起诉人来说,该案件实际上不能按照善意取得来处理。这个问题经过最高人民法院处理后,报到了最高人民法院审判委员会,审判委员会认为这样处理是可以的。这个案子的影响比较大,我经手详细研究后提交了我们的方案,告诉了广东的法院,广东的法院就按照我们的意见来处理这个案子。这个案子大概是 1987 年、1988 年的事情了。

总的来说,我在最高人民法院经济审判庭主管海事的时间并不是太长。20 世纪 80 年代末,最高人民法院另外成立了交通运输审判庭,审理海事和铁路方面的案件。铁路法院不是地域性的,划分方式与普通法院不一样,是跨区的,归到地方省法院管辖。海事法院和铁路法院当时有一个共同的问题,即长期隶属于当地的行政机关。上海海事法院的人、财、物长期都是上海港务局管,铁路法院归铁路局管,行政机关负责司法活动,这一直是个很大的问题。当时开始设立海事法院和铁路法院的时候,最高人民法院没有钱,也没有人去组建,铁路法院是当地的原铁路局组建的,由原铁道部和原交通部出钱。行政机关负责司法活动这个管理上的问题在 20 世纪 90 年代初就解决了,之后两个法院都归法院系统管了。这也是一个历史的原因,应该说两个法院归回法院系统管理是在最高人民法院成立了交通庭以后。交通庭在 20 世纪 50 年代初就有,后来被撤销了,之后又重新设立,海事就被划到交通庭了。后来我管的海事方面的工作就不多了,都是海事审判发展初期做了一些事情。

问:您觉得海事审判在我国经济审判中处于怎样的地位?

费:海事审判已经脱离了经济审判。20 世纪 80 年代早期,经济审判包括很多商事经济的案件,但是那时已经成立海事法院了,高级人民法院没有专门的海事审判庭,就归到经济审判庭中。现在也是如此,海事案件和涉外案件一起归到了最高人民法院的民四庭。知识产权也是,之前工业产权归到了经济庭,著作权归到了民庭。现在成立了知识产权庭、民三庭,把这三权合在一起了。从行政上,我国分设了商标局、版权局、专利局,现在知识产权局只有专利,时任总理朱镕基想把这三个局放在统一的知识产权局中,虽然名字改了却没有做到,版权还在出版总署,商标还在工商局,没有做到真正统一的知识产权局。这是不正常的,我们一再呼吁应该统一。海商将来也是如此。海商在大学里很难成为一个独立的系,只能在商法里设一个专业,达不到那个程度。就像航空法很难成为一个专门的系,当然可能在航空学校里设立航空法,但是在普通大学里就很难。普通大学根据需要有能力加大这方面的力量,招收更多学生。现在有了海运学院以后,别的地方招收学生就很困难。大部分都是从研究生开始招学生,但我觉得有专门的海运学院更好一点。师资力量比较集中、学生比较集中,学习环境氛围浓厚,群体的力量比较好。

**对海商法起草工作的参与**

问:费老您是否参加过海商法起草的工作?

费:我没有直接参加海商法起草工作,只参加过一两次的讨论。海商法是当时我国国内法参照国际条约起草,将条约内容移植到国内法中最多的一部法律。海商法大量采纳了国际条约里的相应规定,当时来讲,这是很正确的。有些条约我们没有参加,但已经有很多国家在使用,我们应该采纳。

当时在海商法的起草过程中,海运事务部门起到了很大作用。比如,已经过世的朱曾杰、教育系统里最年长的一位魏老师、上海海运学院的很多老师都出了很多力。我的师兄,也是国务院原法制局的老师主持起草的这个稿子,经过了七八年的时间,起草比较早,但一直拖拖拉拉,很多问题没有定,最大的问题是我们要不要完全采纳国际公约。当时,最大的公约是海牙公约、维斯比规则还有汉堡规则,这几个公约,我们到底应该采纳哪一个。说到底,就是以后的规定是更有利于货方还是船方,这个利益应该如何平衡。那时我们国家的船很少,大多是租的别人的船,但是也应该考虑我们的船队以后也要发展。尽管这几个公约我们都没有参加,但是提单内容基本都是海牙公约。海商法一直没有出台,就是在讨论如何平衡这个利益更恰当。从发展来看,显然汉堡规则更好一点,或者说是对货方的利益保护更多一点,当时我们是更倾向于海牙公约,所以我们海商法跟海牙公约比较近。

中国远洋运输发展那么快,过去是完全由别人的船队来运输,现在是自己的船队都“吃不饱”,这是一个大问题,这是我们涉外法律中很大的问题。在投资补偿方面,过去我们接受投资国的投资,从心态上、思想上,是基于保护东道国的利益,但现在我们大量地投资国外、签订投资条约、仲裁,我们如何处理合同产生的纠纷,这是大原则上的把握。总体来讲,过去我们处于弱势的、受别人摆布的地位;在心态上,我们处于一个防御的地位。现在我们不一样了,经济发展那么快,我们要“走出去”,建设“一带一路”。我们要考虑自己的利益,也要保护接受国的利益,重新调整我们的心态,调整立法的规定。我们一定要强调互利,强调共赢,用这样的思想来起草我们的法律,将来我们的海商法也要如此,既要保护到托运人的利益,也要保护承运人的利益。这个利益如何平衡好,将是我们在修改海商法的时候需要重点考虑的内容。我们不能像过去一样,偏重于保护自己的利益,过去偏向于船方和托运人。现在我们应该强调利益的平衡和均衡,应该平等地保护双方的利益。

**海商法优秀论文评论委员会委员**

问:您曾经担任全国海商法优秀论文评选委员会的委员,能请您介绍一下这方面的情况吗?您认为当年的评选活动对我国海商法的理论和实践产生了怎样的社会影响?

费:这个论文评选举办了很多届。主要发起人是我国香港特别行政区的杨良宜,大家对他都很熟悉。当时,他倡议、出资,每次都是他自愿掏钱。那时候国内没什么钱,原交通部也没有钱。评选论文很多,既要发奖,还要找人评论,都需要钱。这个论文评选活动有一个评论小组,我记得组员有远洋公司的朱曾杰、保险公司的李嘉华,还有司玉琢、尹东年、吴焕宁等教授。这个活动每年举办一次,会接收很多论文。参加活动的人以学校的研究生、大学四年级学生为主。法院和运输部门的人员也有,但是很少。评论小组每个人都要看这些论文,看完后投票。这些论文更多是谈理论内容,比如提单的性质、无单放货。一方面是理论,另一方面是实践内容。海商法颁布之前,这些论文对法院审判起到了很大的作用。我们同时也向他们学习,对我们具有参考意义,立法也有启发。

这项工作起到了很好的效果,杨良宜对海事审判的发展功不可没。杨良宜写了很多书,到过很多学校讲课。他作为一个香港特别行政区的知名律师,这样热心地来做这件事,对海商海事在中国的发展起到很好的作用。

问:这个评选活动,您每一次都参加了吗?您觉得这些参评论文的水平怎么样?

费:我几乎每次活动都参加了。一开始论文水平不是太高,后来就很不错了。我印象比较深的是李海,他现在是一名海事律师。我们对论文评选的要求越来越高,有一两期没有一等奖。另外,我们后来发现论文重复的比较多,研究水平也不太高。初期研究的人很少,论文就比较突出。后来研究的人多了,研究不深入的问题就凸显了,当然,前几年研究确实发挥了很好的作用。另外,也可能后期谈具体问题的论文比较多。这部分资料,不知道现在谁还有，我有一部分因为搬家遗失了，真是可惜。朱曾杰应该有，司玉琢也可能有。我不太清楚这套资料是谁保存的。朱老走了很可惜，这些问题他很多都清楚，整个海商法的脉络他都十分了解，而且他是中远顾问，参加的国际会议比较多。

**与海商法相关的其他工作**

问：费老您是否曾担任过海事审判的仲裁员？

费：我不是海事仲裁的审判员，我是中国国际经济贸易仲裁委员会的副主任，后来当顾问。中国海事仲裁委员会也曾邀请我当副主任，后来院里面让我别当那么多。我也不是海商法协会的会员，但每年他们都给我寄杂志。海事仲裁的案件不太多，海事案件每年到中国海事仲裁委员会的就七八件，最多不超过 10 件。

问：除了海商法，您还是国际私法和国际经济法方面的专家，国际私法和国际经济法对您进行海商法领域的相关工作有什么启发和帮助？

费：海商法跟国际私法关系密切，在海事案件的处理中涉及很多国际私法方面的问题，如管辖权的问题。我们在起草海事适用法的时候，本来打算把这个归类过来，但还是决定暂时将国际私法的部分保留不动。因此，在国际私法方面，很多是碎片化的，没有集中起来。未来海商法修改，是否要把国际私法的规定纳入进来，就看立法机关的态度。

上海海事大学的王国华教授，一直在努力将海商法和国际私法结合起来。她写过一本书，系统地讲过这个问题。

问：费老您能介绍一下您翻译的《德意志民主共和国民法典》吗？

费：那是我在回到最高人民法院之前翻译的，那时还没有想到要起草民法，当时觉得这部民法典和传统的民法典确实有很大的变化，跳出了传统的结构，特别是对公民权利的保护特别突出，德意志民主共和国能够对公民的权利保护程度这么高是很难得的。比如，有一条规定是公民可以在郊区卖土地盖房子，甚至别墅，当时我就觉得这些规定太不一样了。之后，最高人民法院调我回来，派我去参加民法三稿和四稿的起草工作时，我就说有多少外国参考资料。他们只有《法国民法典》《德国民法典》《捷克民法典》，我就把我的翻译草稿拿出来用了。这本书是在 1980 年以后才发表的。

问：费老您觉得海商法是否有被边缘化的趋势？

费：也不是边缘化，它是一个专业性太强的学科，师资不多，没有老师开课，设置专业开课困难。

问：现在我们国家的“一带一路”倡议，您觉得有没有必要进一步加强海商法教育？

费：海商法将来必须进一步加强。目前，司玉琢呼吁要成立大的“海法”，不应该仅限于《海商法》。“海法”范围就大了，不仅包括狭义的海事运输、海上碰撞，还包括海洋污染、海洋环境等问题。当然，这个能不能实现不知道，但是他看到了海商法宏观发展的必要性。我们“走出去”不仅有海运的问题，还有港口建设的问题，包括港口建设、港口碰撞的事故等，航空也是如此。将来随着形势的变化，我们“走出去”的势头越来越大。我的想法是，应该加强海商法的立法。而且我觉得还是应该更多地和国际接轨，这是一个正确的道路。国际条约因为历史原因是由几个航运大国约定的，要看规定是否合理，我觉得可以吸收合理的东西来借鉴和继承。

访谈人：北京大学“口述海商法史”小组　范令箭、旷瑾

2018年1月6日

# 杨明老师的私塾

## 知识产权法与竞争法经典文献阅读

关于作者

## 杨　明

北京大学法学院教授，博士生导师，知识产权法学科召集人，北京大学法学院互联网法律中心主任。

2004年7月进入北京大学法学院从事博士后研究，自2006年7月起留校任教；曾经在美国加州大学伯克利分校法学院、美国阿克伦大学法学院、美国华盛顿大学法学院担任访问教授；发表中英文论文60余篇，出版学术专著4部、译著3部，主持国家社科、教育部、司法部、中国法学会课题4项，主持横向课题及参与国家社科、国家自科课题10余项。

## 总体说明

在知识产权法和反垄断法的高阶课程和专题研究中,阅读经典文献,尤其是英文原文文献,对于学术型硕博士研究生了解相关领域的学术发展脉络、掌握经典理论和重要思想、构筑起自己的研究方法,这些都是基础性的,也是非常关键的学术训练。然而,长期以来,学术型硕博士研究生这方面的训练非常不足,虽然有整体培养方案设计的合理性问题,也有博士研究生发表任务的压力问题,但是,学生自身的惰性、缺乏老师的有效指导也是非常重要的原因。在近些年的教学过程中,我深刻体会到了知识产权法专业的研究生在阅读经典文献方面的严重不足。一方面是之前的本科学习缺乏积累;另一方面是缺少指引、不知道该读哪些文献,因此阅读习惯无从谈起,已经显著地影响了研究生们形成问题意识的能力,以及面对现实问题常常不知道该从何分析起。

学术训练方面的缺陷对于学生未来的学术道路,甚至从事实务工作,都产生了非常显著的负面影响。研究能力不仅仅对于学术活动至关重要,对于新问题层出不穷的知识产权法和反垄断法领域的实务工作也具有显著意义。通过系统、深入、研究性地阅读本领域经典文献,研究生们可以了解知识产权法和反垄断法的基础理论问题、理论发展脉络、各争议问题形成的背景以及分歧产生的原因;并且更为重要的是,在前人研究的基础上,学生们能够通过这样的学术训练,逐渐构筑起自己的方法论,养成分析问题讲逻辑、解决问题有方法的习惯,这对于他们未来的学术研究或实务工作具有重要意义。经过若干年的尝试,至少在撰写硕博士学位论文的时候,参与过经典文献读书会的学生们会更加游刃有余,相关研究开展得有条不紊。

基于上述认知和初衷,在法学院的大力支持和资助下,我在 2020 年秋季、2021 年秋季和 2022 年秋季连续组织了第二课堂读书会,阅读范围确定为"知识产权法与竞争法经典文献",挑选的文献包括但不限于研读书目上所列之著作和论文。关于经典文献的选择,我的经验来自美国访问时的经历。2008 ~ 2009 学年,我前往美国加州大学伯克利分校法学院做了一年的访问学者。在此期间,我系统学习了五门课程专利法、著作权法、知识产权交易、法和经济学、知识产权与反垄断。此外,两个学期分别完整地参加了 Seminar 和

Workshop。通过这些课程和学术活动，我更加夯实了在知识产权法和竞争法领域的基础理论知识，不仅对理论发展脉络、经典案例都有了一个全新的认知，更为重要的是，通过阅读经典文献和最新前沿学术研究成果，我意识到了方法论的重要性和自己在这方面的不足，从而有意识地对自己进行方法论的学术训练，也积累了丰富的学术材料。而这些都成为我如今开设第二课堂的扎实基础，过往的学术经历使得我知道如何为学生们设计阅读计划、挑选文献，打开他们的学术视野、循序渐进地提升自己的学术能力、养成阅读习惯。

实际上，我在自己讲授的正式课程中也长期推行同样的学术训练。当然，根据具体课程的不同，文献选择会有所不同，但一些基础性的、涉及方法论训练的文献在各门课程中都会安排。经过多年的努力，此种方式已经得到知识产权法专业硕博士研究生的认可，不少同学都从入学伊始即开始进行学术积累、迅速培养起阅读习惯。众所周知，开始阅读并不困难、难的是长期坚持（方可称之为习惯），但是，这种自我约束对于学生们来说是不容易做到的，尤其是阅读只有通过长期效应才能看到效果，因此，那些给自己"加负"（没有学分）并能长期坚持下来的学生，着实让人感到欣喜。

在开展第二课堂的过程中，除了讲解知识点、阅读体会、获得的研究启发之外，我还会和学生们聊起自己的亲身经历，尤其是自己经历过的困惑、挫折、懈怠，让学生们认识到，求学过程就是锤炼自己的关键时期，也是最应珍惜的时光，学术训练是一个长期的过程，不必为一时之通透而沾沾自喜，也不必为一时之困顿而焦虑不安，要相信自己，只要有了正确的方向和方法，持之以恒地努力往往就会在不经意间让自己"通关升级"。几年下来，第二课堂的设置初衷基本实现，不少学生表示自己收获很大，而且我也注意到，有些学生真正养成了阅读习惯，让人颇为欣慰。

## 组织程序

"知识产权法与竞争法经典文献阅读"读书会面向所有对该话题感兴趣的学生开放。每月月初，教师会与同学们集中讨论阅读的具体书目，在确定研读书目后分配阅读和点评任务。读书会基本模式是"阅读者汇报＋点评者点评＋教师分析＋自由讨论＋总结"的五维结构模式，从而实现全员阅读和综合分析的基本范式，让每一位参与的同学充分发表阅读感想和点评意见。读书会通过第二课堂形式实现教师与学生的课外轻松互动。

读书会视具体情况线下举办,以月为单位,在充分给予学生阅读专著或论文充足时间的基础上,会上展开详细的讨论。每次读书会前,由学生自主确定讨论话题、阅读汇报人和点评人。每次读书会时间约为 3 小时,地点通常为北京大学凯原楼知识产权学院办公室。一般在读书会前为同学们统一购买水果和矿泉水。

目前,读书会由博士研究生主导,硕士研究生和本科生参与,老师在分析阶段和自由讨论环节对阅读经典文献的方法、技巧、问题分析的角度进行指导,同时引导同学进行思维发散式讨论,并注重扩展运用经济学分析等多学科交叉分析方法的培养。

在指导同学们阅读文章之外,每次读书会结束之后老师还会和同学们进一步交流学业和工作经验方面的话题。

## 阅读篇目

1. Sherman, Brad, *The Making of Modern Intellectual Property Law*, Cambridge University Press, 2008.

2. Justin Hughes, *The Philosophy of Intellectual Property*, 77 GEO. L. J. 287(1988).

3. Lionel Bently, Uma Suthersanen, Paul Torremans, *Global Copyright—Three Hundred Years Since the Statute of Anne, from 1709 to Cyberspace*, Edward Elgar Pub., 2010.

4. Robert P. Merges, *Contracting into Liability Rules: Intellectual Property Rights and Collective Rights Organizations*, 84 CAL L. Rev. 1293(1996).

5. Louis Kaplow, *The Meaning of Vertical Agreement and the Structure of Competition Law*, 80 Antitrust L. J. 563(2016).

6. David S. Evans, *The Antitrust Economics of Multi – Sided Platform Markets*, 20 YALE J. on REG. 325(2003).

7. Mark A. Lemley, *Economics of Improvement in Intellectual Property Law*, 75 TEX. L. Rev. 989(1996 – 1997).

8. 刘春田:《知识财产权解析》,载《中国社会科学》2003 年第 4 期。

9. 吴汉东:《论网络服务提供者的著作权侵权责任》,载《中国法学》2011 年第 2 期。

10. 郑成思:《知识产权论》(第 3 版),社会科学文献出版社 2007 年版。

11. [美]马克·罗斯:《版权的起源》,杨明译,商务印书馆 2018 年版。

## 研习成果

# 知识产权历史主义的再认识

——评《现代知识产权法的演进:英国的历程(1760—1911)》

辜凌云(北京大学法学院2021级知识产权法专业法学博士研究生)

权利的演进历史之路与社会结构、社会形态的变迁紧密相连,在当今数字社会中,知识产权正当性和合理性问题又再次面临前所未有的挑战。新一代信息技术的革命促使颠覆性技术的突破应用使得全球价值链出现分解、融合和创新,新技术、新产品、新业态、新模式不断涌现,产业高度融合、产业边界逐渐模糊。知识产权制度伴随科技和社会经济的发展而不断延伸,新技术在加速现代产业体系重构的同时,对原有知识产权制度底层逻辑产生了新的挑战。事实上,知识产权成长史是由持续数百年一场场利益论辩而推动的历史。对出现的新问题思考无法脱离对知识产权根基的把握,即便我们无法在历史的演进中直接找到答案,但依然可以在其中领悟知识产权最本真的模样。

《现代知识产权法的演进:英国的历程(1760—1911)》按照时间顺序展开,描绘了以18世纪中期人们对无体财产的关注为开端,直至19世纪末现代知识产权法正式形成的全部历程。该书共包括4编11章内容。第一编主要通过判决分析和观点交锋的形式展现了法律意义上"无体财产"的复杂画面;第二编聚焦于1839~1843年英国在工业化进程下围绕外观设计法所发生的一系列改革;第三编从现代知识产权组织模式入手,探讨了著作权法、专利法如何脱离智力劳动的一般范畴,成为独特的法律领域;第四编主要关注现代知识产权法出现后的精细化与完整化的过程。

### 一、无体财产:有体财产观念渐进式发展的历史结果——反思公益与私益之间的博弈

无体财产话题的讨论最早可追溯至17世纪末图书交易管制方式发生的变化,1695年《经营许可法》失效使得出版商丧失了以往对于图书交易的控制权。尽管之后出版商联合说服立法机关制定了《安妮女王法》,但该法中对"作者或其他权利人"(出版商有机会成为其他权利人)印刷和重印图书(复制权)的权利依然设置了14/20/28年的时限。因此,出版商为了打破上述时限,提出

了“作者及权利人应当拥有永久性权利”的抗议。在这种争论中,“作者”呈现了较为弱势的地位,仅因为其利益紧紧与出版商这类特权群体绑定,其请求才在社会上引起广泛的讨论与反响。正因如此,在观点的交锋中,永久性权利的支持者时常表现出论点的狭隘性。

然而,在对无体财产进行深入探讨分析时,却不得不基于知识产权历史主义的视角挖掘无体财产背后的深层次价值内涵,明确无体财产背后所存在的公益与私益之间的博弈状态。本质上,无论是技术方案或是作品均为信息的一种表现形式,信息的本质意味着自由流动以及因流动而创造社会价值的根本特性。[1] 无体财产相对于有体财产而言,是有体财产认知观念渐进式发展的结果,同样也是法律基于信息传播的公共利益以及信息创造的私人利益之间反复博弈的产物,其实质是对知识赋权的历史结果。至于无体财产最终演变为何种样态、引发多大争论,其本质终究无法脱离公共利益与私人利益的话语范畴。

**二、外观设计法:“冲突与进步”——打破旧有生产秩序与社会观念的历史藩篱**

外观设计法的出现始终追随着英国工业化进程的需要。在彼时的工业化竞争中,英国的制造品实现了物美价廉的特点,但相比其他国家(尤其是法国),产品的美观品质却时常被人诟病。此时,法律上改进为外观设计提供产权保护,以此鼓励社会大众进行创新就显得十分必要。

在这一阶段,随着外观设计登记簿的设立,现代知识产权登记制度开始出现。然而,登记制度的设立在历史上却并非一帆风顺,登记制度所起到的证据产生和信息来源功能并不被当时的社会公众所认可,其中主要原因便在于现代知识产权立法理念与旧有社会生产习惯、个体认知观念之间的矛盾。本质上,登记制度的提出源于英国从手工业向工业化社会的转变中政府管制秩序的提升需求,是现有社会管控模式对于旧有生产秩序的挑战。因此,在大规模工业化生产巨轮的推动下,生产者个人不再与单个的产品直接关联,产品上的证据效能丧失,公共控制且集中的登记制度此时便成为开启新时代航路的必备钥匙。

同时,值得一论的细节是,此章中作者还提及了 19 世纪上半叶法律美学

[1] 参见王迁:《知识产权法教程》(第 7 版),中国人民大学出版社 2021 年版,第 2 页。

(法律的保护形式)的发展演化。作者在文中试图说明19世纪之前的法律所采取的形式是以调整对象为基础而偶然形成,但其后的立法者意识到法律应该更为简洁、统一和准确,因此,上述的外观设计法案就是带有这样目的的法律安排。但是最令人印象深刻的是,1839年在英国通过的两部同样针对外观设计的法律中,竟然提供两种截然不同的保护期限和保护形式。一部法律对外观设计的保护自动产生,提供3个月的保护期限,另一部要求对外观设计进行登记,提供12个月到3年不等的保护。而当时的工人为了表达对登记制度的反对选择了保护期限更短的法案,在现代法律观念中看来,这一混合性制度的共存无疑具有魔幻现实主义。而这也反映了知识产权立法历史中法律的波动性和曲折性,先进法律理念的探索并非一蹴而就,而是需要在实践中反复摸索试错,历史视角下的立法措施背后往往都是进步与保守之间的刀光剑影,是一次次没有硝烟的战争的胜利果实。

**三、著作权法:"融合与发展"——历史中的国内法与国际法联动与妥协**

19世纪中期,现代知识产权法正式成为一种独立的法律范畴。此前,虽有专利、外观设计、复制权等术语,但并未指向某一特定法律领域,甚至常常被混淆使用。换言之,对智力劳动提供财产权或者财产式权利的法律保护,并没有以一种持续一贯的方式被组织起来,表现出当时该法的非固定性和不确定性。因此,对知识产权的范畴进行及时固定成为重要任务。

在知识产权范畴固定的进程中,英国著作权法通过不断与国际制度相对接实现。然而,国际著作权法保护体系的完善直接导致了国内法的变革,等同权利和义务的要求倒逼着英国国内知识产权制度与国际规则协同对接。

事实上,回顾我国知识产权制度发展的历史,也表现出上述与英国著作权法的变革相同的历程。积极参与国际立法经济全球化与贸易一体化是20世纪80年代以来世界经济发展的主要趋势,特别是在是否入典和与国际接轨的选择上问题尤为突出,这种趋势直接影响了各国家的经济、文化和产业政策。本质上,国内规则与国际规则的融合发展,是国内法和国际法之间历史选择的联动和妥协,而这种联动和妥协是基于国家扩大国际话语权和借鉴先进经验等多重因素的综合衡量的结果。值得注意的是,在知识产权制度本土化与国际化融合发展的过程中,需时刻谨记知识产权立法融合发展背后的底线与范围,立足国内本土的实践,"取国际知识产权立法之精华,弃国际知识产权立法之糟粕",在融合与发展之中寻求动态平衡。

## 四、商标法:知识产权客体开放包容的立法尝试——突破历史旧有的固定化思维

19世纪下半叶是知识产权法的合并与巩固时期。这一时期除了由精致化和完整化立法过程产生的转化之外,最具代表性的变化是商标法纳入知识产权范畴。在旧有观念中,商标因缺乏创造性而被社会公众弃于知识产权客体之外,然而,随着社会关注焦点从智力劳动含量作为无体财产的评判标准转换为实体物本身为公众和经济所作出的贡献,商标作为知识产权客体受到保护的观念逐渐被社会公众认可。就本质而言,这种转变意味着法律不再评价某一特定对象中所体现出的创造性,而集中于该对象的宏观经济价值。这种理论的演化逐渐形成了"投资论",即知识财产被认为是让发明人获得回报的一种投资方式,一种刺激创新和鼓励个人贡献才智的方法。随着智力劳动和创造性从法律视野中消失,知识产权法迈出了更加接近其现代形式的一步。

从上述商标被知识产权所接受的演化逻辑,我们看到了知识产权客体的开放性,旧有固定化思维的冰川随着市场经济浪潮的冲击而逐步消融。商标权之后,近年来,包括商业秘密、地理标志和仍受争议的遗传资源、商业数据等都试图在知识产权项下进行适应性的探讨。可见,知识产权立法观念正在社会与市场经济变化的趋势中逐步演变升级,在突破旧有固定化思维的道路上进行了一次次的尝试,未来的知识产权客体依然会保持扩张趋势。

## 五、结语

综览该书,不难感悟探讨知识产权起源时必言英国。其表象是因为相关法案率先在英国确立,而实质原因离不开英国的启蒙运动、工业革命甚至是英国的殖民扩张运动的深刻影响。英国知识产权的立法进程实际上也让当代思考知识产权历史主义视角下对知识赋权的产权制度未来可能的发展路径以及发展方向。知识产权并非一成不变,它的演进与发展时刻紧跟当今社会科技进步与人文发展的步伐。综观该书,其字里行间无不透露知识产权立法进程中公共利益与私人利益、现代法律观念与旧有社会思维以及先进生产技术与旧有生产秩序之间的冲突与磨合,其实质在于知识产权制度所内设的是知识生产者利益专享、知识利益公平共享、激励科学技术创新和增进人类尊严福祉等充满张力的考量因素间复杂精妙的平衡机制。

# 实质主义的回归:对纵向协议认定之反思

## ——评 Kaplow 教授《纵向协议之意义与竞争法之结构》

黎凯(北京大学法学院2022级法律硕士研究生)

Louis Kaplow 教授在《纵向协议之意义与竞争法之结构》(The Meaning of Vertical Agreement and the Structure of Competition Law)一文中突破了老生常谈的分析范式,用微言大义的行文风格和另辟蹊径的思维方法向读者阐释了他对纵向协议和竞争结构的理解。

美国反垄断法上的高露洁案[1](Colgate)和孟山都案[2](Monsanto)基本确立了单方行为抗辩的规则,即涉嫌纵向垄断的当事人(生产商或经销商)可以以单方行为为由而主张当事人之间不存在传统《谢尔曼法》上的纵向垄断协议,从而使“单方行为”驶入温和监管的“安全港”。从实例构建和概念辨析出发,经过缜密的说理论证,Kaplow 教授对严格区分“纵向协议”与“单方行为”的可行性和必要性提出了怀疑,主张打破“山重水复疑无路”的形式主义解释困境,回归反垄断法实质主义的精神内核,从而“柳暗花明又一村”,更好地理解反垄断法之要义并科学合理地制定竞争政策。评者将从纵向协议判定之方法论、解释论和竞争效应分析的建构论三个维度来评述 Kaplow 教授的文章。

### 一、方法论:形式参差,真意难明——反思契约理论

在文章的第一部分,Kaplow 就开门见山地指出,区分纵向协议与单方行为并树立二者边界是十分困难的任务。他以维持转售价格(RPM)为例,向读者绘制了被判定为单方行为和被判定为纵向协议两种情形之间的全光谱。光谱的两端依次为:(1)在生产商与经销商的合同中,生产商陈述自己可以随意终止与经销商的关系,并且生产商有一份对自己 RPM 政策的完整独立的声明,大多数人认为这属于生产商的单方行为;(2)合同中声称经销商必须遵守生产商的 RPM 政策,违背政策的结果是解除供货—经销关系,这种情况被朴素地认定为双方的纵向协议。然而,Kaplow 严谨而充分地发挥了他的想象力,构造出处于光谱之间的七种情形——例如,生产商将 RPM 政策公示于其网站,或

---

〔1〕 United States v. Colgate & Co. ,250 U. S. 300(1919).

〔2〕 Monsanto Co. v. Spray - Rite Serv. Corp. ,465 U. S. 752(1984).

者将政策的书面副本(甚至可以讨论是否已装订在正式合同中)交给经销商,或者在副本中特别强调“便于经销商执行”之语词等。我们可以看到任何一个微小元素的引入都将导致本就不显著的光谱段更加扑朔迷离、难以区分。[1]在其后的例子中,Kaplow 甚至用诙谐幽默的例子向读者发问,如果生产商在公司年会上展示了自己的 RPM 政策,而台下的经销商“微笑,默叹,以为妙绝”,或眼神交流、鼓掌、起哄,与生产商进行除了书面合同以外的互动,是否还处于单方行为的范畴?抑或双方已经达成默示契约?生产商诱导经销商不说出“同意”(agree to)一词而在事实上(in fact)执行 RPM 政策的情形又如何?

若进行更深入的探讨,Kaplow 构造出的大量细节丰富且妙趣横生的案例,实则触及了传统民法理论中契约形式、意思表示和单方行为的课题群。触类旁通,不禁令人联想到民法学者对“悬赏广告”定性之众说纷纭。例如,德国民法学大师梅迪库斯认为,悬赏广告是为自己设定义务的单方行为,属于契约原则之例外[2](目的为保护受诺人意志自由);王泽鉴教授也指出,将悬赏广告定性为契约行为说,其合理性还有深思余地。[3] 而放眼英美法系,其合同法结构并不关注意思表示的双方性结构,而着重考察对价能否执行[4](即使欠缺受诺人的合意)——权利与义务相对应是霍菲尔德法律关系的应有之义。

时过境迁,在民法学界尚存争议的问题,到了反垄断法的视域下,更显莫衷一是。与古典的“单方行为”和“悬赏广告”不同,现代企业的单方行为,如 RPM 政策的制定或公示,往往因其固有的不平衡权力结构,而跳出了叙说“平等主体”关系的语境。由此,生产商可以对经销商进行显明或暗中的胁迫,在实务中也很难判断经销商是自愿接受政策还是被迫服从——探寻当事人内心真实意思也显得缺乏效率,民法上的意思主义逐渐向商法上的表示主义让渡。而在涉及共谋的时候,何为“心灵的相遇”(meeting of the mind)也缺乏客观的证成路径。

基于上述各种原因,Kaplow 认为,即使是单独的 RPM 政策,也有很多办法将其解释为广义协议(agreement)的一部分;同时,如果按照意思表示合致(合

---

[1] See Louis Kaplow, *The Meaning of Vertical Agreement and Structure of Competition Law*, Antitrust Law Journal, Vol. 80:3, p. 568(2016).

[2] See Medicus/Lorenz, Schuldrecht I: Allgemeiner Teil, 19. Aufl., 2010, Rn. 60.

[3] 参见王泽鉴:《债法原理》(第2版),北京大学出版社2013年版,第251~255页。

[4] 参见徐涤宇、黄美玲:《单方允诺的效力根据》,载《中国社会科学》2013年第4期。

意）的标准来判断纵向协议的存在与否，很难不陷入扑朔迷离、左右为难的泥淖，无法为错综复杂的实务样态提供指引。而对于其他学者和司法工作者尝试构建的方法论——例如，“单方行为加其他任意要素即可证成纵向协议”“寻求间接证据”“陪审团指示”等，Kaplow 也并未持赞成态度——综合解释论和建构论的部分论证可以看到，这些学者的尝试只是南辕北辙，在错误的方向上渐行渐远。

**二、解释论：单方行为抗辩的“多余性”——“《谢尔曼法》第一条重述”**

在论述完个案中纵向协议形式多样和证成协议的存在的诸多困难后，Kaplow 把对问题的讨论上升到了一个新的高度，亦即证明纵向协议之存在或区分纵向协议与单方行为是否契合《谢尔曼法》的文义？《谢尔曼法》的明文规定是禁止损害商业和贸易的合同（contract）[1]、其他形式的联合（trust）以及共谋（conspiracy），然而，所有的这些形式都可以被协议（agreement）的概念所囊括，且如第一部分所言，大多数“假阴性”，即被法院判定为单方行为从而免责之行为，也可以经由各种解释而纳入“协议”项下。正因如此，很难说《谢尔曼法》第 1 条为单方行为提供了抗辩/豁免事由。

而从另一个角度考虑，尽管芝加哥学派在 20 世纪 60 年代末兴起后才逐渐确立了学术意义上的“合理原则”（rule of reason），但早在 1911 年的标准石油公司案中，美国最高法院法官即明确表述了《谢尔曼法》第 1 条仅适用于那些不合理的约束[2]（unreasonable restraints）。换言之，合理的纵向协议（没有损害竞争效率和消费者福利）不应该成为反垄断法的打击对象，而且更具体的豁免情形应当是符合目的主义的竞争政策之考量——所以，单方行为本不应该成为“合理协议”和竞争政策考量之外的豁免情形，且国会也认为不宜当然地发展出“单方行为豁免”的解释论。这样的推导也符合“如无必要，勿增实体”之要义。因此，当我们把目光转向我国《反垄断法》（2022 年修正）第 18 条关于禁止纵向垄断协议之规定时，顺其自然就可以理解新增第 2 款为何规定“对前款第一项和第二项规定的协议，经营者能够证明其不具有排除、限制竞争效

[1] Sherman Act Section, 15 U. S. C. § 1.
[2] Standard Oil Co. v. United States, 221 U. S. 1, 49 – 68 (1911).

果的,不予禁止”,其实质是与“合理原则”相吻合的;[1] 同时,也可以论证,“合理原则”下的豁免与第20条基于竞争政策考量下的豁免,二者是并行不悖的。

**三、建构论:更深刻的实质主义——打破“纵向协议”认定之桎梏**

如果Kaplow教授仅止步于以上两个层次的论证,那么,他和普通的法经济学家并无二异,至多为“合理原则”冲击“本身违法原则”、现代经济法实质主义冲击传统民法形式主义的大潮增添了几朵微不足道的浪花。然而,Kaplow又极富洞察力地立足于整个竞争法的结构,在文章的第三部分和第四部分提出了更为深刻的论题——纵向协议与竞争效应的关系究竟为何?归根结底,有没有必要煞费苦心证明纵向协议的存在?熟悉Kaplow著述的读者或许知道,早在2013年,他就在研究相关市场界定的文章中提出,界定市场支配地位的一个前置论证步骤——界定相关市场(或市场定义)是无法完成且应该放弃的。[2] 这不得不说是Kaplow石破天惊的一笔,尽管美国法院的司法实践仍然以相关市场界定为前提。

在该文中,Kaplow教授阐释纵向协议证成的非必要性,与他之前的思路有异曲同工之妙,同时将该文的论述推向了高潮。他指出,纵向协议的存在未必能代表强的垄断势力和对竞争效应的损害,能施加单方行为或许才是“一家独大”的表现;纵向协议往往代表了更稳定的权利义务关系、长期合作预期和更少的为所欲为的能力,同时,严格审查纵向协议和谨慎审查主导地位企业这一有差别的处理方式也缺乏正当性基础——一言以蔽之,有充足的证据证明不存在纵向协议的情形相较于存在纵向协议的情形,市场竞争受到了更大损害。因此,与其在纵向协议的认定上缠杂不清,不如从竞争法的整体入手,去分析具体行为的竞争效应。这一论断不失为一种更深刻的实质主义思想,纵使非惊世骇俗,也足以发人深省。

总而言之,Kaplow教授撰写的这篇大作,从方法论、解释论和建构论三个维度,逐次递进地向我们描绘了纵向协议和竞争结构之图景,其中呈现的反垄断法实质主义精神之回归,值得我们反复品读,并给予司法实务以借鉴意义。

---

[1] 大陆法系成文法国家似乎并无担心反垄断司法实务中衍生出“单方行为抗辩”之必要,不过,即使有了这样的案例,法官也可以借鉴Kaplow的思路,在《反垄断法》的解释框架下,论证不能当然地豁免“单方行为”。

[2] See Louis Kaplow, *Market Definition: Impossible and Counterproductive*, Antitrust Law Journal, Vol. 79:1, p. 367(2013).

# 多边市场经济学视角下的反垄断分析

## ——读 David S. Evans《多边平台市场的反垄断经济学》

胡昕宇(北京大学法学院2022级法律硕士研究生)

《多边平台市场的反垄断经济学》[1]一文,从多边市场经济学的视角,指出多边平台市场出现的必要条件,在此基础上分析多边平台的特性,并点明多边平台在当时亟待解决的商业难题,进而探讨这些平台的利润最大化策略,由此阐明平台竞争经济学在分析反垄断与监管政策方面的重大意义。此文论证逻辑严密、案例贴切,其建构性视角和结论值得仔细梳理与反复深思。

### 一、引入:多边平台出现的必要条件

Evans教授以增进社会福利为目标,总结出平台出现的三个必要条件:首先,存在两个或以上的客户群;其次,平台需要把不同顾客以某种形式联系或协同起来,具有外部经济效应;最后,平台作为"中介"(intermediary),在某一顾客群组对另一顾客群组产生外部效应的过程中需要起到必不可少的作用。而多边平台存在的理由,也是将消费者自身无法内化也没有动力内化的外部性予以内部化,以提高效率。

进一步,可将多边平台企业划分为三种主要类型。(1)市场制造商模式(Market - Makers):使不同群体的成员能够相互交易;(2)受众制造商模式(Audience - Makers):信息使广告商与受众相匹配;(3)需求协同商模式(Demand - Coordinator):提供的商品和服务能在两个或以上群体间产生间接网络效应,使相互需求在平台上体现。

### 二、推进:多边平台企业/市场的特点

在确定必要条件的基础上,可顺势梳理出多边平台企业/市场的特点,以进一步明确当下面临的主要难题和挑战。首先,在需求层面上,多边平台企业必须为两种或两种以上的不同类型的消费者提供服务;其次,多边平台具有复杂性和不稳定性,即某一边很小的变动也可能因为相互作用在其他边造成剧烈的影响;最后,多边平台市场是间接网络效应(Indirect network effects)的产物,内化该效应在获得利润的过程中起到关键作用。

---

[1] 本文部分翻译参考[美]大卫·埃文斯:《多边平台市场的反垄断经济学分析》,余江译,载《比较》2016年第5期。——笔者译。

## 三、破题:基本观点

多边定价必须解决的商业难题,是要提出正确的定价结构和投资策略,除了制定最佳价格水平外,更重要的是制定最佳价格结构,来平衡不同客户的不同需求。作者运用 Rochet – Tirole model 得出相对价格取决于相对需求而非成本的结论,并与勒纳条件进行对比,推导出多边平台经济学的关键结论:勒纳条件不满足,而且产品的利润最大化价格不会直接随产品的边际成本而变化。[1]

通过这一部分的介绍,该文作者强调要考虑市场的多边特征,以修正市场定义、市场势力、掠夺性定价、协同效应、杠杆理论以及监管中的业务范围限制理论。平台内化外部效应,并依靠其产品和服务提供了巨大的社会价值,虽然多边平台也会通过类似固定价格与排他性合同的方式来降低消费者福利,但反垄断和监管部门应当考虑反垄断和监管的干预对福利的整体影响——例如,在多边平台市场中,低价和负价是常见的,并可以长期持续,这就表明此情形在多边市场中应被认为是有利于竞争的。

## 四、反思与重构:多边平台市场经济学视角的迭代

文章中所论述的多边平台市场经济学使我们能以一个全新的视角,去理解此类平台企业的定价、生产和投资决策,启发我们用更综合的思维去看待市场的动态运作,去理解各边之间的互动,去思考如何对这一重要业务类型进行有效监管。

### (一)*Platform Competition in Two – sided Markets* 一文的开创性作用

Evans 教授多次在自己的文章中引用 Jean Tirole 教授的文章,[2] Tirole 教授在 *Platform Competition in Two – sided Markets* 一文中,聚焦于价格结构,开创性地提出了平台组织的特点。二者在分析多边/双边平台的过程中有很多共识性观点,例如,对平台出现必要性的总结、对多边特性的强调、对价格结构的重视等。但二者文章的焦点和视角又有所不同:Tirole 教授与其搭档更倾向于将平台中的各种影响因素予以"公式化",并将这种分析工具运用到私人垄断(Private Monopoly)、拉姆齐定价结构(Ramsey Pricing)以及营利和非营利平

---

〔1〕 See Rochet, J. – C., Tirole, J, *Platform Competition in Two – sided Markets*, Journal of the European Economic Association, Vol. 1:4, p. 340 – 343(2003).

〔2〕 即 *Platform Competition in Two – sided Markets* 一文。

台的竞争分析中;[1]而 Evans 教授更倾向于以理论化的方式,以切实的案例来进行直观分析,例如,其在文章中多次以 Dating clubs、运通卡、VISA 卡为例进行论证。此外,Evans 还用一半的篇幅结合多边平台市场的反垄断分析,充分结合具体场景,让读者明确平台经济学如何影响到反垄断分析。这样,不仅降低了读者的阅读门槛,还增强了文章的指引作用。

(二)开创性视角的延续与发展

Evans 教授文章中比较吸引我的论证,是有关交易费(interchange fees)的直观分析:"在合理原则的案件中,以支付卡行业为例,较低的交易费用将减少发行借记卡的银行的收入,这会导致这些银行在竞争的压力下会提高对持卡人的收费。这将进一步减少持有和使用的卡的数量;反过来,这将减少商家从借记卡中获得的价值;从而也会降低借记卡对持卡人的价值。"[2]事实上,这一问题的结论即为"降低交易费会降低产品或服务对多边用户的价值"。但结论是易得的,论证过程是难得的。提供服务过程中的一个微小的变化如何影响了其他主体的反应与需求,需要这种层层递进的推导,这也有助于读者理解为何作者一直强调"不能孤立地谈论价格,因为某一边的任何需求或成本的变化必然会影响到各边的价格水平和相互关系"。

此外,文章中反复提及的间接网络效应,在当今电商平台领域也有着某种印证——一边的规模会影响到另一边的需求。以外卖平台为例,用户订购存在多种选择,所以平台商家对用户的需求大于用户对商家的需求,因此,平台往往会在初始阶段通过补贴用户的方式来吸引潜在买家加入平台,同时对入驻商家实行高价。之后,随着用户需求增大,所谓"关键用户"对平台有了忠实度,平台便可更改补贴策略直至取消补贴。这种逻辑适配性表明,互联网及平台模式的变化不会影响平台多边特征的本质,而会反复延续此类建构性思路和分析方式。

(三)时代挑战与视角更新

芝加哥学派兴起后,竞争效应分析逐渐呈现为技术性较强的福利计算,正如 Evans 教授和 Tirole 教授文中运用的那样。因此,产业经济学中的竞争模型和计量方法大量进入反垄断规制的分析过程,使得利用价格工具分析人们决

---

[1] See Rochet, J. - C. and Tirole, J, supranote 2, p. 990 - 1012.

[2] See Evans, D. S., *The Antitrust Economics of Multi - sided Platform Markets*, Yale Journal on Regulation, Vol. 20:2, p. 378(2003).

策行为的最优化受益良多。而在平台经济时代,技术发展带来竞争结构变化,网络效应及其强度应当成为市场竞争的重要属性和受关注的焦点,以往关于竞争效应的量化分析方法,不再能够通过"福利标准"来有效区分反竞争行为与提高竞争效率的行为。[1] Evans 意识到了多边平台间接网络效应的焦点问题并进行了针对性讨论,足见其对理论反思的敏感性。

同时,近年来有关平台的讨论越来越多,与之结合的跨学科类研究也如雨后春笋般出现。总览现今平台问题的相关研究,研究的重心和焦点开始从网络效应转向平台作为信息匹配工具的特性。[2] 随着科技的进步,有关多边平台反垄断经济学的研究难免会出现局限性。对于这一问题,Evans 在 2018 年对多边平台的反垄断分析问题的再次探讨似乎给出了回应。他进一步明确了平台多边特征的重要性,并表明反垄断执法的问题不是"我们应该考虑双边平台的特性吗",而是"我们应该使用说明分析工具对平台双边进行评估"。[3] 这进一步说明,其在 2003 年的论文中指出"反垄断分析会受到多边特性的影响"的结论仍有极强的适用性,或许只是分析工具的关注点需要适时更新。

因此,随着科学技术以及社会经济环境的发展,分析工具会有落后或不足之处,但基本原理和总体目标是不会变的。我们要做的,是适时修正分析视角和思路,以适应平台市场的变化与发展。

---

[1] 参见杨明:《平台经济反垄断的二元分析框架》,载《中外法学》2022 年第 2 期。

[2] 参见杨明:《平台经济反垄断的二元分析框架》,载《中外法学》2022 年第 2 期。

[3] 参见戴维·埃文斯、雷琦:《多边平台反垄断分析框架的基本原则》,载杨明主编:《网络法律评论》(第 23 卷),中信出版集团股份有限公司 2021 年版。

# 刘银良老师的私塾

# 知识产权法探索

## 刘银良

北京大学法学院教授，博士生导师。烟台大学理学学士（1989年），北京大学理学硕士（1994年）、法学博士（2000年）；联合国大学高等研究所（UNU/IAS）博士后研究人员（2001～2002年）。主要研究领域为知识产权法、生物技术法、科技法。

2009年开始在北京大学法学院任教，主讲课程包括知识产权法学、专利法、著作权法、知识产权国际保护、高新技术与知识产权等。

## 总体说明

本第二课堂取名“知识产权法探索”,目的是探索知识产权法领域的新问题,或者针对已有的理论或实践问题探索新解释或新答案。当前,知识产权制度理论与建设仍然存在不少问题,充斥着非理性,需要认真对待和全面辨析。本第二课堂的目标就是加深知识产权法专业的博士研究生与硕士研究生对于知识产权法理论与知识产权制度的认识,培养其阅读文献的能力和批判性思维能力。

本第二课堂的组织方式和方法是,每次课针对一个具体的知识产权法理论或实践问题,先布置文献阅读,然后由参与者进行报告与讨论;每位参与本第二课堂的同学,都需要认真阅读文献,并报告自己的心得体会。上课采取自由研讨 Seminar 形式,在自由宽松的环境下,使学生的学术水平得到提高。

本第二课堂的主题是“知识产权正当性辨析”(Justification of the Intellectual Property Rights)。在现代社会,知识产权被视为无形财产权,是一种重要的财产权形式。那么,知识产权的本质到底是什么?其正当性源自何处?知识产权被作为一种“产权”是否具有坚实的理论与法律基础?这些问题值得深究。否则,知识产权制度就可能缺乏正当性的法理基础,其制度设置的合理性也难以保障。

具体而言,知识产权到底是一种自然的权利(natural right),具有当然的自然法基础,还是仅属于一个国家的制定法赋予权利人的工具性权利?此种不同的认知既决定了知识产权的正当性基础,也能够全面影响知识产权制度的设置、运行与合理性评价。在自然法的视野下,无论发明还是作品,其创造者皆有权利享有其创新的成果并排除他人未经许可的使用,知识产权因而具有自然法意义上的正当性。洛克的劳动学说为之提供了经典的阐释。此外,德国古典哲学家康德和黑格尔对于财产和人格等理论的阐释也为作者权利的正当性提供了理论基础。

在工具主义(instrumentalism)的视野下,知识产权可能仅属一种激励知识的创新和传播的实用主义工具,是一种工具性权利,其正当性仅源自实在法的规定,而法律的规定则可能受到一个国家在一定时期公共政策(public policy)

的影响。这意味着,知识产权并没有当然的正当性,其正当性源自其能够促进实现相应的公共政策目标。世界贸易组织(World Trade Organization,WTO)的与贸易有关的知识产权协定(Agreement on Trade - Related Aspects of Intellectual Property Rights,TRIPs)、美国宪法下的知识产权条款(IP clause)以及多国知识产权法的立法目标对此具体规定。与自然权利不同,工具性权利具有有限性,仅以能够促进实现其立法目标为限。

关于知识产权的正当性,在英语世界现在有两个较有代表性的人物(当然不止这两位代表人物),分别是美国加州伯克利大学法学院的 Robert P. Merges 教授和斯坦福大学法学院的 Mark Lemley 教授。两位学者对于该问题皆有立论,且有代表作,两人之间对此也互有讨论,恰好可以作为研讨的主题。因此,本第二课堂把讨论的题目定为"知识产权正当性探析",并选择两位教授的代表作和相关论文作为研讨与阅读资料。

本次研讨课包括文献阅读、报告和讨论各环节。从课堂报告及事后总结来看,参与本次研讨课的同学在认识知识产权的正当性等方面皆有提高。这不仅实现了与世界知名知识产权法专家的对话,而且扩展了同学们的学术视野,提高了大家的批判性思维能力,实现了本第二课堂的目标。

## 组织程序

本第二课堂"知识产权法探索"每 2 ~ 3 周举办一次研讨,以 Seminar 形式的读书会为主,通过文献阅读与交流讨论分析知识产权法的理论问题。部分活动同时邀请已毕业校友分享研究经验或讨论论文研究进展。

在活动准备阶段,老师选择读书会讨论的文献,并在微信群里公布,感兴趣的同学可报名参与。每次活动指定组织的同学负责统计参与人员、确认活动时间和地点。参与同学在报名后需阅读老师指定的必读文献并做思考研究,并在活动中参与讨论交流。在阅读准备阶段,老师与同学也会就相关的文献资料在微信群中分享并作为选读文献,供参与同学阅读做进阶研究交流。

读书会活动由老师主持,主要面向在校学生开放,平均每次参与人数在 12 ~ 20 人。在参与人员中,以知识产权法(学)专业或方向的法学/法律硕士研究生和博士研究生为主,部分活动也会邀请已毕业校友分享研究经验并参与讨论。未来也考虑通过微信公众号等自媒体公布活动信息,通过线上线下结合的方式开放更多感兴趣的人员参与讨论。

在文献和讨论内容方面，第二课堂活动以讨论知识产权中的基本问题为主，鼓励同学以知识产权中的基本问题为出发点，重新审视知识产权的定位与功能，并在此基础上探讨知识产权的新问题。活动多次讨论主题围绕知识产权的正当性，对劳动学说、功利论等基础理论学说进行研讨。

读书会活动倡导发散性思维，在讨论前不预设提纲。讨论一般分两阶段。第一阶段由一位同学总结文献主要内容和思想，参与同学提出自己的思考和问题，这一阶段主要针对文章的论证、观点做梳理和评析，并自由提出对该文章的问题或评价。在第一阶段的交流讨论后，由老师总结、提炼讨论内容并进一步提出更为普遍性、基础性的问题。参与同学根据老师的问题进行第二阶段的讨论交流，在基础理论的基础上结合前沿问题或现象进行讨论分析。

老师全程参与同学的交流讨论，并在最后做总结延伸。

## 阅读篇目

本第二课堂必读文献为美国当代两位知识产权知名学者 Merges 和 Lemley 教授围绕知识产权正当性基础作出的对话讨论。Merges 教授在其专著 *Justifying Intellectual Property*（《知识产权正当性解释》）中对知识产权的正当性采取相对折中的观点，并试图为不同观点学者提供对话平台，指出认为即便学者对知识产权正当性存在不同的认识，但都可以对中层原则达成共识，在此基础上对具体法律问题开展对话。

Lemley 教授则在其论文 *Faith – Based Intellectual Property* 中对 Merges 教授的观点做了反驳，认为 Merges 教授错误地将知识产权的正当性视作理所当然的信仰，会导致学者对实证数据证据的天然排斥，更容易导致学者对知识产权保护现状的盲目信赖，最终导致知识产权的不当强化。

两位学者对知识产权正当性解释，有助于同学们更为辩证地认识功利主义、劳动权利和道义论等理论，同时，为思考知识产权在不同产业的调整适用、政府在知识产权管理的理性参与、知识产权的市场属性以及实证研究的价值等问题上提供参考。

选读文献包括 Merges 教授进一步的反馈文章以及 Lemley 教授对知识产权稀缺性的讨论研究。此外，还有其他知识产权法学者如 Peter Drahos 的作品,帮助同学对知识产权的正当性及相关问题有更为广泛和辩证的认识。

1. Robert P. Merges, *Justifying Intellectual Property*, Harvard University Press,2011.

2. [美]罗伯特·P. 莫杰思:《知识产权正当性解释》,金海军、史兆欢、寇海侠译,商务印书馆 2019 年版。(选择中英文对照,也督促学生多看英文文献,并判断译文是否准确)

3. Mark A. Lemley, *Faith – based Intellectual Property*, 62 UCLA Law Review1328(2015).

4. Robert P. Merges,*Against Utilitarian Fundamentalism*,90 St. John's Law Review 681(2017).

5. Mark A. Lemley,*IP in a World Without Scarcity*,90 New York University Law Review 460(2015).

6. Peter Drahos,*A Philosophy of Intellectual Property*,Routledge,1996.

7. [澳]彼得·德霍斯:《知识财产法哲学》,周林译,商务印书馆 2008 年版。

## 研习成果

### 知识产权正当性理论的多样化及其作用空间

郑淑凤(北京大学法学院 2018 级知识产权法专业博士)

正当性是所有学科都面临的本源问题,尤其是对于通过立法人为赋予无形物以排他效力的知识产权而言,论证这一法定权利的正当性尤为必要。对此,洛克的劳动学说、康德的人格精神说、罗尔斯的分配正义理论和功利视角下的激励理论,都从不同角度论证知识产权对保护智力劳动成果、尊重人格尊严、促进成果利益合理分配以及激励创作发明的必要性。

面对多样化的知识产权正当性理论及其观点差异,Robert Merges 教授在《知识产权正当性解释》一书中对知识产权法展开分层,在底层知识产权正当性理论和表层具体问题中创造性地引入“中层原则”,试图为对知识产权正当性持不同观点的学者提供一个搁置争议的对话空间。作为颇具影响力的学者,Merges 教授在基础理论与实践问题以及不同正当性理论之间,架起共同对话交流的桥梁,颇具责任感与使命感。但这一工作随即受到 Mark Lemley 教授的批评,后者认为 Merges 教授回避对知识产权正当性本源问题的探索,实际导致了将知识产权视为理所当然的"知识产权信仰"现象,助长知识产权保护不断加强的非理性趋势。[1]

尽管 Merges 教授更强调对不同理论提供调和空间,而非回避知识产权的正当性问题,但其做法确实存在一定风险。首先,完全避开正当性问题会导致中层原则的争议难以充分解决。现有诸多问题,如针对现有四个中层原则(不可移除原则、效率原则、比例原则和尊严原则)是否足以概括所有的规则评判标准、不同原则间的关系权重如何、中层原则间的冲突解决对策等问题,其解答仍需回归背后正当性理论的探讨。其次,将研究重点集中在中层原则,可能会导致"只见树木,不见森林"的研究局限,难以在根本认识和定位层面对问题作深入研究分析。

当然,Lemley 教授的批评更多源自知识产权正当性理论中功利论与道义论的差异。Lemley 教授在其批评文章中强调实证分析对知识产权制度的重要价值,批评 Merges 教授对功利论及其实证研究方法的背离。在 Lemley 教授看来,知识产权作为政策工具,应当服务于技术和市场发展,而道义论将知识产权作为自然权利,难以保障上述目标的实现。笔者认为,功利论与道义论各有优势侧重,与其在知识产权作为政策工具与自然权利属性间纠结,考察功利论和道义论的独立价值及其对解决知识产权具体问题的作用空间,可能更具有可操作性。

功利论将知识产权作为促进技术创新和应用的政策工具。知识产权本身具有高额的制度成本,因此,其只有在顺应累积创新、集体创新等技术研发规律以及价格、信息传递等市场发展规律,以及推进技术创新和市场发展时,方具有正当性。在其指导下,学者通过对市场和技术发明运用相关数据的分析,不断拷问知识产权具体规则对推进技术创新和市场发展的实际效能。例如,在专利丛林问题凸显、累积创新成为主流创新方式的背景下,学者结合市场数据分析如何调整专利法规减少对后续创新的阻碍作用。[2] 在网络和数字化技

---

[1] See Mark A. Lemley, *Faith - based Intellectual Property*, 62 UCLA Law Review1328(2015).

[2] See Suzanne Scotchmer, *Standing on the Shoulders of Giants: Cumulative Research and the Patent Law*, 5 Journal of Economic Perspectives 29(1991); Robert P. Merges and Richard R. Nelson, *On the Complex Economics of Patent Scope*, 90 Columbia L. Rev. 839(1990).

术大幅降低作品复制成本、提高传播效率,且作品数量爆发充斥网络世界呈现原子化的背景下,学者思考如何调整知识产权保护规则以降低法律对作品许可效率的阻碍,以及如何在网络世界中确保规则被有效实施。[1] 在网络和人工智能技术发展、知识产权稀缺性降低的背景下,学者探讨知识产权应如何平衡知识产权权利人与实施主体和公众的关系等。[2] 这种强烈的现实关怀和对技术发展的迅速反应,顺应了知识产权的发展规律。回顾知识产权法的发展历史,从垄断法和《安娜女王法》,到如今的知识产权制度,其规则诞生与演变都深受技术革命、产业变革以及市场主体博弈的影响,知识产权法的发展史恰是技术革命与产业变革的发展史。

概言之,功利论及其指导下的实证研究充分保持知识产权的危机意识和对外部技术市场变化的高度敏感。通过不断检视和调整规则适应技术市场变化,决策者可对市场需求作出恰当地回应,保障知识产权保护带来的创新收益高于其实施成本。但知识产权不仅局限于推动技术市场发展的辅助工具。工业革命后,科学技术被奉为第一生产力与推动人类生活便利的主要来源。技术的发展和应用被视为具有天然的正当性和必要性。但随着科学技术步入高速发展阶段,信息爆炸侵蚀个人注意力,人工智能呈现替代个人创造趋势,媒介创新延伸乃至替代人的传统感官,医学技术发展不断突破原有风险伦理认知,人类已经步入风险社会。技术的复杂化、智能化和风险化,以及技术发展对个人创造、个人价值的侵蚀及潜在对人的异化等问题不容忽视。[3]

面对技术更迭下的多重风险与对个人的异化威胁,决策者保持对新兴技术及其市场化的谨慎态度并重视人及其创作物的独特价值,恰是抵御潜在的技术中心主义、坚守人本主义领地的重要方式。正如民法强调"在其慈母般的眼神中,每个人就是整个国家",知识产权保护同样强调对个人的关怀,检视人独立思考、创新创作的特殊价值,包括将个人精神、智力产出区别于其他产出物并赋予排他保护,尊重作品成果中人的精神权利,追求对智力成果利益的分

---

〔1〕 See Van Houweling, Molly Shaffer, *Author Autonomy and Atomism in Copyright Law*, 96 Virginia Law Review 549(2019).

〔2〕 See Mark A. Lemley, *IP in a World Without Scarcity*, 90 New York University Law Review 460 (2015).

〔3〕 参见[德]乌尔里希·贝克:《风险社会:新的现代性之路》,张文杰、何博闻译,译林出版社2022年版;[美]兰登·温纳:《自主性技术:作为政治思想主题的失控技术》,杨海燕译,北京大学出版社2014年版。

配正义等。

对此,道义论中的劳动学说、人格尊严说、分配正义等理论可为上述知识产权的人文关怀提供理论基础和指引。立法者或决策者对于诸多知识产权问题的解决方案或许是不经济的,但却是维护个人尊严、坚守伦理底线的重要基础:如在可专利客体中,通过排除涉及人体基因的相关发明,避免该类技术在商业市场的开发应用,维护伦理底线;在版权或专利交易合同中,提供对作者和发明人的特殊保护规则,维护其精神和经济利益(即使部分保护规则的成本高于其市场收益);在人工智能生成物的法律认定上,在探索通过排他权保护推动产业投资创新和发展之外,将其区分于传统自然人创作的作品,避免对人的物化等。在此语境下,将保护个人智力成果的知识产权作为"信仰"或是自然权利,赋予道义层面的正当性,是正当且必要的。

综上所述,知识产权正当性的多样化理论,是知识产权应对技术发展变化和维护个人尊严和地位的重要基础。在社会发展的不同阶段,基于不同需求,道义论和功利论在知识产权研究中相继占据主导地位:在功利论指导下,决策者与研究者充分考察知识产权规则的利弊得失,不断调整规则适应技术变革与市场发展;在道义论指导下,决策者与研究者维护作者、发明人的合理利益,避免风险技术进入商业市场,彰显人文关怀。二者的争论,既是对如何平衡知识产权的外部价值与内部独立价值、知识产权法的工具性和独立性的探索,也是知识产权保持生命力并不断发展的重要来源。

## 知识产权正当性的经验性补正

吴柯苇(北京大学法学院2019级知识产权法专业博士研究生)

作为私有产权制度的知识产权法的消亡,近乎一种宿命。无论按照生产力与生产关系的马克思主义分析范式,还是交易成本和产权配置的科斯经济学逻辑,"丧钟为知识产权而鸣",听起来并不令人意外。私有财产制的积极扬弃,是生产力发展的结果,也是人类理性的自觉。基于人工智能近乎无限的创造或创作潜力,刘银良教授也曾指出,50 年后知识产权制度是否存在都是问题。

但在知识产权制度诞生后的几百年间,宿命式的知识产权消亡论,并未导致人们落入知识产权虚无主义的泥淖,反倒是各种知识产权正当性阐释不断涌现:诸如洛克的劳动财产权学说、边沁的功利主义观、康德以及黑格尔的人格财产权解释、卢梭的社会契约理论、马克思的资本主义商品观、罗尔斯的程序正义解释,等等。知识产权学者挖掘前述理论并加以演绎,从不同角度加深了人们对于知识产权正当性的理解。

但知识产权正当性解释的过程本身,也面临“内忧外患”。内在方面,各种解释的基础原理间存在龃龉对立。比如,罗尔斯正义学说的矛头,恰是指向边沁功利主义的潜在危险。外在质疑的典型问题,诸如后人的正当性阐释,往往超越了所用理论的历史背景。因此,以不变之范式证成变动之知识产权制度,面临方法论危机。比如,尽管约翰·洛克(1632～1704)的生年与专利制度的诞生《垄断法规》(1623年)相近,但真正具备现代知识产权意义的立法,确是在洛克逝世后的百年间才逐渐成形。[1] 因而,洛克范式下的知识产权正当性解释,只是后人借用其理论的解释,与洛克无关。

自21世纪以来,学界关于知识产权正当性解释的分歧并未消弭,各种知识产权正当性的理论解释可大致划归为两大阵营的论争,即自然权利论和功利主义论。其中,自然权利论又称道义论或基本权利论等,功利主义论又称效用论或工具论等。二者之间长久胶着,难分伯仲。尽管人们已经意识到既有知识产权正当性解释路径的弊端,但基于新的理论学说的演绎,抑或是对既有解释的变通式替代、物理式组合、化学式融合等,都意图提出弥合知识产权正当性二元对立的方案。这种尝试又随着两位著名美国知识产权学者罗伯特·莫杰斯(Robert P. Merges)和马克·莱姆利(Mark A. Lemley)的论战,到达另一个阶段。

如奥尔加·托卡尔丘克所言,人是时间的囚徒。纵使睿智如斯,作为现代学者的莫杰斯,也难逃集体无意识状态的影响。囿于教育背景和历史环境,他曾长期作为知识产权功利主义解释的拥趸。或许,这是源自一种“罗素式”的关于事实与真理的自觉;[2] 抑或是出于对智识层面的“无法抗拒的远足”的好奇;年近花甲的莫杰斯,对自己长久坚持的认识进行了告白式反思,并推出大体量著作《知识产权正当性解释》,系统陈述了自己在此问题上的立场辩证和思想转变。曾与莫杰斯共事多年,并在专利法领域成就卓越的莱姆利,作为知

[1] 参见刘银良:《知识产权法》(第2版),高等教育出版社2014年版,第52页。

[2] See BBC, *Lord Russell Discusses with John Freeman His Experiences, His Achievements, and His Unfulfilled Ambitions*, https://www.bbc.co.uk/programmes/p04qgxlv.

识产权功利主义阵营少壮派的翘楚，对莫杰斯的“变节”，表达了“开倒车”的质疑。[1]

莫杰斯深知自己的努力，难逃功利主义知识产权观的抨击。[2] 在论述过程中，他并未摆出与功利主义解释论战的架势，而是承认各种知识产权正当性解释理论的差异，并强调统合、梳理或者推陈出新的必要性。莫杰斯教授坦言，自己所做的努力，实质上是在知识产权正当性的理解上“从社会效用论转向基本权利论”。[3] 从立论动机来看，知识产权“成本—收益”的功利主义范式的“现实不能”，即最优制度平衡点难以寻求的反思，是促使莫杰斯重视自然权利论解释的起点。从论证路径来看，莫杰斯教授无意越过既有知识产权正当性论述的历史贡献，而是希望在既有基础上更进一步，因而采用了一种物理组合和变通替代的综合进路。

莫杰斯选择兼具解释力和代表性的知识产权正当性解释，从本体论和功能论层面进行梳理和反思。正如彼得·德霍斯所言“有关财产的自然权利是否存在是一个典型的本体学问题”。[4] 本体论层面的正当性解释，主要聚焦于作为权利，尤其是作为财产权利的知识产权的存在性问题。功能论的解释则与本体论相对应，主要分析知识产权制度存在的外在价值和意义。莫杰斯教授在本体论视角下，承认了洛克劳动价值学说和黑格尔、康德人格财产权解释对于知识产权正当性解释的基础价值，同时，也提出了二者的局限，即在知识产权具体问题处理上的解释力和适用性欠佳的问题。其具体表现为：在知识产权的时间性、地域性、模糊性边界设定、优先性赋权等问题的解释周延困境。本体论解释的局限，无疑是功能论解释的强项。无论是激励理论，还是约翰·罗尔斯的分配正义原则，都与作为财产权的本体论定位不同。洛克、康德范式下的知识产权正当性解释，解决了审视财产权内部设权与边界的问题。而激励论和分配正义解释下的分析，则侧重从外在的权利制度探讨权利限制的问题，从而能对诸如时间限制、权利内容限制等本体论解释难以统摄的问题提供良好的解释。

---

[1] See Lemley, Mark A., *Faith-based Intellectual Property*, 62 UCLA L. Rev. 1328(2015).

[2] See Merges, Robert P., *Against Utilitarian Fundamentalism*, 90John's L. Rev. 681(2016).

[3] 参见[美]罗伯特·P. 莫杰思：《知识产权正当性解释》，金海军、史兆欢、寇海侠译，商务印书馆 2019 年版，第 17 页。

[4] [澳]彼得·德霍斯：《知识财产法哲学》，周林译，商务印书馆 2008 年版，第 14 页。

随着对道义论和功利论解释不可替代性认识的确立,莫杰斯教授开始着手构建统合现有正当性解释的体系,进而提出知识产权正当性解释的“中层原则”:一是公有领域(或称不可移除)原则,强调并非所有信息均应作为知识产权受到保护;二是比例原则,强调知识产权的范围和强度应该与权利对象的价值或重要性相当;三是效率原则,强调知识产权的财产赋权应当考虑市场交易的效率;四是尊严原则,论证保护权利人精神权益的必要性。

中层原则的提出,一方面,源自莫杰斯推进既有知识产权正当性解释研究的谨慎态度;另一方面,也体现了为后续理论发展提供智识阶梯的远见。首先,中层原则的思想核心在于求同存异,用作者的表述即“未完全理论化的共识凝聚”。这也是为什么莫杰斯不惜破坏著述结构,集中笔墨论述比例原则的原因。关于中层原则与既有基础性正当解释的关系,莫杰斯对知识产权正当性解释基础理论的多元化表达了认同。其次,从逻辑层面而言,中层原则独立于既有基础理论,无论是道义论,还是功能论的解释。但同时它也在思想层面构成既有正当性基础解释的部分承继和公因式提取,如“原则”(Principle)概念的选用,即蕴含着源自实践,并随环境条件变化而因地制宜之意涵。又如,莫杰斯特别强调了比例原则在连接不同正当性基础理论时的独特优势。再如,四大中层原则彼此之间相互独立,有待更基础层面抽象原理的统摄。

包括笔者在内,都难免感觉莫杰斯教授的论述意犹未尽,甚至会有人从立论价值和创新程度层面对中层原则提出质疑。莫杰斯本人显然也预见到了这种场景。但笔者认为,莫杰斯教授选择在一种开放架构下构建中层原则,恰恰是其理论创新的表现。包括对多元的正当性基础解释的认可,以及在此基础上建构的框架式的中层原则,从来不是出于任何博人眼球的刻意目的,而是基于扎实有序地统合和推进既有研究的建设性立场。这可能也是对知识产权正当性命题固有复杂性和难度的尊重。一种常见的关于知识产权正当性解释所谓“创新”的组合论,认为将既有正当性解释合为一体,所有问题将迎刃而解。但其实本体论和功能论的两类解释,从表面看来似乎旨在解决不同层面的问题,因此有共存的可能。但情况其实刚好相反,莫杰斯以休谟和康德的思想分歧为例,为我们揭示了二者的互斥关系,间接印证了组合论的谬误。

按照休谟经验主义的逻辑,财产权是行为模式的附带产物。因为在休谟看来,社会是第一位的,个人的财产权利是第二位的,如果不考虑社会存续,则财产赋权亦无必要。因此,作为财产权的知识产权,在效用论之下,随时面临效用否定带来的失权风险。而在康德看来,对个人自由意志重要性的强调,延及人对占有财产以维持人之存在与尊严的期待之上,伺后才有建立社会制度的需求。因而作为财产权的知识产权,尽管可能会受到社会效用考虑的限制,但在逻辑上不能为社会效用考量所推翻。所以,组合论的认知不仅存在逻辑硬伤,甚至还可能引发实践混乱。

为此,莫杰斯教授坚定地支持知识产权即为财产权的判断,甚至连"作为财产权的法律拟制"这样的描述也不接受。在为什么要有知识产权制度这个问题上,莫杰斯更倾向一种综合了洛克、黑格尔、康德和罗尔斯的分配正义的混合道义论学说,这种选择本身即源自对各种正当性理论间可能的矛盾关系的深刻洞察。同时,莫杰斯也强调其并不否定其他理论,如功利论,作为中层原则之下的基础性正当化解释的可能。

或许对于知识产权道义论和功利论的论争,从来都不可能有绝对真理。正如冯象指出:知识产权唯有既在"法律下"又在"法律外"(超越法律),既"自由"又"软弱",才可望达成一门新的理念。[1] 绝对真理追求上的止步,根本上源自认识能力的局限。正如李琛教授指出,人的思维能力是有巨大局限的,知识财产赋权的效用计算无疑是这种局限的适用场域。知识产权的存在,也许就如同人过日子,既需要精细的算计以保持收支平衡,还需要一些精神追求、些许诗意或者某种信仰。莫杰斯的思辨、莱姆利的坚持以及冯象的丧钟,恰恰构成若干反思之眼,不论我们最终选择哪种理解方式,至少利于引导"洞中"的人们,尝试摆脱无意识状态,对任何被灌输的抑或强加的理念保持思辨的自觉。这也许就是知识产权正当性探讨的长远意义所在。

## 知识产权正当性刍议

——追"名"亦可逐"利"

海伦娜(北京大学法学院2020级知识产权法专业硕士研究生)

知识产权在整个法律体系中都是一项十分特殊的存在,从未有一个分支就其产生和存续的基础仍存在如此大的争议,也从未有一项权利的内涵和外延会因现实的变化而具备极大的不确定性。关于知识产权正当性的讨论

---

[1] 参见冯象、李一达:《知识产权的终结——"中国模式"之外的挑战》,载《文化纵横》2012年第3期。

经久不衰,它是如此举足轻重而关乎整个制度存在的根基,无论是在学术领域还是法律实践中都无可避免;它又十分具有挑战性,以至于最早的威尼斯专利法已诞生近500年,最早的知识产权国际公约也已运转了约140年,仍未能产生“一统江湖”的结论。甚至两位曾经“志趣相投”的学者,如今为之“分道扬镳”。

**一、基本权利论:财产属性加中层原则**

在对利用法律经济学观点分析知识产权的方法一知半解时,我已对洛克劳动财产理论的适用深信不疑,即知识产品之上附加的劳动是使其归属于创作者的正当理由,但由于该理论的初衷是分析有体物的财产属性,在应用于无体物尤其思想或创意等客体时需要添加额外的解释说明来弥补其逻辑上的难以自洽。比如,知识产权作为“自然权利”为何出现的时间远晚于其他权利;再如,知识产权为何需要国家的授权和限制来规避其在该理论下无限扩张的倾向,而“将番茄汁倒入海水”的比喻在我看来是对知识财产上添加劳动的“量”提出了质疑,即何种程度、何种质量的劳动可以使产生的智力成果毫无争议地归属于劳动者。

刚进入知识产权专业的研究生学习时,老师便推荐了莫杰思教授的论著《知识产权正当性解释》,这本书的标题也充分说明其作为入门读物的理由——学习知识产权需要明白其存在的意义,同时,也提醒知识产权的正当性并非被认为是理所应当的。他尝试建立一种总括性的论证方法来提供他所谓的“对话空间”,即他花最大篇幅阐释的、认为是精华观点的“中层原则”,从而使对知识产权制度有着不同认识的人可以在某一层面达成共识,这实际是一种非常宏观的也更贴近传统教义学的做法。他的观点事实上是在论证知识产品的财产属性后,添加一系列的补充来使其适应“移植”的理论,并留下一定的余地来解释其可能因变化的现实而作出的调整。

在接受知识产权是一种财产权利的前提下,我认为莫杰思教授的思路是比较容易理解的。将知识产权定位为财产,进而可以享有康德意义上的“自治”,即个人对其的可控性和可欲性,同时,社会效用将不再是否认这种权利的理由。这种单一的映射关系能够使创作者在理论上获得对知识产品的所有和控制。但这并不意味着,在财产规则下对这种强大联系所造成的高交易成本视而不见,因为个人对财产权的主张并不能损害对第三人利益的关切,而在社会影响下个人的创作成果也与社会利益息息相关,因而知识产权的制度设计需要兼顾效率原则对经济效益的重视、不可移除原则对公共领域的捍卫、比例原则对创造性贡献的考核,以及尊严原则对人格特点的肯定。这四大中层原则是从“重叠共识”中提取出来的,因而能为分歧者所接受。

莫杰思教授提出的中层原则如果说更像所谓的法律原则,更具有指导意义和宏观上的现实可操作性,那么在原则之下必然就是规则对具体问题提出的解决方案。现实最迫切需要知识产权制度回答和解决的问题,是数字信息时代的娱乐和传媒产业以及在发展中国家与发达国家之间形成尖锐矛盾的药品专利。莫杰思教授认为,通过他建立的中层原则指导,在承认这些客体属于财产而天然地对创作者个人有所倾向的基础上,可以缓和相对弱势的个人和资源集中在更有掌控力的大企业间的矛盾,但在专利所有者往往更为强势的药品专利语境下则正好相反,对药品存在生存性依赖的社会大众的利益更需要被照顾到,限制性原则更需要发挥作用。

**二、社会效用论:功利主义加实证分析**

诚然,正如莫杰思教授在其专著前言中所写,他在此书中的论证路径相对于他以往所做的研究而言是个“大翻转”。[1] 他从社会效用论转为基本权利论的立场“倒戈”,令原本与他同属法经济学分析阵营的莱姆利教授大为不满。莱姆利教授对于莫杰思教授上述观点的质疑十分直接而尖锐,同时也让我体会到随着知识产权越来越成为拉动经济发展的原动力,在经济社会发展到如此规模、市场交易和信息传播都更为便捷的数字时代,利用更加严谨的实证研究来证明制度的存在是否带来最大效用这一观点似乎更能为追逐利益的多方主体甚至政策制定者所接受乃至最先采用。这也是以功利主义作为知识产权制度基础的美国法律的一贯风格,在经济学者进行相关政策分析后表现得尤为明显。

不可否认的是,莱姆利教授抛出的问题确实十分具有挑战性。一方面,相较于有体财产本体属性对自身可以直接利用的优势,知识产品需要传播和交易才能发挥最大的价值,这种对市场的极度依赖令政府对其的监管或者说是“承认”十分重要。只要在市场中,就需要遵循市场规则的制约和淘洗。另一方面,由于调整的对象是无形的创新知识,现行知识产权制度可以说是一座

---

〔1〕 参见[美]罗伯特·P. 莫杰思:《知识产权正当性解释》,金海军等译,商务印书馆2019年版,第1页。

“空中楼阁”，是政策制定者凭空规划的治理蓝图，在这样的背景下，仅是引用和依靠哲学思想的指引似乎有些“虚无缥缈”。

莱姆利教授对证据的推崇到了一种严谨甚至严苛的境地。尽管我对经济学了解甚少，但我认为这种思考和研究方式对于牵一发而动全身的法律制定而言是十分具有说服力的。同样论及受互联网冲击的版权行业和专利，莱姆利教授站在与莫杰思教授不同的视角，结合实证道出了行业不可回避的现状：盗版并不是数字技术下版权行业最主要的亏损原因，并且，赋权也并不是激励创作和传播的必备条件，甚至过强的版权保护会限制衍生作品的产生和繁荣。对于专利，他同样认为政策给予了专利权人过强的保护，并且专利授权无法避免在同一时间创造了同样的发明，一些独立发明人却经常成为被起诉对象的不公现实。

**三、知识产权正当性：功利论与道义论并不矛盾**

正如两位学者都曾提到的经济学者弗林茨·麦克卢普的著名论断所言，我们无从而知没有知识产权的境况如何，但业已建立的制度没有证据证明将它废除是明智的。同样的一句话在两位学者的理解之下意思截然不同：莫杰思教授认为，这句话是在证明知识产权的存在有其合理性且有存续的必要；莱姆利教授则将重点放在了作出这一决断的当时未有充足和正确的证据，但现有证据可以说明部分知识产权制度并非正确且有效率的。

两位学者的争论正如莫杰斯教授所说，是站在不同的层面。尽管洛克的劳动财产论确实并非为无形的智力成果所创建，但劳动和知识财产是一种必要不充分的关系，在广义上承认知识产权客体属于财产而拥有相应的特质与后续对其流转和利用进行设计并不冲突。莱姆利教授提出所谓“道义论”是对知识产权所有者的偏袒，这是无可厚非的，甚至知识产权制度的诞生和发展都应该以创作者为中心。但相应地，莫杰斯教授提出的不可移除、效率和比例原则其实都更偏向于非创作者。实证分析需要作为对制度设计进行精准考察的工具，这是因为政策制定者必然要衡量法律究竟能否给大多数人带来福利。但在知识产权（甚至这一用语都不一定完全正确）的语境下，不能因为精神层面的影响无法为市场所衡量就认为它是不需要被考虑的。

在对两位教授争议的来龙去脉进行仔细研读以前，我并未深入思考二者的观点是否是一种本质上的分歧，以至于莱姆利教授评价莫杰思教授立场上的变化为“理性社会的倒退”。[1] 两位你来我往的交流也让我意识到对知识产权正当性理解的差异不应当再搁置争议暂且不表,而是需要一种系统性、全局性的梳理和阐释,因为这一问题不仅会影响政策制定者对知识产权的定位和制度设计,也会左右司法实践者面对现实问题时的判断,进而引导社会对知识产权制度的全面认知。

---

〔1〕 See Mark A. Lemley, *Faith – based Intellectual Property*, 62 UCLA Law Review 1328(2015).

# 张平老师的私塾

## 数据与隐私保护经典文献阅读

## 张　平

北京大学法学院雅虎—方正讲席教授，北京大学互联网法律中心主任（2004～2023年），兼任北京大学知识产权学院常务副院长（2003～2009年）。美国华盛顿大学法学院访问学者（1998年），日本东京知识产权研究所客座研究员（2000～2001年），美国斯坦福大学法学院访问学者（2017～2018年）。深圳鹏城实验室人工智能中心双聘专家（2019年至今），北京大学人工智能研究院双聘教授（2020年至今），北京大学武汉人工智能研究院特聘专家。

从教30余年，承担的课程有：（1）法学本科课程：知识产权法；（2）知识产权二学位课程计算机法、专利法、商标法、著作权法；（3）硕士研究生课程：专利法专题、商标法专题、著作权法专题、网络法律评论、高新技术知识产权保护专题、国际知识产权保护专题、知识产权实务、个人信息保护法；（4）博士研究生课程：知识产权法哲学、知识产权法专题研究、知识产权经典著作选读等。此外，还为艺术学院开设艺术法课程，为全校大类平台课开设知识产权课。

## 总体说明

当前,世界多极化、经济全球化、文化多样化、社会信息化向纵深发展,同时,国际形势的不稳定性、不确定性更加突出,个人信息和数据保护及合规问题已成为各国博弈的焦点。在欧美,无论是过去的“安全港协议”(Outdated Safe Harbor)、“隐私盾协议”(Unstable Privacy Shield),还是最近通过的《欧美数据隐私框架》以及欧盟一系列数据保护立法,包括:《通用数据保护条例》(General Data Protection Regulation,GDPR)、《数据治理法案》、《数字市场法》、《数字服务法》、《人工智能法案》等,都将个人信息保护程度作为处理国际经济和政治关系的关键一环。无独有偶,从亚太经合组织(Asia - Pacific Economic Cooperation,APEC)建立跨境商业个人隐私保护规则体系(CBPR)到美国主导的《跨太平洋伙伴关系协定》(TPP),再到《澄清域外合法使用数据法》(CLOUD),数据治理早已突破了国内法的藩篱,成为国际法上的重要议题。

随着移动互联网、云计算、人工智能等与大数据相关产业迅猛发展,作为这些产业重要生产要素的“数据”备受关注。为带领同学们了解研究相关法律问题,2013 年开始,我即在硕博士研究生中组建专门研究小组,承担相关立法课题,组办相关主题国际研讨会:从 2014 年开始,连续 4 年发布《互联网企业个人信息保护测评报告》;自 2015 年起,为法学院电子商务法专业硕士研究生开设《个人信息保护法》必修课;2019 年带领部分博士生赴美参加“北大—伯克利隐私与数据保护研讨会”,参加“北大—牛津—斯坦福互联网法律与公共政策研讨会”;2019 ~ 2021 年,组织同学参加法学院第二课堂的教学研究活动以及持续开展了以“数据与隐私”为主题的系列读书会。读书会着眼于世界范围内多个司法辖区的数据治理现状研究,帮助参与同学全方位了解各国各地区在数据治理和个人信息保护方面的相关规则和司法实践。

在阅读书目的选择上,一方面选择了当下全球范围内数据相关的法律法规,例如,美国的《加州消费者隐私保护法》(CCPA),欧盟的《通用数据保护条例》(GDPR)以及中国的《个人信息保护法》、《网络安全法》、《数据安全法》及《信息安全技术 个人信息安全规范》等,帮助同学们了解法律法规的治理现状;另一方面,我也选择了“数据与隐私”领域的经典书籍,如“*Privacy*:

*Studies in Social and Cultural History*"[1]"*Information Privacy Law*"[2]"*Data Privacy Law*"[3]《删除》[4]《大数据治理》[5]《黑箱社会:控制金钱和信息的数据法则》[6]《算法的陷阱:超级平台、算法垄断与场景欺骗》[7]等书籍。

本读书会不仅要求同学们阅读相关书籍和法律法规,还要求同学们积极讨论,展开头脑风暴,并设置专题问题,由同学们分组进行讨论,撰写相关研究报告,并定期展开交流。此外,由于"数据与隐私"不仅涉及法律问题,在很多智能场景下,数据保护与技术问题也息息相关,比如在自动驾驶场景下,了解自动驾驶技术的发展、定级、数据流程和交互对于法律问题的研究也至关重要,因此,本读书会也设置了专业主题,如"自动驾驶与数据保护",并邀请相关技术领域的博士研究生为法学院同学进行分享,并展开交流。

本读书会希望通过专题研讨的形式,帮助参与同学对"个人信息保护与数据治理"形成基础认识,对于该领域的前沿问题有所了解和涉猎,对于如何应用相关法律规则和理论解释实践中的问题形成分析思路。因此,本读书会从理论层面的"隐私权""数据要素""数据融合""数据交易""数据跨境"到实践层面的"智能手环收集的个人信息有何法律风险""自动驾驶过程中车端数据,路端数据和云端数据如何交互""智慧医疗场景下如何使用数据"等问题进行了深入探讨。参与的同学不仅有法学背景,还有经济学背景、小语种背景以及计算机等技术背景,包含高年级本科生、硕士研究生和博士研究生。

通过本读书会的交流讨论,参与同学对于"数据与隐私"话题有了较为全面系统的了解;此外,为帮助参与同学开阔研究视野、关注全球数据治理问题,本读书会对同学进行了分组,每组负责不同的司法辖区,并展开了全球研究,

---

[1] See Barrington Moore, *Privacy: Studies in Social and Cultural History*, M. E. Sharpe, 1984.

[2] See Daniel J. Solove, Paul M. Schwartz, *Information Privacy Law*, Fifth edition, Wolters Kluwer, 2015.

[3] See Paul M. Schwartz, Joel R. Reidenberg, *Data Privacy Law*, MICHIE Law Publishers Charlottesvills, 1996.

[4] 参见[奥]维克托·迈尔-舍恩伯格:《删除》,袁杰译,浙江人民出版社2013年版。

[5] 参见[美]桑尼尔·索雷斯:《大数据治理》,匡斌译,清华大学出版社2014年版。

[6] See Frank Pasquale, *The Black Box Society*, Harvard University Press, 2015;[美]弗兰克·帕斯奎尔:《黑箱社会:控制金钱和信息的数据法则》,赵亚男译,中信出版社2009年版。

[7] 参见[英]阿里尔·扎拉奇、[美]莫里斯·E. 斯图克:《算法的陷阱:超级平台、算法垄断与场景欺骗》,俞潇译,中信出版集团股份有限公司2018年版。

由每组同学对其负责司法辖区的数据治理情况进行总结汇报,形成了全球各司法辖区的数据治理情况概览,分别包括《国际组织个人信息保护研究》《欧盟个人数据保护:规范体系与 GDPR 实施现状》《非欧盟地区数据治理研究概览》《北美洲数据治理研究概览》《大洋洲个人信息保护与数据治理研究概览》《东南亚数据治理研究概览》《南亚地区数据治理研究概览》《非洲信息保护法律概览》《中东地区数据治理研究概览》《中国数据保护与流通机制概览》《韩国数据与信息立法情况概览》《日本国数据与信息立法情况概览》。

本读书会充分发挥参与同学的主观能动性,避免了填鸭式教学,鼓励同学主动报名担任领读人、报告人,分享自己的观点和看法,积极引导同学们发现问题、分析问题,提升解决问题的能力,形成自己的系统分析框架和全面分析角度。

## 组织程序

"数据与隐私文献阅读与课题研究"活动每两周展开一次,通常活动时间为周六晚上,为期 2 小时。初期为线下集中读书交流,后因疫情原因,读书会改为线上腾讯会议进行。在活动开始前,我会发布本期阅读书目、阅读主题和讨论问题,请参会同学预先准备。参与读书会的同学通过问卷等形式报名后,加入读书会专属微信群,相关通知会在微信群中集中发布。专题读书会根据当下热点话题,提前安排参会同学进行提前检索,在正式读书会开始时,进行简单的展示分享。目前,读书会已进行了"数据权属""数据要素""数据融合""数据交易""数据跨境""数据匿名化""数据垄断""自动驾驶与数据""智慧医疗与数据""人脸识别"等多场专题讨论。

参会同学需要提前阅读书籍,并针对专题问题准备自己的观点和思路。读书会安排相关领域博士研究生担任领读人,为大家大体介绍,并组织专题讨论。例如,在首场读书会上,北京大学法学院徐子淼博士研究生作为领读人,对欧盟《通用数据保护条例》(GDPR)和美国《加州消费者隐私法案》(CCPA)各自的基本信息和立法背景进行了介绍。与会同学也都纷纷分享自己的观点和想法并积极参与问题讨论。例如,针对数据处理的"同意"模式,有同学提出中国医疗领域的信息保护同意模式并不统一:在医院内部有时会采取概括同意模式;与商业保险接洽时可能会更加严格;有时也会根据信息主体的偏好不同采取个体化不同的同意模式;在某些情况下,同意甚至会作为例外;目前,还有采取科技手段将同意变为实时的,进行动态同意。就敏感信息而言,也有同学提出可以参考禀赋效应,当个人一旦拥有某项物品,那么他对该物品价值的评价要比未拥有之前大大增加,因此,敏感信息可能对企业并无价值,故可以回到合同法和侵权法的框架进行规制,而不必进行隐私的单独立法。在讨论过程中,参与同学积极交流,碰撞思维的火花。

读书会的部分同学还参加了我主编的两本相关编著的内容撰写工作:《中华人民共和国个人信息保护法理解适用与案例解读》(中国法制出版社 2021 年版)、《中华人民共和国数据安全法理解适用与案例解读》(中国法制出版社 2021 年版),参加自 2019 年启动的"大治报告"撰写及"大治论坛"等学术活动,出版了《全球互联网法律观察》等著作。这些也可以看作读书会结出的研究成果。

## 阅读篇目


1. Barrington Moore, *Privacy: Studies in Social and Cultural History*, M. E. Sharpe, 1984.
2. Helen Nissenbaum, *Privacy as Contextual Integrity*, 79 Wash. L. Rev. 119(2004).
3. Christopher Kuner et al. , *Risk Management in Data Protection*, International Data Privacy Law, Vol. 5:2, 2015.
4. Data Protection Commissioner v. Facebook Ireland Limited, Maximillian Schrems (Case C-311/18).
5. Paul M. Schwartz, Joel R. Reidenberg, *Data Privacy Law*, MICHIE Law Publishers Charlottesvills, 1996.
6. Daniel J. Solove, Paul M. Schwartz, *Information Privacy Law*, Fifth edition, Wolters Kluwer, 2015.
7. [奥]维克托·迈尔·舍恩伯格:《删除》,袁杰译,浙江人民出版社 2013 年版。
8. [美]桑尼尔·索雷斯:《大数据治理》,匡斌译,清华大学出版社 2014 年版。
9. [美]弗兰克·帕斯奎尔:《黑箱社会:控制金钱和信息的数据法则》,赵亚男译,中信出版社 2009 年版。
10. [英]阿里尔·扎拉奇、[美]莫里斯·E. 斯图克:《算法陷阱:超级平台、算法垄断与场景欺骗》,俞滢译,中信出版集团股份有限公司 2018 年版。

## 研习成果

### 智能网联汽车的数据治理中“个人数据”的边界

徐子淼（北京大学法学院2018级知识产权法专业博士研究生）

智能驾驶是人工智能在交通运输领域的典型应用。智能网联汽车融合了人工智能、通信、传感器、大数据等多领域的新型技术，呈现数字化、智能化、网联化特征，发展智能网联汽车是我国汽车产业的一次重大机遇，也是战略发展方向。[1]

智能汽车的驾驶过程是机器不断收集驾驶信息并进行信息分析和自我学习从而达到智能驾驶的系统工程，数据是其智能化的原料：从单次行驶来看，通过对驾驶过程中车辆、道路、行人以及天气等信息数据进行收集、分析和处理，智能网联汽车才能够作出正确的驾驶决策；从汽车智能化水平的整体提升来看，通过对积累的测试数据、驾驶数据、事故数据等的不断学习，智能汽车在道路运行中的应对和决策能力才得以更进一步提升。数据是智能驾驶的日常运行和发展升级的核心要素，但是智能汽车对于数据的使用也存在诸多隐患和风险，如过度收集、数据泄露、数据篡改、数据滥用，等等。因此，对智能网联汽车的数据利用进行法律规制尤为必要。目前，对于数据的法律规制多以对个人数据的保护为出发点，但是在智能驾驶环境下，个人数据的边界较为模糊。

智能驾驶涉及的数据种类多、来源广，对于不同来源不同性质的数据，需要采用不同措施进行数据安全保护和数据治理。其中，个人数据因为与人身密切相关，对其的保护和治理有更加严格的要求，中国、欧盟、美国、加拿大等各个国家和地区都有专门针对个人数据保护的法律规范。但是要将法律规范落到具体场景中，首先就需要明确，在智能驾驶的场景下，到底哪些数据属于“个人数据”[2]。

---

[1] 参见李克强：《中国智能网联汽车产业化过程中的挑战及发展对策》，载《机器人产业》2019年第6期。

[2] 目前，我国法律规范中使用的术语是“个人信息”，从理论上讲“数据”和“信息”是两个不同的概念，数据是信息的载体，信息是数据的内容，但是在具体实践中，对于“个人信息”和“个人数据”的保护往往难以完全割裂开。

“个人数据”，是指“与已识别或者可识别的自然人有关”的数据。所谓“已识别”，意味着在特定人群中，某个人可与该群组内的其他人区别开来；而“可识别”则是指虽然某个人现在还未被识别，但有可能做到这一点。[1] 对于“与已识别或者可识别的自然人有关”的理解可以分为两个层面：第一个层面是从数据到特定自然人的识别路径，即如果某数据已经识别出或者辅助其他方式可以识别出特定自然人，那么该数据就构成个人数据；[2] 第二个层面是从特定自然人到数据的关联路径，如果存在一个已经被识别或者可以被识别出的特定自然人，那么与此自然人相关的一切数据都属于个人数据。但是，以何标准判断哪些数据可以识别到自然人，在实践中还未明确。

在智能驾驶的环境下，存在两个数据中心，即“人”和“车”。以人为中心直接获取的数据，如姓名、居住信息、证件信息、人脸信息、声音信息、浏览偏好信息等，属于从特定自然人到数据的关联路径，毋庸置疑属于个人数据。但是以车为中心获取的数据，边界却比较模糊。其中一些数据是从车辆衍生出来的，如车辆行驶路线数据、车辆维修数据等，虽然是以车辆为数据收集对象，理论上讲只能识别到具体车辆，但是因为车与人之间的数据联系并不是完全割裂的，这些数据与另外一些数据结合，也可以定位到个人，在特定情况下也可以构成个人数据。但如果因此认为只要与车辆相关的数据都可以构成个人数据，又可能会导致个人数据范畴的不必要扩大，增加数据流通的难度，难以充分挖掘数据价值。

除了因为数据复杂性而导致个人数据边界模糊，还有一个更一般化的原因，即数据的匿名化。按照《个人信息保护法》的规定，匿名化后的数据不属于个人数据[3]，但是法律没有明确规定何种程度的脱敏之后的数据才能够算匿名数据。所谓匿名化，是指个人信息经过处理无法识别特定自然人且不能复原的过程。这一定义中有两个关键要素：一是无法被识别，二是不能被复原。这两个要素确保了匿名化处理后的数据与个人完全无关。但是，且不论按照当前的数据脱敏技术很难在技术上做到完全匿名化，随着相关技术的不断发

[1] 参见齐爱民、张哲：《识别与再识别：个人信息的概念界定与立法选择》，载《重庆大学学报（社会科学版）》2018 年第 2 期。

[2] 参见王利明、程啸、朱虎：《中华人民共和国民法典人格权编释义》，中国法制出版社 2020 年版，第 397 页。

[3] 参见郑佳宁：《知情同意原则在信息采集中的适用与规则构建》，载《东方法学》2020 年第 2 期。

展更新,当前通过某些技术达到匿名化标准的数据,在一段时间后,随着新数据的产生和识别技术的发展,这些数据也有可能被重新识别。这种不确定性也导致了个人数据边界的模糊。

数据是智能网联汽车运行的基础,智能驾驶场景下个人数据边界的模糊,会增加数据收集的成本,同时导致数据控制者在对相关数据进行处理和使用时心怀顾忌,难以充分利用,不利于技术的进步和产业的发展。但是这种模糊性也并非全无益处,在这种复杂情境下,将个人数据的边界完全明确是比较困难的,需要较高的立法成本;而且,这种模糊性能够在更大范围内对个人信息提供充分保护,以及灵活应对不同场景下的数据安全和隐私保护需求,为后续的发展调整留下空间。因此,在对个人数据内涵界定的规范中,需要对这两种价值取向进行平衡。

个人数据边界的模糊性是不可避免的。一方面,因为个人数据与非个人数据之间可以通过"匿名化"来进行转化,但是匿名化本身是一个技术问题,难以达到绝对无法识别的效果,所以导致总有一些数据属于模糊地带;另一方面,语言文字进行概念表述总会有一定的解释空间,要用列举的方式对个人数据进行说明也不现实,即使可以列举,具体某个数据属于哪一类,也可能存在争议。此外,一定程度的模糊性也是必要的,随着互联网的发展,数据种类正在不断扩张,尤其智能汽车行业正处于高速上升期,这种定义边界的模糊化给未来的发展和变化留下可能,也为特定场景下司法者的利益衡量留下了空间。

不过,这种模糊性应当是有限度的。当具体场景限定在智能驾驶的环境下时,对数据属性的明确有利于提升数据的利用效率,促进行业发展。因此,在很多行业相关的规范中,都尝试对个人数据的内涵和范畴进行明确。2021年欧盟《车联网个人数据保护指南》中明确,网联汽车个人数据包括通过车辆传感器、车载 T-box 或与驾驶环境相关的移动应用程序收集的,与自然人直接或间接相关的数据,具体包括:在车内收集处理的个人数据;车辆与之相连接设备(如用户智能手机)之间交换的个人数据;在车内收集和为进一步处理而向外部实体(如汽车制造商、保险公司)输出的个人数据,数据主体除驾驶员、车主外,还包括乘客、承租人等。不涉及为实现自动驾驶车载摄像头采集的道路、公共场所数据,以及大规模车辆 Wi－Fi 追踪数据等。[1] 我国《汽车数据安全管理若干规定(试行)》所称个人信息,是指以电子或者其他方式记录的与已识别或者可识别的车主、驾驶人、乘车人、车外人员等有关的各种信息,不包括匿名化处理后的信息。[2]

对于个人数据的边界,可以根据数据与人的距离和连接来判断。在智能驾驶环境下有两个数据中心:车和人。通过这两个中心可以将数据分为三类:第一类是完全由车及其以外环境产生的数据,包括道路数据、天气数据,以及车辆基本信息数据等,这一部分完全不属于个人数据;第二类是完全由个人或者个人行为产生的数据,包括车主买车登记的个人基本数据,乘客使用车内娱乐软件产生的数据,驾驶人的人脸、声音数据等,这一部分完全属于个人数据;第三类是车和个人共同产生的数据,包括车辆行驶路线数据、车辆行驶里程数据、车辆损耗数据等,这些数据很难完全确认是否属于个人数据,需要借助一个中间的锚点即车与人之间的联系点来确定,这个锚点就是某一辆特定的智能汽车。如果这些数据可以识别到具体的车辆,那么就可以被划为个人数据的范畴,因为在现有制度下,特定车辆和特定主体之间存在较为紧密和清晰的对应关系;而如果无法识别到具体车辆的数据,就不属于个人数据的范畴,可以被灵活使用。

但是随着数据量的积累和识别技术的提升,能够识别到个人的数据越来越多,个人数据的边界不断扩张,所以为了更好地促进数据利用,在明确个人数据边界以外,更重要的是对个人数据进一步分级分类,细化其保护和利用规则。

此外,个人数据经过匿名化处理之后,其"可识别"的状态就被根本改变了,区别于个人数据,这有助于数据进一步地流通和使用。关于匿名化处理后数据可能被重新识别的担忧,除了通过技术手段来提高重新识别的门槛外,也可以通过法律制度的构建来设置一个相对有确定性的边界,比如,欧盟为匿名化设立了"合理可能"(reasonably likely)标准,即综合考虑技术、成本、时间等

---

[1] 参见周千荷、吕尧、李霖等:《关于欧盟〈车联网个人数据保护指南〉的几点思考》,载《智能网联汽车》2021 年第 2 期。

[2] 参见《汽车数据安全管理若干规定(试行)》,国家互联网信息办公室、中华人民共和国国家发展和改革委员会、中华人民共和国工业和信息化部、中华人民共和国公安部、中华人民共和国交通运输部令第 7 号,2021 年 8 月 16 日发布。

因素,如果数据控制者或其他人采用了所有合理可能的方法,仍无法直接或间接识别数据主体,则数据是匿名化的;[1]而美国在《加利福尼亚州消费者隐私法案》(CCPA)和后续的《加利福尼亚州隐私法案》(CPRA)都要求信息处理者应公开承诺自己不进行重识别,并通过合同约束信息接收方也不进行重识别,从信息处理者角度进行进一步补强。[2]

## 从 Schrems 案析欧盟数据跨境传输规则

赵怡冰(北京大学法学院2020级知识产权法专业博士研究生)

2020 年 7 月 16 日欧洲法院(European Court of Justice, ECJ)对 Data Protection Commissioner v. Facebook Ireland Limited, Maximillian Schrems(Case C - 311/18)案作出判决,法院裁定有关欧盟—美国数据《隐私盾协议》提供的保护是否充分的第 2016/1250 号决定无效。但是,委员会认为,关于欧盟委员会标准合同条款的委员会第 2010/87 号决定,即将个人数据转移到在第三国建立的处理者是有效的。[3] 此前,在 2019 年 12 月发表的非约束性意见中,ECJ 认为标准数据条款是有效的。关于欧盟与美国之间数据跨境传输的争议从未停止,这也并不是 ECJ 第一次判定欧盟和美国之间的数据框架协议的效力。正是因为 2015 年欧洲法院判令“安全港协议”无效,才最终导致了“隐私盾”的创设。

### 一、案情简介

该诉讼是由奥地利隐私权专家 Maximillian Schrems 提起的,他认为,脸书(Facebook)爱尔兰有限责任公司将自己的个人信息传输给设立在美国的脸书公司总部,[4]这一行为对其个人信息安全造成威胁,并进而质疑欧盟委员会的

---

[1] See Regulation(EU)2016/679 General Data Protection Regulation Recital 26, intersoftconsulting, https://gdpr - info. eu/recitals/no - 26/.

[2] A. B. 375 California Consumer Privacy Act of 2018 § 1978. 140(h); No 19 - 0021 The California Privacy Rights Act of 2020 § 14.

[3] Case C - 311/18, CURIA, https://curia. europa. eu/jcms/upload/docs/application/pdf/2020 - 07/cp200091en. pdf.

[4] 本案发生时被告为脸书(Facebook)公司,该公司已于 2021 年 10 月更名为“Meta”。

标准合同条款(Standard Contractual Clause,SCC)无法充分保护公民隐私。[1] 随后,爱尔兰数据保护专员(Data Protection Commission,DPC)将该案提交给爱尔兰高等法院。在2017年10月的判决中,爱尔兰高等法院又将该案件提交给ECJ进行初步裁决。ECJ于2019年12月发表了非约束性意见,其提出"我建议法院回答爱尔兰高等法院转交的初裁问题,具体如下:对初步裁决问题的分析并未发现任何影响2010年2月5日委员会2010/87/EU决定有效性的因素,该决定涉及将个人数据转移至根据指令95/46/EC在第三国设立的处理者的标准合同条款"。

值得注意的是,多年前,Schrems也曾向脸书欧洲总部所在地爱尔兰当局提出申诉,控告脸书非法追踪用户数据,参与美国情报机构的监控计划。历经两年多的调查,欧洲法院于2015年10月6日作出判决,宣布"2000/520号欧盟决定"无效,这对已经存在了15年之久的美欧安全港协议的效力带来了巨大挑战,判决认为欧盟委员会无权限制成员国监管机构的权力,成员国数据监管机构可以因此禁止美国公司在美国收集、存储其国民的个人数据,哪怕美国公司通过了安全港认证。

2016年7月初,欧盟和美国就数据传输达成的《隐私盾协议》(EU-US Privacy Shield)正式生效,取代了原有的《安全港协议》,与已经废除的《安全港协议》相比,《隐私盾协议》在加强个人数据保护方面有众多创新和强化之处。《隐私盾协议》文本包括欧盟委员会出具的"充分性决定"草案,[2] 以及美政府关于确保该协议得到执行的书面担保等主要内容。

2018年欧盟《通用数据保护条例》(General Data Protection Regulation,GDPR)生效,在GDPR的管控下,欧盟委员会会对第三国进行信息保护评估以确认该国的数据保护是否达到充分保护的水平。在欧盟委员会确认的名单内,达到充分数据保护水平的第三国可以不需要特别授权而相互传输个人数据。而美国能进入此名单完全依赖于隐私盾,即隐私盾管辖下的企业可直接进行个人数据跨境传输,而其他未在隐私盾管辖内的企业则需通过其他的合规途径,例如,传输者与收集者签订数据保护标准合同条款(SCC),以及具有

---

〔1〕 标准合同条款(SCC)是在欧委会和欧盟之外的主体之间没有数据传输充分协议的情况下签发的,目的在于提供充分的数据保护。全球数千家企业都在使用此类合同,包括诸如脸书(Facebook)这样的科技巨头。

〔2〕 这是根据欧盟数据保护的"充分保护"标准所制定的草案。

约束力的公司规则(BCR)。

**二、判决要旨**

在ECJ于2019年12月19日发表的非约束意见中,其分别从"欧盟法律适用于出于商业目的将个人数据转移到可能出于国家安全目的处理数据的第三国""根据标准合同条款进行转让时所需的保护等级""第2010/87号决定的有效性"等方面探讨分析了SCC条款的有效性问题,并肯定了该条款的效力。此外,ECJ在非约束性意见中还分别从"关于充分性决定有效性检查内容的说明"、"在数据传输过程中需要确保足够的保护水平"、"基本对等标准的范围"、"不损害基本权利的实质"、"干扰的必要性和比例性"、"美国法律规定的司法补救的效力"以及"监察员机制对有效补救权保护水平的影响"等方面探讨分析了《隐私盾协议》的效力问题。

而在2019年7月16日宣布的判决中,ECJ提出:《基本权利宪章》并不使得第2010/87号决定无效。但是,法院宣布第2016/1250号决定无效。

首先,ECJ讨论了GDPR的适用范围、GDPR所要求的保护水平和监管机构的义务这三个问题。ECJ认为,欧盟法律(特别是GDPR)适用于在成员国内设立的经营者出于商业目的向在第三国设立的经营者传输个人数据,即使在传输之时或之后,有关第三国政府可能出于公共安全、国防和国家安全的目的处理这些数据。关于GDPR就这类传输所要求的保护水平,法院认为,GDPR的相关要求涉及适当保护、可执行权利和有效法律补救措施,它们应被解释为,个人数据被传输到第三国的数据主体所应得到的保护应当与GDPR在欧盟提供的保护水平基本等同。关于涉及此类传输的监管机构义务,法院认为,除非存在有效的欧盟委员会决议,如果监管机构认为第三国未遵守或无法遵守标准数据保护条款且无法通过其他方式确保提供欧盟法律要求的对所传输数据的保护,同时在欧盟设立的数据出口方本身没有中止或终止这种传输,则监管机构必须中止或禁止向第三国传输个人数据。

其次,第2010/87号裁决有效。ECJ提出,第2010/87号决定是否具有效取决于该决定是否包含有效机制足以确保在实践中达到欧盟法律所要求的保护水平,并在SCC条款被违反或无法得到遵守的情况下,中止或禁止根据SCC条款传输个人数据的行为。法院认为,第2010/87号决定含有上述机制,尤其是,第2010/87号决定规定,数据出口方和数据接收方有义务在传输任何数据前确认相关第三国是否达到了欧盟法律所要求的保护水平。此外,第2010/87号决定要求接收方将任何不能遵守标准数据保护条款的情况通知数据出口方,出口方进而有义务中止数据传输和/或终止与接收方的合同。

最后,第2016/1250号决定无效。法院认为,第2016/1250号决定体现了一种立场,即美国的国家安全、公共利益和执法的要求是首要的,因而纵容干涉数据被转移到第三国的个人的基本权利。关于美国政府获取和使用从欧盟转移到第三国的美国国内法对个人数据的保护施加了限制,而这些限制没有根据比例原则被要求满足与欧盟法律要求基本对等的要求,因为基于这些规定的监管方案不限于严格必要的范围内。法院指出,就某些监管方案而言,这些规定并未限制其所授予的执行这些方案的权力,也没有对可能涉及的非美国人作出保证。尽管这些规定确定了美国政府在执行有关监管方案时必须遵守的要求,但这些规定并未授予数据主体在法院对美国政府提起诉讼的权利。此外,关于司法保护的要求,ECJ认为,第2016/1250号决定中提到的监察员机制(Ombudsperson Mechanism)没有向数据主体提供任何诉讼理由,使其可以向某个能够提供与欧盟法律要求的保证基本对等的保证机构提起诉讼。例如,确保该机制规定的监察员独立性的规则,或授权监察员采取对美国情报部门具有约束力的决定的规则。

**三、总结**

2015~2024年,跨境流动潜在的最低价值(定义为包括增加的收入和降低成本的双重含义,这种价值由于互联网技术的采用而在公司和行业之间产生和转移)估计为29.7万亿美元。[1] 由此可以看出,数据跨境流动将带来全社会经济总体效用的提升,对国家和企业经济增长具有重要的积极意义。欧盟和美国之间的跨境数据传输对于跨大西洋贸易而言十分重要,而不稳定的数据安全政策无疑会影响相关的投资与运营。

在2023年7月10日,欧盟委员会通过《关于欧盟—美国数据隐私框架的充分性决定》,意味着欧盟认可基于欧盟—美国数据隐私框架(EU - US Data Privacy Framework,DPF),美国能够提供与欧盟相当的数据保护水平。据此,欧盟个人数据可以无需额外数据保护措施而自由安全地传输至参与该框架的

〔1〕 参见上海社会科学院:《全球数据跨境流动政策与中国战略研究报告》,载微信公众号"阿里研究院"2019年9月19日,https://mp.weixin.qq.com/s/wxvc9-mFWZuDkIL-fBsWEQ。

美国组织。欧美数据跨境传输迈入新阶段。从安全港协议到隐私盾协议再到隐私框架,欧美之间就此数度博弈,也充分展现了数据跨境流动机制背后的政治因素考虑。

# 未名湖畔好读书(代后记)*

在北京大学法学院,有一类教学课程计划之外的研学活动,以培养学生独立之研究精神为己任,强调师生间交流对话,为法学生获得"定制式"的深层次研学提供可能。这就是北京大学法学院"第二课堂"。

第二课堂的教改项目脱胎于师生们自发组织的各种读书会。"第二课堂"是教师在"第一课堂"的正式课堂与标准课时之外,不计薪酬、自愿开展、自选形式的体系性与规律性的教学学术活动,学生结合学术兴趣自愿地加入,在内容上以读书和理论研究为重点,侧重学生综合性学术能力的养成性栽培。"第二课堂"教学项目每半学年为一期,平均每 1 至 2 周举办一次,由一名或多名教师领授,班型呈几人到十几人的小班规模。

秉持着学术自由的教育理念,自 2018 年秋季学期以来,法学院师生在第二课堂中已渡过了 5 个学年,三十余位教师参与立项,并圆满完成了上百个教学改革项目。三尺讲台之外,或同读书,或辩议题,或评习作,或增视野……师生的互动间蕴腾着汩汩不绝的学术烟火气,"传道、授业、解惑"的为师者之景似应如是。

## 一、斯"塾"若彩虹,遇上方知有

作为对法学教育的创新性探索,"第二课堂"项目就如一堂私塾课,引领学生领略法学研学道路上的独特风景。

从各种第二课堂的内容来看,老师们比较关注学生在方法论、分析能力和研究能力等方面的创新性培养,并在这一基础上建立批判意识,以灵活知识的运用。在选材上,第二课堂多聚焦前沿理论问题、最新研究成果、社会科学经典文献,以丰富的经典学著导读、学术前沿研讨、校外名家访谈、学术成果讲评等形式推进活动。在第二课堂中,同学们可以跨方向自主选择参加,来去自

---

* 原文载于 2021 年 3 月 23 日"中国法律评论"微信公众号。

由,没有出勤的束缚。自由的形式并不代表散漫,大部分学生参与第二课堂时都主动做了较为详尽的发言准备,延伸了学生课堂的学习链条;一些现场阅读的课堂形式,则对学生的即时反应能力和基础知识储备提出了更高的要求,督促了学生对课外知识的积累。

于学生而言,第二课堂为其提供了传统人才培养方式之外、更具个性化的高阶教育资源;于教师而言,第二课堂使教师更从心地回归教书育人的职业本位,破解科研成果与教书育人衔接的难题;于学院的学科建设而言,第二课堂促进了北京大学法学院各学科的学科优势向人才培养优势的转化,对学科后辈人才的发现、学生学术底蕴的建塑、学生创新能力的养成均有重要意义。为此,北京大学法学院众多学科的法学研究平台都提供了教学支持:法学理论学科、法律史学科、宪法与行政法学科、刑法学科、民商法学科、诉讼法学科、经济法学科、国际法学科、知识产权法学科均开设了第二课堂。

第二课堂在实践中探索形成了开放、多元的崭新教育样态:在这之中,有从传统走向传承的经典读书会,有"纸上终浅""绝知躬行"的案例研讨,有日积跬步常为常新的学术评议,也有十年树木开启学智的能力探培……多种培养路径的探索,并不是为一些教育形式的外在涂抹的"糖衣",而是师生付出心血精心耕耘的排排田垄。师生在量"法"而授、因材施教的互动中迸发出思想的火花:在过往的课堂中,老师、学生译读形成的外文经典文献译本拟提交出版;立法专题研讨形成了专业的修法意见;论文评议后进一步完善的学术成果获得发表;在前沿话题的讨论中,很多学生找到了学术兴趣点,提前锁定了毕业论文的研究主题……

作为第二课堂教改项目的推动者,车浩老师特别提到,北京大学的读书会传统源远流长,在课堂之外另设"私塾",面对面一起读书和讨论,始终在北大师生间有着不可取代的魅力。"因为它体现了一种独特的师生关系,一种在正规课堂之外展开的深度智识交流,一种因材施教的教育理想。"

## 二、对话"第二课堂",漫谈法学教育

"第二课堂"不像空中楼阁一样高悬着,它始终建立在一个非常扎实的基础上,这个基础就是师生现实地投入心血、付出努力。多样培养、不断调整的背后,是老师们对教学的真心与"较劲儿"。围绕第二课堂,授课的老师们形成了诸多思考。既有和弦般的认识共鸣,也有此消彼长的思想碰撞。"和而不

同,美美与共”,在对话间,又让我们对第二课堂的存在有了更为深入的观察。

第二课堂项目的教学形式来源于“百廿北大法学”在薪火相传的教学中萃取的精华成分。彭冰老师指出,从20世纪以来,以读书会为主要形式的第二课堂就普遍出现存在,学生们在与老师、同学的充分互动中能够不断得到激励,获得共同的成长。

办好读书会,本质上在于形成正确的教学理念、传授正确的学习方法,为此很多老师都投入了很大心血。常鹏翱老师分享到,阅读方法对于读书会很重要,把握正确的读法,能够形成对某个理论学派思想脉络的掌握;肖江平老师强调,老师可以将研究成果、学术积累向第二课堂输送并形成共享,通过师生互动的研究经历实现对学生规范、沉浸式的学术训练;张平老师指出,第二课堂要坚持以按需培养为驱动,基于同学们已经形成认识,并希望能在相关领域做进一步的研究热情,实现师生的互相促进推动;章永乐老师分享到,读书会上除了常规内容,还可以借助诗歌所记录的经验,深入到对文明传统或重大历史事件的回顾和思考。

对于读书会的教学效益与成果,很多老师都指出要保有耐心与信心,不拘此处、心怀远方。张骐老师认为,在读书会中阅读的纯粹哲学著作,在法学层面很难说有直接的帮助,但“无用”也有“大用”,长期的基础积累能够为推陈出新奠定基础;李红海老师认为,读书会的逐步推进很现实地存在自然淘汰过程,能力培养也不是一蹴而就的,既需要长久的坚持,也需要尽早形成兴趣、培养专业素养;张双根老师认为,读书会的培养效果往往取决于个人的投入程度,这种方式能够引导学生花时间读书,减少投机取巧。

第二课堂投入诸多额外精力的教学与培养,与第一课堂最终殊途同归,助益着学生的成长成才。楼建波老师认为,第二课堂除了具有培养学生能力和拓宽学生知识面的重要性,更重要的一点,是让学生学会处理问题;杨明老师指出,第二课堂能够促使同学们在学术研究中,明白自身的不足,通过不断地阅读,提升研究视野、问题意识和研究方法;刘哲玮老师指出,读书会对于学生的最大意义在于可以使大家静下心来读一些理论书籍,在读书会的时光里,每个人都能很愉悦地享受这个阅读过程,感受读书的乐趣,开阔视野,展现不同的知识结构。

结合第二课堂的实践,很多老师对法学教育形成了更为立体的反思,并踏出从理想到现实的第一步。葛云松老师认为,通识教育在法学教育中意义重大,设置通识类读书班能够使学生具备哲学、人文与社会科学的良好基础和贯通能力,应当从本科低年级抓起,在学生最没有成见、各方面处于萌芽状态时给予充分的指导与培养;凌斌老师强调,阅读经典著作、接受杰出头脑的训练是很重要的,北大学生应当深入阅读哲学、社会学、经济学、政治学领域的经典作品;陈一峰老师指出,今后的法律人才要面临日益全球化的工作环境,在法学教育中要注重培养跨文化交流的能力,使学生拥有能够跨越自身文化去理解别人文化的兴趣和心态,拥有能够与他人沟通、论辩、说服的能力,建构跨文化的法律概念理解;何其生老师分享到,法学教育中要注重内在修养和外在修为的结合,要注重对学生的综合素质培养,在掌握知识的同时强调逻辑与思维的训练。

## 三、北大精神与"第二课堂"

进入新时代,新文科教育改革的聚焦是终身学习、自主学习,本质在于创新性学习,以指导创新性社会实践。国家将法学本科教育的功能定位于基础性教育,研究生教育则应培养学生搭建知识的体系网络、规则运用和理论融通的能力,由此需要高等教育培养学生扎实的理论分析能力和思维方法。法学学科作为应用型的社会科学,具有面向社会问题的特质,需要专业人才具备以理论分析工具系统分析问题的创新能力。消除教育的积弊,不仅需要思考整体的教育理念,还需要从具体的教学模式上加以探索。"第二课堂"在此方面做出了自己的特色。

第二课堂项目能够顺利推进、广泛开展,根本上得益于北京大学法学院老师们的无私奉献与支持。第二课堂所开展的各种读书会、案例沙龙活动,并不是学院推动老师们去开展的活动,而是老师们的行动感召了学院,积土成山,才使学院能够搭建起第二课堂教学项目。对此潘剑锋老师表示,"第二课堂为学生拓展学术视野,养成良好的读书习惯,以及促进师生之间的学术互动,搭建了一个很好的平台,也体现了北大法学院教师关爱学生、乐于奉献的情怀"。

提到自己的同事们,车浩老师深感自豪,"北大老师的精神,不是靠学院管理和号召出来的。所有这些举办读书会活动的老师们,从来没有主动地向学院提出任何方面的要求,而是把这当作一种很自然的为师之道与为学之道。这是非常令人感动和敬佩的。不是因为有了第二课堂这样的教学项目,然后老师们才去开展各种读书会、案例沙龙等,而是因为先有了老师们这些无私奉献的读书会活动,才有了学院设立'第二课堂'教学项目的想法,觉得有义务去支持、弘扬和鼓励这样的精神”。

刘哲玮老师对此也颇为感触,“在这个快节奏的时代,教师们往往忙于应付各种科研考核、社会活动,而对作为本职工作的教学不够关注。但北大法学院的老师不仅在课堂教学上倾情投入,而且愿意自带干粮不计时间和报酬地带领学生在课余开展读书会、案例阅读会等活动。这些活动不仅拓宽了同学的知识边界,更重要的是形成了坚持读书和研讨的良好学风,也给老师和学生提供了从容沟通的交流空间。近年来学院对这类第二课堂的支持和肯定,更加调动了老师们组织和参与的积极性”。

大师身边宜聆教,未名湖畔好读书。未来,北京大学法学院会持续推进、继续支持“第二课堂”教学项目,努力塑造一批具备影响力、可借鉴的“法学私塾”,号召更多的法学教师创新教学活动、增加教学供给,引领更多法科学子在记忆性的学习之外,能够深度思考,领略学术的无限风光。敬请期待!